U0948719

本书系国家自然科学基金青年项目“大数据环境下个人的数字囤积行为：机理分析与实证研究”（编号：72104222）的研究成果之一

信息管理视角下个人的数字囤积行为研究

赵栋祥　著

中国社会科学出版社

图书在版编目（CIP）数据

信息管理视角下个人的数字囤积行为研究／赵栋祥著．—北京：中国社会科学出版社，2023.5

ISBN 978－7－5227－1918－4

Ⅰ.①信…　Ⅱ.①赵…　Ⅲ.①信息管理—研究　Ⅳ.①G203

中国国家版本馆 CIP 数据核字(2023)第 085432 号

出 版 人　赵剑英
责任编辑　程春雨
责任校对　杨　林
责任印制　王　超

出　　版　中国社会科学出版社
社　　址　北京鼓楼西大街甲 158 号
邮　　编　100720
网　　址　http://www.csspw.cn
发 行 部　010－84083685
门 市 部　010－84029450
经　　销　新华书店及其他书店

印　　刷　北京君升印刷有限公司
装　　订　廊坊市广阳区广增装订厂
版　　次　2023 年 5 月第 1 版
印　　次　2023 年 5 月第 1 次印刷

开　　本　710×1000　1/16
印　　张　17
插　　页　2
字　　数　226 千字
定　　价　89.00 元

前　言

随着数字时代和大数据环境的不断深化、数字存储技术的发展普及和个人数字化记忆的蓬勃兴起，个人收集和累积数字信息的规模、类型和速度实现了前所未有的增长，而数字信息的组织、整理、删除和清理（例如，手机照片、微信收藏和电子邮件等越积越多却错乱失序、很少删除）却极易被忽视，由此个人的数字囤积行为日益普遍。个人的数字囤积行为（personal digital hoarding behavior）是指个体收集、保存和累积大量的数字信息内容（如照片、文档、邮件、音频、视频等）到个人数字信息空间（如手机、电脑、外置存储设备、社交媒体、云存储空间等），却没有对其进行有效的组织、删除和使用，致使数字信息内容大量堆积、个人数字信息空间错乱失序。被囤积的多源、海量、异质、非结构化的数字信息构成了我们的个人大数据（personal big data），个人如何应对数字囤积的诱惑、有效地管理和使用这些数据信息是大数据环境下的重要挑战，也是信息管理领域的重要研究课题。从信息管理学科视角出发，探究和考察个人的数字囤积行为具有重要的理论与实践意义。

数字时代、大数据环境为个人的数字囤积行为产生与发展提供了环境和条件，使个人的数字囤积行为相对普遍却隐秘，对一般人来说，这种行为及其影响是可控的。但是，如果个人放任数字囤积行为的发展，依然对数字信息内容和个人数字信息空间缺乏有效的控制和管理，个人的数字囤积行为将异化为病理性的数字囤积障碍（数字囤积症），会对个人的身心健康、生活和工作产生严重的负面影响。因此，产生、获取和保存数字信息内容固然重要，后续的信息管理过程（如分类、组织、回看、删除、转存、使用和重复使用等）也很重要，这些过程像链条一样是相互联系、相互影响的，这对于我们应对数字时代和大数据环境下的数字囤积挑战具有重要意义。

本书主要基于信息管理视角，以扎根理论研究方法论为指导，比较系统地探索了个人的数字囤积行为，构建了个人的数字囤积行为理论模型，并整合信息管理、心理学、计算机科学和信息系统等多学科知识，分别从是什么、为什么和怎么样的角度阐释了该理论模型，探讨了个人的数字囤积行为表现、前因、后果及应对方法。本书的主要篇章内容如下：

第一章为绪论。首先综合分析本选题的研究背景，接着阐述选题提出过程和研究意义，最后明确本书的研究内容、研究思路和方法，并提炼主要创新点。

第二章为文献回顾与述评。主要对国内外、各学科领域内数字囤积相关研究进行系统梳理，包括数字囤积的概念界定、数字囤积行为的表现和前因后果等，并分析当前研究的特点和不足。

第三章为相关概念、理论与方法论基础。首先是相关概念辨析，阐释和比较了数字囤积与知识囤积、网络囤积与社交网络囤积、数字杂乱与垃圾数据以及不同层面的数字化记忆等基础概念的内涵和特征。接着，梳理和介绍了本书涉及的主要理论，为后续构建个人的数字囤积行为理论模型、分析怎么样应对数字囤积挑战提供理论基础。最后，介绍了本书的方法论基础，即扎根理论的产生和发展、核心思想以及在不同学科的应用，为后续的研究设计与实施奠定方法论基础。

第四章阐述了研究设计。首先，明确了基于扎根理论的研究过程，主要包括产生研究问题、数据收集与整理、数据分析、理论建构和理论阐释。然后，详细阐述了如何对收集到的访谈资料和相关网络数据进行三级编码分析，依照程序化扎根理论的原则和要求，通过开放式编码抽取出回忆纪念等 51 个概念和情感依恋等 15 个范畴，使用主轴编码产生了 3 个主范畴：个人的数字囤积行为前因、个人的数字囤积行为表现和个人的数字囤积行为后果，经过选择性编码挖掘出核心范畴并初步构建了个人的数字囤积行为理论模型。最后，阐述了如何完善个人的数字囤积行为理论模型，即通过与囤积障碍的认知行为模型、数字囤积的相关研究等已有文献和理论的不断比较，进一步完善了大数据环境下个人的数字囤积行为理论模型，并提出三个初始的研究命题。

第五章从“是什么”的角度剖析了个人的数字囤积行为特征、数字囤积者与数字囤积障碍。首先，分析了个人的数字囤积行为的基本特征：数字信息的过度获取、删除困难和堆积杂乱，并构建了“个人的数字囤积行为”的概念模型，可以用于未来的实证研究。这三个基本特征是扎根分析中产生的三个子范畴。然后，讨论了数字囤积行为的表现主体——数字囤积者的评价标准以及数字囤积者自身和外界对数字囤积者的认知和形象构建。最后，探讨了数字囤积行为表现的异化——数字囤积障碍，包括物理囤积障碍与数字囤积障碍的关联、对数字囤积障碍判定的启示等。

第六章从“为什么”的角度对个人的数字囤积行为前置因素进行探究和分析。扎根分析结果显示，主范畴个人的数字囤积行为前因包含九个子范畴，这九个子范畴即为个人的数字囤积行为前置因素。从数字信息的价值层面看，数字信息的实用价值、个人对数字信息的情感依恋（情感价值）会导致个人的数字囤积行为。从个人感知层面看，个人对数字信息的控制感知、责任感知（如妥善保存）以及个人的数字存储感知会导致个人的数字囤积行为。从个人的信息处理看，个人的数字信息分类缺陷和决策缺陷会导致个人的数字囤积行为。此外，个人的行为回避（如回避删除）心理和某些人类习性（如记录保存）也会导致个人的数字囤积行为。最后，构建了“个人的数字囤积行为前置因素”的概念模型，可以用于未来的实证研究。

第七章从“怎么样”的角度分析了个人的数字囤积行为影响及应对。首先，分析了个人的数字囤积行为的潜在后果，包括威胁信息安全、降低要素生产力和危害心理健康，并构建了“个人的数字囤积行为后果”的概念模型，可以用于未来的实证研究。这三个潜在后果是扎根分析中产生的三个子范畴。其次，论述数字囤积行为对网络安全、数字安全的影响。最后，指出我们应该从技术（例如，扩大数字存储空间、优化信息查找性能、设置信息存储期限）和个人（例如，数字整理、数字化节制、数字断舍离等）两个层面应对数字囤积的挑战，平衡人与信息、技术之间的关系。

第八章为研究总结与展望。首先总结了本书的主要结论，进而引出几点启示与思考，最后指出研究不足与未来研究方向。

目　　录

第一章

绪　论

第一节　研究背景

信息、技术与人（用户）及其交互是信息科学和信息管理领域永恒的主题。受到数字化、互联网、大数据、物联网乃至元宇宙等高科技信息通信技术的影响，人类社会所处的信息环境发生了翻天覆地的变化，最显著的当属数据拥有量的急剧增长，作为社会和组织构成最小单元的个体也不例外。相应地，人（用户）与信息、技术的交互模式发生了变化，交互行为也出现了一些新特征，尤其是在个人信息管理（Personal Information Management，PIM）方面出现了个体囤积数字信息（数字囤积）的趋势。本书的目的即是探究数字时代和大数据环境下个人的数字囤积行为模式，剖析数字囤积现象背后的规律，在为数字囤积研究贡献信息管理学科智慧的同时，丰富信息科学和信息管理领域的研究场景。本书首先对研究背景进行介绍，即数据信息环境的变化、数字存储技术的发展和个人数字化记忆的兴起。

一　数据信息环境的变化

自 20 世纪 40 年代以来，人类社会所处的信息环境急剧变化。

数字时代、信息时代、移动互联网时代和大数据时代等纷至沓来，这主要得益于信息与通信技术的迅猛发展。简单回顾一下其中的标志性事件：1946 年，世界上第一台电子计算机诞生；1969 年，互联网的前身阿帕网建立；1985 年，世界上第一台多媒体计算机诞生；1994 年，中国正式接入互联网；2007 年，初代 iPhone 面世；2008 年《自然》(*Nature*) 杂志首提“大数据”的概念[①]；2019 年，中国的5G 商用元年开启[②]。由是观之，无论相关的硬件、软件，还是网络与服务，人类社会的信息基础设施日益完善。信息和数据成为像水和空气一样必不可少的要素。

数字化的快速发展促进了全球数据领域的不断发展。在 2000 年，世界范围内绝大部分信息是以模拟形式记录的。2002 年，世界上数字化形态的信息首次超过了模拟信息。如今，世界上 90% 以上的信息是数字形式的，因此人们能够省时省力地进行信息的获取、存储、加工、操作和传递。根据国际数据公司的预测，到 2025 年，全球数字数据总量将上升至 163ZB，主要原因是数字设备和传感器数量的不断增加。

人类社会已经进入信息爆炸和大数据时代。我们每天产生的数据量十分庞大，且数据增长速度在加快。福布斯网站 2018 年的统计数据显示，按照目前的速度，全球每天会产生 2. 5 万亿字节的数据，随着物联网的发展，这一速度只会加快，仅在过去两年中，就生成了全世界 90% 的数据。[③] 这些海量数据主要通过以下方式生

---

① Lynch, C. , “Big Data: How Do Your Data Grow?”, *Nature*, Vol. 455, No. 7209, 2008, pp. 28 – 29.

② 张小飞、徐大专:《6G 移动通信系统：需求，挑战和关键技术》，《新疆师范大学学报》（哲学社会科学版）2020 年第 2 期。

③ Marr, B. , “How Much Data Do We Create Every Day? The Mind-Blowing Stats Everyone Should Read”, Forbes, 2021 年 5 月 21 日，https: //www. forbes. com/sites/bernardmarr/2018/05/21/how-much-data-do-we-create-every-day-the-mind-blowing-stats-everyone-should-read/? sh = 68442c1760ba, 2023 年 4 月 16 日。

成：互联网、社交媒体、在线交流、数字照片、网络服务、物联网。用户个人的广告点击、社交媒体上的点赞、分享、乘车、交易、流媒体内容等也会产生数据。由此，社交媒体大数据、商务智能与数据挖掘等成为大数据研究的热点①。云软件公司 DOMO 每年都会发布《数据永不停歇》（*Data Never Sleeps*）的年度报告，以信息图的方式揭示全球最受欢迎的一些平台和公司每分钟有多少数据产生。2021 年发布的《数据永不停歇》最新报告显示，在数字时代的今天，TikTok 用户每分钟观看约 1.67 亿条视频，Google 每分钟执行约 570 万次搜索，Instagram 用户每分钟上传约 6.5 万张照片，Twitter 用户每分钟发布约 57.5 万条推文。

大数据时代的到来加速了信息爆炸。数据信息环境的变化不仅重塑着人类社会的方方面面，也深刻影响着我们每个人，是对我们个人生活、工作和思维的大变革②。大数据时代也激发了人们的数据意识，重视数据要素、积累数据资源、挖掘数据价值成为大数据时代的新时尚。大数据环境不仅创新着数字信息资源服务方式③，产生了“（大）数据交易”等新的商业模式④，而且成为科学研究的重要资源⑤。数据信息在我们日常的学习、工作和生活等各种活动中都发挥了重要作用，人们每天都要与数据信息打交道，包括：收发邮件、下载文献、创建文档、编写代码、生成表格、制作幻灯

---

① 赵栋祥、张瑞：《国际图情领域大数据研究热点挖掘与分析》，《图书馆学研究》2018 年第 14 期。

② ［美］维克托·迈尔－舍恩伯格、肯尼斯·库克耶：《大数据时代：生活、工作与思维的大变革》，杨燕、周涛译，浙江人民出版社 2013 年版。

③ 张斌、马费成：《大数据环境下数字信息资源服务创新》，《情报理论与实践》2014 年第 6 期。

④ 赵栋祥、陈烨、张斌：《数据集市及其在交易中的价值》，《图书情报工作》2017 年第 13 期。

⑤ Felt, M.,“Social Media and the Social Sciences: How Researchers Employ Big Data Analytics”, *Big Data & Society*, Vol. 3, No. 1, 2016, pp. 1–15.

片、浏览网页添加到收藏、手机拍摄照片或视频、添加待办事项到备忘录、刷刷微博点个赞、查询出行线路、用手机点餐或打车、听歌看视频、网购、电子游戏等各种活动。由此，人们获取、创建和存储了大量、多源且异质的数字形态的数据信息，具体类型因人而异，可能是照片视频、聊天记录、表情包，也可能是电子文档、电子邮件，抑或是电子书、数字音乐、手机应用。

才短短几十年的时间，人类社会就从一个信息相对匮乏、获取和保存不易的时代快速进入一个数据信息极度丰富的时代，对于广大中国人来说，两个时代之间过渡的时间更短、变化更剧烈。毫无疑问，大数据已经渗透到每个人的学习、工作和生活中。关于大数据的特性，业界和学界有几种不同的说法，其中，4V 的认可度最高，分别是规模性（Volume）、多样性（Variety）、高速性（Velocity）和价值性（Value）。从某种意义上讲，个人保存和积累的这些大量、多源、异质、高频、分散且碎片化的数字信息内容，具有类似于大数据的特性。李玉坤等也认为，信息技术的发展使个人数据管理问题日益突出，个人数据管理问题本质上是分布、大规模、异构、复杂数据的管理问题在个人数据管理领域的反映。[①] 结合大数据的特性来看，个人保存和积累的数字数据在某种程度上也是一种大数据，即个人大数据（personal big data），Gurrin 等也称其为“小的”大数据（“little” big data）[②]。大数据环境下个人如何对存储和积累的数字数据进行有效管理是一个富有挑战并具有现实意义的课题。

① 李玉坤、任标、赵喜燕等：《个人数据管理技术研究》，《计算机科学与探索》2014 年第 8 期。

② Gurrin, C., Smeaton, A. F., Doherty, A. R., “Life Logging: Personal Big Data”, *Foundations & Trends in Information Retrieval*, Vol. 8, No. 1, 2014.

二　数字存储技术的发展

几十年来，数字数据存储技术一直在发展和进步，大致经历了从 8 英寸软盘到 5.25 英寸软盘，到 USB 存储器，到 SD 存储卡和 Micro SD 卡，再到云存储的演变过程。数据存储的最大存储能力持续提升的同时，存储成本却在不断下降。在数字存储发展的早期，无论是个人计算机的硬盘，还是便携式软盘，存储空间都小得可怜，以常用的 3.5 英寸软盘为例，其内存只有 1.44 兆。在智能手机出现之前，功能机的存储内存可能只有几十兆，即使加上外置存储卡，功能机的存储空间依然有限。即便是在 2012 年，主流智能手机的内存仅有 4GB。到如今，128GB、256GB 甚至更大存储空间的智能手机已经相当普遍，其价格甚至比早期那些内存极小的手机的价格还要低。云存储的出现则意味着数字存储空间几乎是无限的。

智能手机、个人电脑等数字设备的存储容量随着每次升级换代而增加，再加上个人云存储的成本也非常低，因此保留和累积大量的电子邮件、照片、文档、应用程序和其他各种数字信息内容似乎不是什么问题。数字媒体的可用性、经济实惠的存储选择为个人积累大量文档、音乐文件、图片、视频、电子邮件和网页开辟了新的途径。数字摄影、视频录像、编辑剪辑以及滤镜美颜等技术，使个人对生活事件的数字化记录与保存更感兴趣。根据美国著名的跨国市场研究机构 InfoTrends 的估计，2017 年全世界拍摄的数码照片数量为 1.2 万亿张，也就是说，地球上大约 75 亿人口中，平均每人拍摄 160 张照片。[①] 技术赋能增加了个人使用通信应用程序、即时

---

① Richter, F.,“Smartphones Cause Photography Boom”, Statista, 2017 年 8 月 31 日, https://www.statista.com/chart/10913/number-of-photos-taken-worldwide/, 2023 年 4 月 16 日。

多媒体通信和社会化媒体平台来分享其数字内容的渴望。这将导致数字内容捕获、存储和共享的循环，最终导致大量（甚至过量）数字内容的积累。

生活数码相机、智能手机等设备的激增让我们具备了获取和收集数字内容的巨大潜力。以手机为例，根据国际电信联盟、世界银行和联合国 2019 年提供的数据，全球手机数量已突破 80 亿，超过 74 亿的世界总人口数，且扩张速度仍快于人口增长。此外，根据中国工信部的最新统计数据，截至 2020 年 6 月末，三家基础电信企业的手机用户总数达 15. 95 亿户，其中 4G 用户数为 12. 83 亿户。具体到智能手机，全球移动情报公司 Newzoo 的研究报告显示，2022 年中国的智能手机用户数排名全球第一，大约为 9. 75 亿户，智能手机普及率为 68. 40%，而排在第二位的印度的智能手机用户数约为 6. 59 亿户，普及率为 46. 50%。①

不只是用户规模和普及率，自 2011 年以来，中国人日均使用智能手机的时间也呈现逐年增长的趋势，至 2019 年已高达 134 分钟，是 2011 年使用时长的 6 倍。智能手机的功能日益强大，不仅可以打电话、发短信，还可以上网、拍照、收发邮件、听音乐、看视频、打游戏等，也是个人的休闲娱乐工具、信息管理工具和数字助手。

随着数据存储的价格接近于零，个人不再将存储容量视为一个问题。个人现在可以使用大量的免费存储服务和近乎无限的存储空间，例如，谷歌推出了无限存储、完全免费照片管理系统 Google Photos，用于存储和管理用户使用手机拍摄的照片与视频；网易 163 邮箱通常的容量为 3GB，对于普通用户的日常使用来说已足够，如果成为 VIP 用户，将拥有无限的邮箱容量；百度网盘的免费容量

① Newzoo，“Top Countries/Markets by Smartphone Users”，Newzoo，https：//newzoo. com/resources/rankings/top-countries-by-smartphone-penetration-and-users，2023 年 4 月 24 日。

为1029GB，会员用户的容量则为2TB；而常用的微信、微博、浏览器和短视频应用也具备一定的存储功能。因此，一方面人们创建或获取了大量数字内容，另一方面人们又存储大量数字内容，从而导致数字内容越积越多。

关于个人的信息占有量和数字存储习惯的全国性调查还比较少，尤其是针对中国人的调查更是如此。根据云管理解决方案提供商Summit Hosting的一项调查（样本超过1000名美国人，横跨婴儿潮一代、X一代和千禧一代三个年龄层），美国人平均拥有582张保存的手机图片、近83个书签网站、21个桌面图标、13个未使用的手机应用程序、2部坏掉或不用的手机，外加655GB的外部存储材料。一项针对澳大利亚人的问卷调查显示，在846个有效样本中，个体的最大存储容量为47TB，平均存储容量为3.7TB[①]。以上调查可以帮助我们初步了解个人的信息占有量和数字存储习惯。

三　个人数字化记忆的兴起

个人数字化记忆指个人使用各种现代信息技术来记录和保存自己的学习、工作、生活和日常活动，形成以个人为主体的数字化记忆（digital memory）。使用的信息技术包括但不限于：数字设备（例如，个人电脑、智能手机、运动相机等）、工具软件（例如，快手、抖音等）、数字存储（例如，苹果iCloud、百度云盘等）和社交媒体（例如，微信、微博等）等。

在以前，个人数字化记忆是奢侈的。以全人类、国家、民族或某个组织机构、某个名人为主体的数字记忆，通常需要耗费大量的人力、物力、财力，且需要庞大的技术能力做支撑。随着各种现代信息技术的

① Sedera, D., Lokuge, S., "Is Digital Hoarding a Mental Disorder? Development of a Construct for Digital Hoarding for Future IS Research", *Proceedings of 39th International Conference on Information Systems*, San Francisco, 2018.

迅猛发展和广泛应用，个人数字化记忆开始兴起。个人有能力记录和保存属于自己的数字化记忆，包括聊天记录、数字照片、视频、录音、电子文档、个人网站、电子邮箱、社交媒体和游戏账号等。以前的个人记忆要么存在人脑里，要么以日记、照片、纪念品等形式存在。现在，个人数字记忆既完整又生动，且易于长期保存。

个人数字化记忆的一个集中体现就是生活记录。Gurrin 等认为生活记录是个人大数据的一个重要来源，是捕获和存储人们日常生活体验的一种记录方式，代表着过去体验、现在生活和未来可能性的融合，它自动记录和分享人们的日常生活，包括去过什么地方、参加什么活动、使用什么媒介、见过什么人等①。生活记录也叫生活日志，它的先驱是来自微软研究院的戈登·贝尔（Gordon Bell），他是第一个完全接受数字化自己生活的人。戈登·贝尔一直尽可能多地将他所遇到的所有信息都存储在他的电脑里。这是他与微软研究院的同事们合作进行的一项长期研究项目——“我的生活片段”（My Life Bits）的一部分②。他认为，记录一个人完整的一生就是对个人电脑终极意义的探索。为此，戈登·贝尔进行了一项个人数字存档实验，他把几乎所有的纸质笔记和笔记本都扫描并存储在硬盘上，包括800页的个人健康记录。他保存了所有他发送或接收的电子邮件的副本（超过12万封）以及他访问过的每个网页的镜像。他还对自己与他人的对话进行录音和数字化存储；他的脖子上总是挂着一个烟盒大小的小黑盒子，这个小黑盒子实际上是微软开发的数码相机，每30秒就拍一张快照，每当有人接近他的时候也会拍照。就这样日复一日、年复一年地拍照，他估计他有超过10万张这样的照

① Gurrin, C., Smeaton, A. F., Doherty, A. R., “LifeLogging: Personal Big Data”, *Foundations & Trends in Information Retrieval*, Vol. 8, No. 1, 2014.

② Gemmell, J., Bell, G., Lueder, R., “My Life Bits: A Personal Database for Everything”, *Communications of the ACM*, Vol. 49, No. 1, 2006.

片存档。戈登·贝尔这样做的目的是记住他生活中的点点滴滴。

戈登·贝尔的个人数字化记忆或生活记录实践是科学研究、产品开发的一部分。在现实中，许多人则是由于对丢失重要数据的恐惧或想拥有对过去的完美记忆，而选择进行个人数字化记忆或生活记录实践。然而，过犹不及，有些人过分沉迷于数字化记录生活而忽视了其潜在危害，例如，一味地记录却忽视了用心体验现实世界（想想旅途上一直拍照录像，过后自己又记得多少彼时的风景和心情）、过分看重过去的记录而未能很好把握现在与未来。

直觉上，我们倾向于认为遗忘是一种失败，是我们的记忆能力出了问题。加拿大多伦多大学的神经科学家们则认为人类的大脑其实在有目的地忘记信息以帮助我们生活，并指出遗忘是记忆的一种功能，一个健康的、正常运作的记忆系统是一个确实参与某种程度的遗忘的系统①。当记忆的目标是赢得智力竞赛的胜利，那么人们应该试着记住所有能记住的东西。但是，当记忆的目标是帮助人在一个复杂多变的世界中做出明智的决定时，那么最好的记忆系统将是一个能忘记一些事情的记忆系统。

我们都听说过有百科全书般记忆的人，我们中的很多人可能认为拥有这些记忆是件非常美好的事情，但全部的事实可能并非如此。因为很多记忆都包含与我们日常生活无关的细节，这些细节不仅是无关紧要的，而且会对我们的日常生活和个人成长造成损害。一个有趣的例子来自临床神经心理学家 Luria 的研究，Luria 有一个病人 S，他有着惊人的记忆力，基本上能记住他生活中的一切。通过近 30 年的谈话和测试，Luria 发现病人 S 因无法遗忘而被细节所

① Richards, B. A., Frankland, P. W., "The Persistence and Transience of Memory", *Neuron*, Vol. 94, No. 6, 2017.

困，很难识别世界上的共性和模式，而这些模式实际上是人们能够做出明智决策的基础[①]。心理学和人类行为专家 Alix Spiegel 认为，当记忆永不褪色时，过去会毒害现在。她专门撰写了一篇关于超强自传体记忆症（Highly Superior Autobiographical Memory，HSAM）的文章，通过具体案例介绍了超强自传体记忆症是如何影响个人的记忆、遗忘乃至工作和生活的。超强自传体记忆症患者时常沉湎于过去而感到沮丧，似乎抓住了一切，又似乎总是被困在过去。

数字技术在给信息表示、信息存储、信息交流等带来便利的同时，也引发了人们对档案狂热（archive fever）的焦虑。当我们的身份、关系、话语和行为被数字技术记录和保存，又凭借海量的数字存储空间使得“记录一切”成为可能，由此我们痴迷于在数字世界中建立着自己的个人档案。大多数时候，我们不是因为信息太少所以“忘记”，而是因为信息太多、更新太快所以“记不住”。大数据之父迈尔－舍恩伯格指出，大数据时代下数字化记忆隐藏了许多潜在危险，甚至威胁信息隐私和个人发展，他认为我们应当平衡记忆与遗忘的关系，要对数据信息进行取舍和有效管理[②]。

第二节　选题提出与研究意义

一　选题提出

在数据信息环境急剧变化、数字存储技术发展和个人数字化记忆兴起的背景下，本书的研究选题逐渐浮现。信息的爆炸性增长、数字设备的激增以及廉价数字存储的大量涌现，“诱惑”一些人存

① Luria，A. R.，*The Mind of a Mnemonist：A Little Book about a Vast Memory*，Cambridge，MA：Harvard University Press，1968.

② ［美］维克托·迈尔－舍恩伯格：《删除：大数据取舍之道》，袁杰译，浙江人民出版社2013年版，第27—28页。

储、积累和堆积了大量可能永远不会被使用的数字内容，例如电子邮件、电子文档、网页、数码照片、短信、手机应用数据、电脑游戏、音乐文件、电影、家庭视频和整季电视剧。这些多源、海量、异质、非结构化的数据信息构成了我们的“个人大数据”。“大数据给人一种压倒性的感觉，就像我们已经咬掉了那些无法咀嚼的东西”，著名信息哲学家卢西亚诺·弗洛里迪（Luciano Floridi）如是说，他认为在等待更强大的计算机和软件的同时，仅仅囤积数据是行不通的，我们面临的问题已经从“保存什么”转变成“删除什么”，有些东西必须被删除或永远不被记录①。或许我们应该扪心自问：人类被数字信息内容淹没了吗？我们是否不假思索就获取和存储数字内容？我们是否很少删除和清理某些数字信息？

人类收集和累积数据的倾向正在以比他们存储和处理数据的能力更快的速度增长。数字内容收集的速度和数字内容存储的非结构化方式，最终会使个人在需要某些数字内容时却难以访问。难以丢弃数字内容、数字内容造成的繁多杂乱以及频繁的过度获取，都近似于 Coles 等描述的囤积行为（hoarding behavior）的迹象②，只不过此时囤积的对象是数字形态的数据信息，这种现象或行为就是“数字囤积”（digital hoarding）。许多人或多或少都有数字囤积行为，具体的信息类型可能因人而异、因情境而不同，例如数字照片囤积行为、电子邮件囤积行为、数字音乐囤积行为、电子游戏囤积行为等。数字囤积行为与信息获取、信息保存、信息删除、信息分类和信息使用等行为都息息相关，研究数字囤积行为很有意义。

最近几年，“囤积”这一概念通过各种新闻报道、自助书籍和

① Floridi, L., “Big Data and Their Epistemological Challenge”, *Philosophy & Technology*, Vol. 25, 2012.

② Coles, M. E., Frost, R. O., Heimberg, R. G., et al., “Hoarding Behaviors in a Large College Sample”, *Behaviour Research and Therapy*, Vol. 41, No. 2, 2003.

电视节目，在世界公共话语中扩大了自己的地位。在网络论坛、博客和社交媒体上，社会公众关于数字囤积的讨论和猜测由来已久，这些讨论和猜测包括：什么样的行为属于数字囤积、数字囤积在何种程度上会成为一个问题、如何克服数字囤积症等。

英文互联网上存在着许多关于“digital hoarding”的分享或讨论。例如，来自德国的一位自由软件和网络开发人员、项目经理和顾问，他曾在其个人网站发布了一篇名为 *Digital Hoarding* 的博文，文中写道，“有时我想知道自己是否有所谓的数字囤积行为”。他没有强迫症，但他把想要消费或做的事情保留了太久。如果他删除一个项目，就会添加两个项目，而且这堆东西还在不断增加。因为他从事数字媒体和软件创作，所做的一切都与数字信息内容有关，他感到自己的能量被淹没、无处可逃、信息超载越来越严重。最后，他也坦承，尽管他喜欢电脑和科技，但消耗大量信息不再让人感觉有益，至少他不再用 Facebook 了。

此外，在中文互联网上也存在着关于“数字囤积”或“数码囤积”的分享或讨论。某用户曾在网络问答社区知乎上提出了这样一个问题：“除了各种各样的实物，最近在清理电脑的过程中发现自己还会囤积一大堆永远都不会去看的也永远用不上的电子书、浏览器书签、应用软件、手机联系人、各种笔记、电影、动画等。那么问题来了，小伙伴们，你们还会囤积哪些东西?”截至 2020 年 2 月 3 日，该提问合计获得 335 个回答。这些知乎用户囤积的物品从实体物到数字内容不一而足，有的人囤积了整个中学时代同学课上传给他/她的小纸条，有的人囤积了异地恋两年和恋人一起到处旅游的车票，有的人囤积了从初三到高三用完的笔芯，也有人囤积了每次逛街的纸袋、车票、登机牌、童年卡牌、书籍报纸杂志、明信片、电影票、景点门票等，还有的人囤积了聊天记录的截图、海量的电影、纪录片、各国电视剧、表情包、电子书、知乎好答案、数字音乐等各式各样的数字信息或数字信息产品。

2017 年，一篇名为“你囤积了那么多干货，可知识依然不是自己的”博文出现在知名中文 IT 交流平台 CSDN 上，指出了普遍的信息焦虑问题。而且，从每天刷 N 个网站，到 RSS 时代，到结合社交关系的内容推荐，到 Evernote 一类的工具，再到付费筛选，这一问题依旧存在。例如，在手机上遇到一篇好文章，没空看完，就先收藏起来，有空再看，或者遇到一些好资源，觉得以后可能会用得到，也想先收藏起来。一键收藏虽然简单，但有个问题却一直没法解决——收藏了也不看。不光想不起来看，真有用的时候，反而还找不到了（不记得收藏到哪里了，也无法分类和搜索……）。一边是眼看着越来越满的收藏夹，另一边则是一无所获的自己，不禁让人深思。

2020 年 1 月，一位新浪微博用户发布了一条关于数字囤积的微博，谈论了手机和电脑存储空间不足、照片和聊天记录删除困难的问题。截至 2020 年 3 月 18 日，该条微博获得了 322 条评论、1479 次转发和 2169 个赞。数百位微博用户分享了各自对数字囤积的看法和相关经历，不少用户表示自己存在数字囤积现象。

此外，还有用户在视频弹幕网站 bilibili 上分享了自己与手机应用软件的“告别仪式”。该 UP 主表示，虽然这些应用软件都是精挑细选、曾经很好用的，但是现在，它们大都很久没有被使用过了，之后也很难再用到了。直到 UP 主发现手机存储空间不足了，才意识到需要删除了。十分有趣的是，在删除这些囤积已久的应用软件之前，UP 主采用录制视频的方式来记录一下这些应用软件。

综上所述，基于对数据信息环境、数字存储技术和个人数字化记忆及其变化发展的分析，笔者发现了个人囤积数字信息内容的现象和趋势。通过网络检索和文献调研，笔者发现互联网上存在着许多关于数字囤积的讨论，但数字囤积的相关研究却比较缺乏，尤其是中国情境下的数字囤积研究更加缺乏，研究与现实之间存在一定的鸿沟。由此，最初的研究主题逐渐浮现出来——个人的数字囤积行为。

二　研究意义

本书是关于“个人的数字囤积行为”的探索性研究，选择以扎根理论研究方法论为指导，构建个人的数字囤积行为理论模型，探讨个人的数字囤积行为的基本特征、前置因素和后续影响，具有一定的理论和实践意义。

（一）理论意义

1. 探索个人的数字囤积行为的理论基础

数字囤积是一个新兴的研究领域。本研究选择个人的数字囤积行为作为研究主题，以扎根理论研究方法论为指导，最终构建个人的数字囤积行为理论模型，并由此提出三个初步的研究命题。理论模型的构建和研究命题的提出都有访谈资料或网络文本的支撑。理论模型和研究命题分别从是什么、为什么和怎么样的角度剖析了个人的数字囤积行为基本特征、前置因素和后续影响。同时，理论模型和研究命题也为后续的量表开发、大规模问卷调查、理论模型和初始命题的检验提供了理论基础。

2. 深化和拓展中国情境下的数字囤积研究

近年来，中国的信息化和数字化发展迅猛，数字囤积趋势明显，中国互联网上有许多关于数字囤积的讨论。与之相对的，中国情境下的数字囤积研究却与中国的数字囤积实践之间存在一定差距。本研究即以不同职业、年龄、性别和地域的人为访谈样本，这些人居住生活在中国、长期受到中国信息技术和数字网络发展程度的影响。此外，本研究还收集了中文互联网上关于数字囤积的新闻报道、用户生成内容作为补充资料。因此，本研究对于深化和拓展中国情境下的数字囤积研究具有显著意义。

3. 推动个人信息管理研究的创新和发展

个人的数字囤积行为与个人信息管理行为密切相关。个人信息管理行为包括信息获取、信息组织和存储、信息维护（例如，备份、删除、更新和转移）和信息再现等过程。个人的数字囤积行为的基本特征是数字信息的过度获取、删除困难和数字空间/数字信息杂乱。数字时代和大数据环境下，数字信息爆炸式增长、个人数字存储技术物美价廉、记录生活理念的流行等，对个人信息管理行为研究提出了新的挑战。本研究有助于推动个人信息管理研究在当前信息环境下的创新和发展。

（二）实践意义

1. 唤起人们对数字囤积问题的关注

在数字时代和大数据环境下，受到泛在信息环境、廉价数字存储和智能手机等数字设备普及的影响，个人囤积数字信息内容的现象日益普遍。但是，囤积的信息越多，回看和使用的可能性越小，而且这些被囤积的信息往往没有得到有效管理、转化为知识。当个人的数字囤积行为超过合适的限度，就会危害心理健康、降低要素生产力、威胁信息安全。与传统的实物囤积行为相比，数字囤积相当隐蔽，许多人并未察觉自身的数字囤积行为及其后果。本研究希望能通过对个人的数字囤积行为特征表现、前置因素和潜在后果的分析，唤起人们对数字囤积问题的关注，从而推动全社会重视数字囤积问题，完善数字信息资源的全生命周期管理，进而实现信息资源管理效能的提升、数字治理能力的增强、数据价值的发现和数据要素市场的构建。

2. 为应对数字囤积挑战提供借鉴

大数据环境下个人面临着数字囤积的挑战。数字囤积是一把双刃剑，在一定范围内是有利的，而超过一定限度则会产生不利影响。数字囤积挑战的应对之策有两种：一是求诸外，即依靠科技公司的技术手段，包括扩大数字存储空间、优化信息查找性能、设置信息存储期限、开发“能衰退”的存储系统；二是求诸内，即依靠自身意识和行为的改变，包括数字整理、数字极简主义、数字化节制、信息节食、数字断舍离和数字取舍。这些对策对于个人、团队或组织应对数字囤积挑战具有借鉴意义。

3. 人与信息、技术关系的反思和平衡

个人的数字囤积行为，就是人在数字技术的“刺激”和“诱导”下，过度获取和累积数字信息、较少删除数字信息，甚至出现一定程度数字杂乱的行为。因此从本质上讲，数字囤积问题就是人与信息、技术之间关系的问题。通过对个人的数字囤积行为特征、前因、后果和应对的分析，有助于我们重新思考和再平衡人与信息、技术之间的关系，这对于促进数字时代和大数据环境下个人的全面健康可持续和高质量发展、提升数字素养等具有重要意义。

第三节　研究内容、方法与创新点

一　研究内容

“个人的数字囤积行为”（Personal Digital Hoarding Behavior, PDHB），简单来讲就是指个人囤积数字信息/数字内容的行为，具体如图1－1所示。其中，“个人的数字囤积行为”的核心是“囤积行为”，行为主体（囤积行为的发出者）是“个人”，行为客体（被囤积的对象）是“数字”信息内容，这些数据信息具有多源、海量、异质、非结构化的特征（某种程度上可视为“大数据”），包括照片、电子文档、数字音乐、影音视频、电子邮件、数据库和云存储等，而“大数据环境”则指明了个人及其数字囤积行为所处的时代特征和数据信息环境。

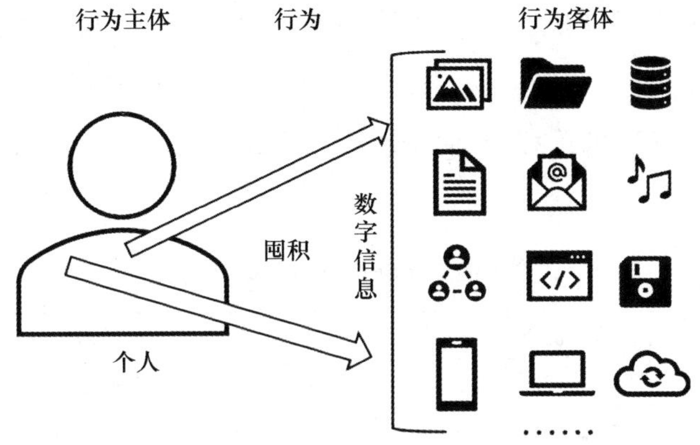

图1－1　“个人的数字囤积行为”示意图

本研究之所以使用“个人的数字囤积行为”，而不是“个人数字囤积行为”，是为了避免歧义。因为，“个人数字囤积行为”有两种断句方式：个人/数字囤积行为；个人数字/囤积行为。相应地，“个人数字囤积行为”就有两种理解：个人囤积数字信息的行为；（某个行为主体，可以是个人，也可以是团队或组织）囤积个人数字信息的行为，个人数字信息可以看作数字形式的个人信息，其外延比数字信息要小得多，而且提到“个人数据”①、“个人信息”、“个人数字信息”，更偏向个人数据信息保护的研究。显然，前者才是本研究要关注和探究的问题。因此，本研究采用“个人的数字囤积行为”这一说法。

至此，研究主题“个人的数字囤积行为”已经确立。需要说明的是，因为（尤其是中国情境下的）数字囤积是一个新兴的研究领域，这是一个探索性研究，所以本书的研究内容和研究问题不是在研究开始就设定好的，而是在资料收集和分析过程中逐渐浮现出来的。在研究过程中，笔者发现可以尝试构建一个理论模型来抽象和

① 黄国彬、张莎莎、闫鑫：《个人数据的概念范畴与基本类型研究》，《图书情报工作》2017年第5期。

描画个人的数字囤积行为，该理论模型涉及三个方面的内容/研究问题，如表1-1所示。未来，笔者将进一步对本研究构建的个人的数字囤积行为理论模型进行评估和完善。

表1-1 “个人的数字囤积行为”研究内容

研究视角	研究内容
是什么（What）	基本特征（Characteristics）
为什么（Why）	前置因素（Antecedents）
怎么样（How）	后续影响（Consequences）

（一）个人的数字囤积行为的基本特征

个人的数字囤积行为的基本特征，即从“是什么”的角度剖析个人的数字囤积行为的典型表现或特质。这一部分要区分一般的数字囤积行为与超出正常范围的数字囤积症，考察二者之间的关联与区别。当然，最重要的是归纳出个人的数字囤积行为的基本特征，为将来的量表开发和大规模问卷调查、实证研究做前期准备。

（二）个人的数字囤积行为的前置因素

个人的数字囤积行为的前置因素，即从“为什么”的角度分析个人的数字囤积行为产生的原因，可能是心理层面的、认知层面的因素，也可能受到时代信息环境的影响，还可能与个人的情境、角色、素养等特质有关。各个方面的因素都要纳入考虑，探究它们是否构成个人的数字囤积行为的前置因素。

（三）个人的数字囤积行为的后续影响

个人的数字囤积行为的后续影响，即从“怎么样”的角度探讨个人的数字囤积行为的后续结果以及应对方法。因为数字囤积行为比较普遍且隐蔽，极端的数字囤积行为后果严重，甚至有可能会发展成为数字囤积症。为了唤起公众的重视，本研究着重探讨个人的数字囤积行为的潜在后果。同时，本研究也探讨了我们应该怎样应对数字囤积挑战。

二　研究方法

整体来说，本研究是在扎根理论研究方法论的指导下进行的，即研究者最初带着对数字囤积领域的研究兴趣进入研究情境，并对从多种来源收集到的相关资料进行整理、编码分析，通过不断比较的方法来构建理论模型，最后对该理论模型进行阐释和讨论。

就研究过程中所采用的具体研究方法（包括资料收集的方法、数据分析的方法等）而言，本书还采用了半结构化访谈、观察、文献调研、问卷调查和主题分析等方法，分述如下：

（一）扎根理论

大数据环境下，数字囤积是一个新兴的研究领域，尤其是国内对个人的数字囤积行为的研究还比较缺乏。扎根理论研究方法论非常适合新兴领域的探索性研究和理论发展。本研究以程序化扎根理论为指导，按照产生研究问题—数据收集与整理—数据分析—理论模型构建—理论模型阐释的研究流程，从是什么、为什么、怎么样的角度剖析和探讨了大数据环境下个人的数字囤积行为的特征表现、前置因素、潜在影响和应对方法。

（二）半结构化访谈法

访谈法是扎根理论研究中常见的数据收集方法。从 2019 年 10 月到 2019 年 12 月，本研究陆续对 27 位受访者进行了一对一的半结构化深度访谈，收集他们关于数字囤积行为感知和体验的一手数据，作为后续三级编码分析的原始资料。半结构化访谈提纲见附录 A，主要包括五个部分：阐述访谈目的和内容；解释数字囤积及相关概念；受访者的个人基本情况；数字信息囤积情况和体验；补充、建议及致谢。

（三）观察法

在面对面访谈过程中，在受访者同意的前提下，受访者向研究者展示了他们的数字信息占有情况（包括数量、类型等）、他们与数字设备/数字存储系统的交互情况以及数字存储空间使用情况（包括电脑和手机桌面、文件和文件夹、图片库、电子邮箱、云存储等）。研究者对此进行了观察，并以照片、备忘录和录音的形式加以记录。观察法和访谈法具有较好的互补性，能从客观行为和主观体验两个方面收集个体层面的行为数据。

（四）文献调研法

文献调研法是科学研究的一种基本方法。本研究围绕“个人的数字囤积行为”详尽调查并拥有国内外相关的各类型文献资料，包括来源于学术数据库的科学文献、来源于学校图书馆的专业书籍、来源于互联网的新闻报道、统计数据、研究报告、博客文章、问答社区文本、微博讨论、微信公众号文章和 B 站视频等。本研究的文献调查不是一蹴而就的，而是有计划进行的，最初用于了解研究背景、提出大致的研究问题，而后用于撰写研究综述、淬炼研究问题，接着用于理论模型构建与完善，最后用于理论模型阐释与讨论。

（五）问卷调查法

问卷调查是国内外社会调查中普遍使用的一种方法。因为个人的数字囤积行为与其数字信息内容的存储情况密切相关，所以本研究也设计了“个人的数字信息存储情况调查问卷”，见附录 B。该问卷主要包括两部分：个人基本信息：性别、年龄、学历和职业；个人的数字信息内容存储情况：数字信息存储方式、拥有的数字空间大小、数字化和数字存储感知、数字信息重要度排序和不删除数字信息的原因。本研究通过在线问卷调查系统——腾讯问卷来创建、发放和回收问卷，合计回收问卷 494 份，其中有效问卷 449

份。问卷调查法和访谈法、观察法具有较好的互补性，能从定量和定性两个方面收集个体层面的行为数据。

（六）主题分析法

主题分析法是一种常用的定性资料分析方法。与程序化扎根理论中的三级编码分析类似，二者都需要从原始资料出发归纳出编码。不同的是，主题分析法的编码步骤相对较少，不需要像三级编码分析那样构建概念类属之间的关联并发展出理论。本研究中，主题分析法主要用于对基于文献调研法获取的网络文献（包括新闻报道、博客文章和问答社区文本等）进行分析，用来帮助研究者了解研究背景、对访谈资料的分析结果进行补充等。

三　研究创新点

本书基于扎根理论，对数字时代、大数据环境下个人的数字囤积行为展开了探索性研究，研究的创新点主要包括：

（一）构建个人的数字囤积行为理论模型

已有的数字囤积研究在理论发展方面存在不足。本研究将扎根理论应用于个人的数字囤积行为理论发展中，使用文献调研、半结构化访谈和观察法等研究方法，经过开放式编码、主轴编码和选择性编码，以及与现有文献、理论的比较，最终构建个人的数字囤积行为理论模型，并由此提出关于范畴和主范畴以及主范畴之间关系的初始研究命题。这在之前的研究中是从未有过的。此外，个人的数字囤积行为理论模型也是一个研究个人的数字囤积行为的整合性研究框架，研究者可以选择该框架中的一个要素或关系为研究起点，向下挖掘或向外扩展进行研究。

（二）揭示信息价值、个人心理和感知等多层面因素对个人的数字囤积行为的影响

本研究以系统的眼光比较全面地考察了个人的数字囤积行为，

分别从是什么、为什么、怎么样的角度分析了个人的数字囤积行为基本特征、前置因素和后续影响，使我们获得了关于个人的数字囤积行为的整体性认识。尤其是比较全面地揭示了信息价值、个人心理和个人感知等多层面因素对个人的数字囤积行为的影响，有些前置因素（如，数字存储感知、关于记录保存的人类习性）甚至是在本研究中新发现的。

（三）提出数字囤积挑战的应对之策

此外，本研究还比较系统地总结和提出了我们应该怎么样应对大数据环境下数字囤积挑战。总的来说，数字囤积的应对大致分为两种思路。一是求诸外/技（术），通过数据存储、组织和管理系统、软件和工具等技术手段来解决数字囤积问题，此为应对之法。二是求诸内/（自）己，通过调整人们的思维和行为，例如数字信息的断舍离、分类整理等，来解决数字囤积问题，此为应对之道。

（四）从信息管理学科视角揭示中国本土情境下的数字囤积现象

在现有的数字囤积研究中，研究者和研究对象基本上都来自荷兰、英国、美国、加拿大和澳大利亚等欧美发达国家和地区。这些国家和地区与我国在国情民情、数字化和信息化发展等方面存在明显差异。在中国，探究个人的数字囤积行为的第一篇学术文献是在汉化已有英文量表的基础上进行的，本土性和原创性不足。而本书的研究样本都居住生活在中国，长期受到中国信息技术和数字网络发展程度的影响，因此本研究是真正扎根于中国情境和本土文化的数字囤积研究。此外，现有的数字囤积研究主要来自精神病学、心理学、计算机科学、管理信息系统和新闻传播学等学科领域。本研究从信息管理学科视角出发，聚焦中国情境下的数字囤积现象，以期推动本土的数字囤积研究走向世界，并为数字囤积研究贡献信息管理学界的知识和智慧，尤其是引入了个人信息管理和信息生命周期理论的视角、理论和观点，揭示了个人的数字囤积行为、个人信息管理和信息生命周期之间的关联。

第 二 章

文献回顾与述评

第一节 数字囤积的概念界定

数字囤积是一个新概念，它的内涵和定义还未被完整统一地界定，不同学科领域的研究者基于自身观察、实践和研究，尝试对数字囤积的概念进行界定。

笔者查阅中外学术文献和互联网络，发现“数字囤积”或“digital hoarding”最早出现在2007年美国国家公共广播电台（National Public Radio，NPR）的一档谈话节目中。该期节目主持人尼尔·科南邀请了《连线》（*Wired*）杂志的产品编辑马克·麦克卢斯基作为嘉宾，并且接入听众来电，共同围绕“数字时代的囤积仓鼠”（*“Pack Rats” in the Digital Age*）这一主题展开讨论。科南认为，像现在大多数事物一样，囤积仓鼠[①]也出现了数字化的趋势，即数字囤积仓鼠，他们在囤积电子书、数字音乐、数字电影、网络书签等，这也占用了数千 GB 的空间和一些脑力活动。麦克卢斯基认为自己有轻微的数字囤积行为，囤积的数字内容主要是音乐，从最开始的黑胶唱片，到后来有大量的磁带和上千张 CD，再后来尝试将所有这些转换成数字格式的音乐，与此同时也大量获取新的数

① 囤积仓鼠，指像仓鼠一样囤积物品的人，极端严重的囤积行为被称为仓鼠症或松鼠症。

字音乐文件。不少听众也分享了各自的数字囤积经历。此时，虽然并未明确给出数字囤积的定义，但是明确使用了术语“digital hoarding”，指出数字时代提供了数字囤积产生和发展的环境，表明了数字囤积现象的趋势和普遍性。

在学术界，第一次对数字囤积做出明确定义和细致研究的是荷兰精神病学家马丁·范·本内科姆（Martine J. van Bennekom）及其合作者。他们是荷兰学术医学中心精神科（Department of Psychiatry，Academic Medical Center）、荷兰皇家艺术与科学学院神经科学研究所（Netherlands Institute for Neuroscience，Royal Netherlands Academy of Arts and Science）的精神病学专家，依据具体实际案例和长期临床经验发现并描述了一个数字囤积症患者的案例。[①] 这一发现发表在2015 年的《英国医学期刊病例报告》（*British Medical Journal Case Reports*）上。这篇案例报告是目前已知的、全世界第一篇对数字囤积、数字囤积症患者进行系统刻画和分析的学术文献，也是了解和研究数字囤积的必读文献。

该案例的主人公是一位时年四十七岁的荷兰男子，他既有物品囤积行为，也有数字囤积行为。他的囤积症在上大学的时候就开始了，然后逐年恶化。在转诊到范·本内科姆的门诊部之前，该男子从未寻求过囤积症方面的治疗。他主要收藏一些经济价值有限或没有经济价值的物品，例如自行车部件。他很难丢弃这些东西，觉得被它们包围很舒服，他相信它们将来会对他有用。这些东西堆积起来，把他的房子弄得乱七八糟，他也不好意思请人到家里来做客。此外，该男子还酷爱收藏和囤积数码照片，甚至近乎痴迷和疯狂，这是从五年前他获得数码相机时开始的。数码摄影是他白天的主要

---

① Van Bennekom，M. J.，Blom，R. M.，Vulink，N.，et al.，“A Case of Digital Hoarding”，*BMJ Case Reports*，doi：10.1136/bcr－2015－210814，2015.

活动，他每天拍摄多达1000张图片，主要是风景。尽管很多照片都很相似，但是他很难丢弃这些照片，因为它们能唤起回忆。和物品一样，他感觉自己离不开这些数码照片。他有四个外接硬盘，里面有原始图片，还有另外四个外接硬盘，里面有备份。他从未使用过或看过自己保存的照片，但他确信这些照片将来会有用。该男子表示，由于数码照片太多，他平均每天要花3—5小时来整理照片，不仅非常耗时，而且让他感到沮丧，甚至干扰了他的睡眠，也使他不能从事其他活动，如打扫房间、外出和放松休闲。

经过调查和诊断，研究者发现该男子的数字囤积行为已经异化为病理性的囤积障碍，符合《精神障碍诊断与统计手册（第5版）》（DSM－5）中关于囤积症的所有标准①。基于对该数字囤积症患者的观察、诊断和分析，范·本内科姆及其同事认为，数字囤积症是指数字文件的积累堆积已经到了令人失去洞察力的程度，最终导致严重且持续的压力和混乱无序。当一般的数字囤积行为跨越了干扰生活其他方面的界限时，它就是病态的，是一种新型的囤积症。此外，他们得出以下结论：首先，数字囤积症是一种新型的囤积症，其特征是数字文件的积累和无序排列，会造成严重且持续的痛苦和功能障碍；其次，数字囤积症可能不像其他类型的囤积症（有关实物形态物品的囤积障碍）那么明显，需要看护者的敏锐洞察才能发现它；最后，未来需要更多的病例报告和临床试验来进一步了解数字囤积的现象学和最佳治疗策略。

除了来自精神病学领域的临床病例报告，英国诺森比亚大学心理学系囤积症研究小组和心理与传播技术实验室的研究者也对个人的数字囤积行为，尤其是工作场所情境下员工的数字囤积行为进行了一系列研

---

① The American Psychiatric Association, *Diagnostic and Statistical Manual of Mental Disorder* (*5th eds*), Arlington, VA: American Psychiatric Association, 2013.

究。他们认为，数字囤积是指电子邮件、照片、文件和软件等数字资料的过度积累[①]。他们还以数字囤积行为为主题进行了一次较大规模的社会调查，证实了数字囤积行为在社会公众中的广泛性[②]。

有趣的是，荷兰、英国的两个研究团队虽然分属精神病学、心理学两个学科领域，但是都从传统的实物囤积行为（障碍）中发现了数字囤积行为（障碍），进一步揭示了物理囤积与数字囤积的关联。而加拿大英属哥伦比亚大学的研究者 Vitale 等则基于数字数据保存的视角开展研究，他们认为个人对数字数据保存有着不同的倾向（或偏好），如果把数字数据保存倾向视为一条光谱，那么数字囤积和数字极简则可以看作这条光谱的两端，人们的数字数据保存倾向就分布在从数字极简到数字囤积的光谱上。其中，数字囤积指积累大量数据或数字物品，且很少删除，尽管这些数据通常没什么价值，但是在囤积者看来却具有特殊的情感和实用意义。[③] Vitale 具有计算机科学、人机交互的学科背景，他的数字数据保存视角对数字囤积研究具有重要启示意义。

在管理信息系统领域，澳大利亚莫纳什大学（Monash University）研究者 Sedera 和 Lokuge 指出智能手机和可穿戴设备等数字设备的出现、社交媒体网络和内容共享平台的流行、数字化的个人和商业互动的增长以及免费或负担得起的数字存储的接入，增加了个人在不仔细考虑后果的情况下获取和存储数字内容的倾向。他们认为，这种越来越普遍的行为可能会导致一种与传统囤积症类似的症

---

① Sweeten, G., Sillence, E., Neave, N., "Digital Hoarding Behaviours: Underlying Motivations and Potential Negative Consequences", *Computers in Human Behavior*, Vol. 85, 2018.

② Neave, N., Briggs, P., McKellar, K., et al., "Digital Hoarding Behaviours: Measurement and Evaluation", *Computers in Human Behavior*, Vol. 96, 2019.

③ Vitale, F., Janzen, I., McGrenere, J., "Hoarding and Minimalism: Tendencies in Digital Data Preservation", *Proceedings of the 2018 CHI Conference on Human Factors in Computing Systems*, Montréal, 2018.

状，即数字囤积症。由此，数字囤积被定义为无论数字内容的用途如何，它都会被获取或存储，并且无法丢弃或有效管理，从而导致数字混乱/数字杂物堆的累积。①

以上关于数字囤积和数字囤积症的概念界定分别来自荷兰、英国、加拿大和澳大利亚的研究者，其研究情境都是欧美发达国家，是数字化程度高、西方文化占主导、英语为主的世界。在土耳其，新闻传播学研究者İŞLİYEN也关注到了数字囤积现象，将其视为丢失恐惧症的数字表现形式、数字时代的新型疾病。他认为数字囤积是数字时代下由于保存、收集大量数字数据的需要，却不考虑这些数据的必要性而产生的。这些数字数据可以是电子邮件、照片、文件、书籍，甚至是互联网上某些内容的屏幕截图。②

中国学界对数字囤积的关注稍晚一些，始于心理学领域。郭海辉等认为随着信息时代的到来，现实中的囤积行为在虚拟的网络空间也产生了特殊的衍生形式——数据囤积行为，这与之前的研究结论是一致的。他们将数据囤积行为定义为个体对于毫无用处的数据文件（如照片、邮件、音频、视频等）表现出持续收集且不愿意删除的行为。③

需要指出的是，郭海辉等将“digital hoarding behavior”翻译为“数据囤积行为”。然而，笔者认为，将“digital hoarding behaviors”翻译为“数字囤积行为”更合适，“数据囤积行为”对应的应当是“data hoarding behavior”，因此在本书中使用“数字囤积行为”这

---

① Sedera, D., Lokuge, S., “Is Digital Hoarding a Mental Disorder? Development of a Construct for Digital Hoarding for Future IS Research”, *Proceedings of 39th International Conference on Information Systems*, San Francisco, 2018.

② İŞLİYEN, M., “The New Disease of the Digital Age: Digital Hoarding”, *Akdeniz Üniversitesi İletişim Fakültesi Dergisi*, Vol. 31, No. 6, 2019.

③ 郭海辉、韦小满、赵守盈等：《中文版数据囤积行为问卷测评大学生群体的信度与效度》，《中国临床心理学杂志》2020年第3期。

一说法。

如前文所述，不同学科领域、国家和社会文化背景的学者对数字囤积和数字囤积症（或数字囤积障碍）的概念术语进行了界定，笔者将他们的主要观点摘录、汇总出来，如表 2－1 所示。

表 2－1　　学术界对数字囤积和数字囤积症的概念界定汇总

文献来源	概念界定	学科领域
van Bennekom 等	数字囤积症是指数字文件的积累堆积已经到了令人失去洞察力的程度，最终导致严重且持续的压力和混乱无序。当一般的数字囤积行为跨越了干扰生活其他方面的界限时，它就是病态的，是一种新型的囤积症。	精神病学
Sweeten 等	数字囤积是指电子邮件、照片、文件和软件等数字资料的过度积累，具有与物理囤积相似的特征，包括数字材料的过度积累、删除数字材料的困难，以及删除困难或过度积累引发的焦虑感。	心理学
Vitale 等	数字囤积是一种数字数据保存倾向，即积累大量数据或数字物品，且很少删除，尽管这些数据通常没什么价值，但是在囤积者看来却具有特殊的情感和实用意义。与之相对的是数字极简。	计算机科学（人机交互）
Sedera 和 Lokuge	数字囤积是指无论数字内容的用途如何，它都会被获取或存储，并且无法丢弃或有效管理，从而导致数字混乱或数字杂物堆的累积。	管理信息系统
İŞLİYEN	数字囤积是数字时代下由于保存、收集大量数字数据的需要，却不考虑这些数据的必要性而产生的。数字囤积症是数字时代的新疾病，是丢失恐惧症的数字表现形式，它可以是收集和保存各种数字数据，如电子邮件、照片、文件、书籍，甚至是互联网上某些内容的屏幕截图。	新闻传播学

续表

文献来源	概念界定	学科领域
郭海辉	数据囤积行为是指个体对于毫无用处的数据文件（如照片、邮件、音频、视频等）表现出持续收集且不愿意删除的行为。	心理学

此外，维基百科和机器人人类学[①]网站（cyborg anthropology. com）也对数字囤积（现象或行为）进行了概念界定，如表2－2所示。

表2－2　维基百科和机器人人类学网站对数字囤积的概念界定

来源	概念界定
Wikipedia	数字囤积，也称为电子囤积（e-hoarding）或网络囤积（cyberhoarding），是指过度获取和不愿删除对用户不再有价值的电子材料。这种行为包括大量存储数字产品和保留不必要的或不相关的电子数据。
Cyborg Anthropology	数字囤积是一个术语，用于描述通过以某种数字格式来大量保存、存档某些材料或信息到存储空间，以供日后使用的行为。

以上关于数字囤积行为、数字囤积症的定义各有不同的侧重，综合考察和比较不同领域和视角的观点之后，笔者认为，“个人的数字囤积行为”是指个体收集、保存和累积大量的数字信息内容（如照片、文档、邮件、音频、视频等）到个人数字信息空间（如手机、电脑、外置存储设备、社交媒体、云存储空间等），却没有进行有效的组织、删除和使用，致使数字信息内容大量堆积、个人数字信息空间错乱失序。数字时代、大数据环境为个人的数字囤积行为产生与发展提供了环境和条件，使个人的数字囤积行为相对普

① 机器人人类学（Cyborg Anthropology）：是从人类学的角度研究人类与技术相互作用的学科。该学科相对较新，但对新技术进步及其文化和社会的影响提供了新颖的见解。

遍且隐秘，对一般人来说，这种行为及其影响是可控的。但是，如果个人放任数字囤积行为的发展，依然对数字信息内容和个人数字信息空间缺乏有效的控制和管理，个人的数字囤积行为将异化为病理性的数字囤积障碍（数字囤积症），会对个人的身心健康、生活和工作产生严重的负面影响。因此，产生、获取和保存数字信息内容固然重要，后续的管理过程（如分类、组织、回看、删除、转存、使用和重复使用等）也很重要，这些过程像链条一样是相互联系、相互影响的，这对于我们应对数字时代和大数据环境下的数字囤积挑战具有重要意义。

第二节　数字囤积行为的表现

除了数字囤积（行为）的概念界定，数字囤积行为的表现、特征和测量也是数字囤积研究的基础问题。

在前述的病例分析报告中，基于患者口述、临床观察和实地走访，精神病学家发现该荷兰男子表现出过度拍摄数码照片、存储空间杂乱、舍弃数码照片困难、对数码照片存在强烈情感依恋等行为特征，这些表现/特征超出了一般的数字囤积行为，是病态的行为障碍——数字囤积症[①]。虽然这些只是基于个案的分析，只是对于数字囤积行为表现的零星描述，但对于后续研究仍具有启示意义。

美国威斯康星大学白水分校的信息技术系教授 Oravec 聚焦于工作场所情境，探究了员工的物理囤积行为和虚拟囤积行为。员工的物理囤积主要表现为学术和办公环境中对书籍和论文等

① Van Bennekom, M. J., Blom, R. M., Vulink, N., et al., "A Case of Digital Hoarding", *BMJ Case Reports*, doi: 10.1136/bcr-2015-210814, 2015.

纸质材料的囤积，虚拟囤积则主要表现为囤积虚拟物品，如数字音乐、视频文件和数字图片等。在受限的工作场所情境下，对物理和虚拟物品实施有效管理的能力是员工竞争力的核心，而囤积行为恰恰反映了囤积者物品（包括实物形态和数字形态的物品）管理能力的缺乏。从人力资源管理的角度，一定程度的囤积甚至被视为一种缺陷或障碍，这与 van Bennekom 等的观点基本一致。①

针对传统的囤积行为、囤积障碍的研究比较成熟，已经有专门的量表、问卷来定量地测量物品囤积行为的表现/特征。因此，开发适合数字信息环境的数字囤积行为量表，是探究数字囤积行为表现的应有之义。如前文所述，Oravec 已经对工作场所情境下的物理和虚拟囤积行为做了初步的理论论述。Neave 等基于对数字囤积行为的理论认识以及先前的定性研究结果，自行设计了一份数字行为问卷，该问卷包括两部分：一是数字囤积问卷，如表 2-3 所示，该问卷改编自研究物理囤积的文献②③；二是工作中的数字行为问卷，见附录 C，用于测量工作情境下个人囤积电子邮件的情况。调查发现，数字囤积是一个普遍现象，电子邮件是工作场所情境下最常见的囤积物品。主成分分析结果显示，数字囤积包含两个维度：数字信息的删除困难和数字信息的持续积累。④

---

① Oravec, J. A., "Depraved, Distracted, Disabled, or Just 'Pack Rats'? Workplace Hoarding Persona in Physical and Virtual Realms", *Persona Studies*, Vol. 1, No. 2, 2015.

② Neave, N., Briggs, P., McKellar, K., et al., "Digital Hoarding Behaviours: Measurement and Evaluation", *Computers in Human Behavior*, Vol. 96, 2019.

③ Frost, R. O., Gross, R. C., "The Hoarding of Possessions", *Behaviour Research & Therapy*, Vol. 31, No. 4, 1993.

④ Steketee, G., Frost, R., "Compulsive Hoarding: Current Status of the Research", *Clinical Psychology Review*, Vol. 23, No. 7, 2003.

表 2－3　　　　诺森比亚大学囤积研究小组的数字囤积问卷

问项	极度不赞同	非常不赞同	比较不赞同	中立	比较赞同	非常赞同	极度赞同
1. 我发现删除旧的或未使用的文件非常困难。	1	2	3	4	5	6	7
2. 我倾向于积累数字文件，即使它们与我的工作没有直接关系。	1	2	3	4	5	6	7
3. 删除某些文件就像删除所爱的人一样。	1	2	3	4	5	6	7
4. 如果我删除了某些文件，事后我会感到不安。	1	2	3	4	5	6	7
5. 我坚决反对删除某些文件。	1	2	3	4	5	6	7
6. 我强烈地感到有些文件也许有一天会有用。	1	2	3	4	5	6	7
7. 我不知道我有多少电子文件。	1	2	3	4	5	6	7
8. 删除某些文件就像失去了自己的一部分。	1	2	3	4	5	6	7
9. 一想到要删除某些文件，我就从情绪上感到有些不舒服。	1	2	3	4	5	6	7
10. 有时我发现很难找到某些文件，因为我有这么多的数字信息。	1	2	3	4	5	6	7

Sedera 和 Lokuge 发展了一个测量数字囤积的构念，用来评估个人是否表现出数字囤积的行为特征。该构念是一个形成性的复合构念，由三个子构念组成：数字内容获取、数字内容删除困难和数字杂乱。① 在囤积量表修订版（Saving Inventory-Revised，SI-R）的基础上，研究者设计出包含 26 个题项的数字囤积量表。结果表明，该模型具有良好的内容效度和建构效度，且三个子构念解释了数字囤积构念约 86% 的变异量（解释力足够）。此外，三个子构念均表现出对数字囤积较强且显著的预测作用，从三个子构念的相对贡献来看，首先是“数字内容获取”对数字囤积的贡献最大，其次是

① Sedera，D.，Lokuge，S.，“Is Digital Hoarding a Mental Disorder? Development of a Construct for Digital Hoarding for Future IS Research”，*Proceedings of 39th International Conference on Information Systems*，San Francisco，2018.

“数字内容删除困难” 和 “数字杂乱”[①]。

此前几乎所有研究对数字囤积行为的测量并未限定具体的信息类型，只是笼统地用数字信息、数字数据、数字内容等词汇概括。Bozacı 和 Gökdeniz 基于前期调查发现，数字照片可能是最常见的所囤积的数字信息类型之一，于是设计了数字照片囤积量表（Digital Photograph Hoarding Scale，DPHS）专门用于评估个人的数字照片囤积行为，这一定程度上补充了这部分研究不足。[②] 该量表如表 2－4 所示，总计 21 个题项，包含 5 个子维度/量表：不受控制地获取照片所造成的问题；照片杂乱所造成的问题；无法控制的照片杂乱；未能处理照片及相关问题；不受控制的拍照方式和持续的拍照欲望。通过比较数字照片囤积者和非囤积者的拍照习惯，结果发现，相较于非囤积者，数字照片囤积者每天拍摄的照片数量更多，花更多的时间拍照，花更多的时间查看照片，并且拍摄了更多未被浏览的照片。

表 2－4　Bozacı 和 Gökdeniz 编制的数字照片囤积量表

Ⅰ不受控制地获取照片所造成的问题
我的生活受到不受控制地拍摄新照片的不利影响。
如果我不拍新照片，我的生活就会受到负面影响。
无法控制地拍摄新照片会给我带来压力。
我的生活（工作、社交、健康等）受到我不受控制地拍照的负面影响。
以不受控制的方式拍摄新照片会给我带来压力。
不拍新照片会给我带来压力。
不处理照片会对我的生活（工作、社交等）产生负面影响。

① Coles, M. E., Frost, R. O., Heimberg, R. G., et al, “Hoarding behaviors in a large college sample”, *Behaviour Research and Therapy*, Vol. 41, No. 2, 2003.

② İbrahim Bozacı, İsmail Gökdeniz, “Development of a digital photo hoarding scale: A research with undergraduate students”, *Management Science Letters*, Vol. 10, No. 3, 2020.

续表

Ⅱ照片杂乱所造成的问题
杂乱使我感到压力。
控制杂物的问题对我来说压力很大。
我很难按自己的意愿获取照片，因为这里太乱了，这让我很有压力。
杂乱对我的日常生活（工作、社交等）产生了不利影响。
我的大部分照片都不被使用。
Ⅲ无法控制的照片杂乱
我的照片存储方式非常混乱。
我很难处理照片的杂乱。
由于一团糟，我很难找到想要的照片。
Ⅳ未能处理照片及相关问题
我将照片存储在数字媒体（计算机、闪存、硬盘等）上。
在处理数字图像上，我的问题比大多数人都多。
我觉得处理照片很有压力。
Ⅴ不受控制的拍照方式和持续的拍照欲望
我无法控制自己的拍照行为。
我总是想拍新照片。
我总是在寻找拍照的机会，无论我在哪里或我在做什么。

文献调研发现，中国关于数字囤积行为的研究较为缺乏，目前已知的仅有一篇对诺森比亚大学囤积研究小组的数字囤积问卷（Digital Hoarding Questionnaire，DHQ）进行汉化的研究。郭海辉等将原版的英文问卷翻译修订为中文版问卷，并以在校大学生为研究样本，验证了中文版数据囤积行为问卷的信度和效度。但是，这只是国外研究发现在中国的应用性研究，并非原创性研究，扎根于中国文化和本土情境的社会调查、量表开发和理论发展依然缺乏。

第三节 数字囤积行为的前因后果

一 数字囤积行为的前置因素

个人为什么会进行数字囤积？数字囤积行为背后的原因是什么？个人的数字囤积行为受到哪些因素的影响？这是一个值得深入研究的问题。

机器人人类学网站认为，数字囤积是一种日益普遍的现象。数码相机、电子邮件客户端、硬盘驱动器、云存储服务的发展和应用使得向它们添加信息变得非常容易，而且这些信息可能存储或写入过量。在线服务使得创建和存储比删除或销毁数字信息更容易。数字设备和数字存储技术使“看不见的囤积”成为可能，因为这种囤积行为可能不像物理囤积那样容易被发现或处理。一些电子设备从外观上看很小，但是其存储能力却很大，更遑论各式各样的在线存储服务了，如电子相册、云盘、网盘等。而且，数字产品不占用任何物理空间。这使得人们可以在硬盘、服务器或设备上添加越来越多的信息，而不会加重它们的负担。无论是通过打印、交换、查看等方式，捕获和存储一条信息所需的时间都比取出该条信息所需的时间要短。

或许是担心社会公众对数字囤积行为缺乏足够的了解，英国诺森比亚大学心理学系囤积研究小组的 Sweeten 等将问题“数字囤积行为的动机是什么”转化为问题“删除数字数据的障碍是什么”，编制了数字囤积行为开放式问卷，见表 2－5，并使用主题分析方法分析受访者的回答，最终确定了五个障碍：为未来保存数据或以防万一；保存数据作为证据；太懒惰，觉得删除数据耗时；对数据的情感依恋；不是我的服务器，删除数据不是我的问题。[①] 需要说明的是，数字数据的删除困难只是数字囤积的特征之一，不能完全等同于数字囤积行为。因此，“删除数字数据的障碍是什么”这一问题固然易于理解，但是可能无法全面反映个人的数字囤积行为的原因。

表 2－5　　Sweeten 等编制的数字囤积行为开放式问卷

1. 你的收件箱中当前有多少封电子邮件?
2. 你的已删除文件夹中目前有多少封电子邮件?
3. 当新邮件到达你的收件箱时，你通常是怎么做的? 例如，你是否立即阅读并移动到另一个文件夹?
4. 你多久阅读一次收件箱中的旧邮件? 阅读完后，你会如何处理这些邮件?
5. 你多久清理一次你的收件箱? 这对你来说意味着什么?
6. 当前收件箱中的电子邮件中，你认为现在或将来对你有价值的电子邮件占多大比例? 你能解释为什么它们有价值或可能有价值吗?
7. 你是否觉得自己保留了一些将来可能对你没有用处的邮件? 如果是这样的话，你为什么会觉得自己得留着它们?
8. 你在多大程度上难以丢弃不再相关的电子邮件? 你能解释一下你的答案吗?
9. 与其他人相比，你觉得删除不再相关的电子邮件容易吗?
10. 删除电子邮件的主要顾虑是什么?
11. 你有没有错误地删除过电子邮件? 如果有，你的感觉如何?
12. 看到收件箱中当前有多少封电子邮件后，你对当前存储的数据有何感想?
13. 你能想到保持你目前的电子邮件量有什么潜在的问题吗?

注：本表主要关注与电子邮件囤积行为有关的问题（与其他类型的数字文件有关的问题遵循了类似的模式）。

土耳其阿克萨赖大学传播学院新闻学系学者İŞLİYEN 调查研究发现，参与者的电子邮件账户、手机、电脑和外部硬盘里有大量的

① Sweeten, G., Sillence, E., Neave, N., “Digital Hoarding Behaviours: Underlying Motivations and Potential Negative Consequences”, *Computers in Human Behavior*, Vol. 85, 2018.

数字数据（电子邮件、照片、书籍等），而且他们通常无法记起这些数字数据的内容。参与者没有删除这些数字数据的原因主要有：可能有一天会被需要、不占用空间、回忆/纪念、用作证据。除了不占用空间外，没有删除数据的原因与 Sweeten 等的研究发现基本一致。

总的来说，目前关于这一部分的研究还不够系统全面，不删除数字信息的行为不能等同于数字囤积行为，这是已有研究的最大缺陷。此外，除了最近的数字囤积研究，传统的物理囤积研究或许也能为解答数字囤积行为的原因提供一些思考，包括囤积障碍的认知行为模型①、囤积行为的认知层面的影响因素②。遗憾的是，现有研究未能很好地将传统的物理囤积研究中的优秀成果整合进数字囤积研究中，这是未来研究的方向之一。

二　数字囤积行为的潜在后果

调查和研究表明，数字囤积行为比想象中要普遍，涉及的人有很多。探究数字囤积行为的后果也是目前数字囤积研究的重要内容之一。

一般的数字囤积行为分布更加广泛，极端严重的数字囤积行为则破坏力强大。例如，van Bennekom 等在临床实践中发现了一个数字囤积症患者，他的数码照片囤积行为已经异化为病理性的囤积障碍。该患者表示，整理大量数码照片非常耗时，而且让人沮丧，甚至干扰了他的睡眠模式，也使他不能从事其他活动，如打扫房间、外出和放松休闲。可以说，超出合理范围的数字囤积行为会影响个

---

① Steketee, G., Frost, R. O., *Compulsive Hoarding and Acquiring: Therapist Guide (Treatments that Work)*, New York: Oxford University Press, 2006.

② Steketee, G., Frost, R. O., Kyrios, M., "Cognitive Aspects of Compulsive Hoarding", *Cognitive Therapy and Research*, Vol. 27, No. 4, 2003.

人的健康状况、日常活动和其他功能的正常运转。

研究极端的数字囤积行为具有很好的警示意义和传播效果，数字囤积症的病例分析报告开启了学术界研究数字囤积行为的热潮，也引发了更热烈的社会讨论。相较而言，更多的社会公众体现为一般的数字囤积行为。为了研究数字囤积行为可能引发的消极后果，Sweeten 等收集了 45 位参与者对“积累过多的数字数据可能产生哪些问题”的回答，主题分析的结果识别出四个消极后果：数字杂乱会降低工作效率；对心理健康产生负面影响；造成网络安全威胁；数字囤积与物理囤积的交叉或关联。[①] 美中不足的是，用“积累过多的数字数据可能产生哪些问题”来直接指代“数字囤积行为可能的消极后果”是否合适，还有待更多的研究加以验证。

Sedera 和 Lokuge 探究了数字囤积是如何导致个人压力的。[②] 数字囤积和个人压力的测量，见表 2－6，分别来自囤积量表修订版和抑郁、焦虑和压力量表（Depression, Anxiety and Stress Scale, DASS）[③]。这里的“个人压力”指数字囤积在一个人的生活中被评价为不可预知、无法控制和压倒性的程度。实证结果表明，数字囤积对个人压力具有较强且积极的影响。这就是数字囤积的负面影响之一，与传统的囤积研究是一致的。未来需要进一步探究和验证数字囤积行为在其他方面的影响和后果。

---

① Sweeten, G., Sillence, E., Neave, N., “Digital Hoarding Behaviours: Underlying Motivations and Potential Negative Consequences”, *Computers in Human Behavior*, Vol. 85, 2018.

② Sedera, D., Lokuge, S., “Is Digital Hoarding a Mental Disorder? Development of a Construct for Digital Hoarding for Future IS Research”, *Proceedings of 39th International Conference on Information Systems*, San Francisco, 2018.

③ Lovibond, P. F., Lovibond, S. H., “The Structure of Negative Emotional States: Comparison of the Depression Anxiety Stress Scales (DASS) with the Beck Depression and Anxiety Inventories”, *Behaviour Research and Therapy*, Vol. 33, No. 3, 1995.

表 2－6　　Sedera 和 Lokuge 编制的数字囤积与个人压力问卷

数字囤积
1. 你删除你的数字内容有多大困难？
2. 你觉得删除数字内容有多痛苦？
3. 你在多大程度上拥有如此多的数字内容，以至于存储空间又满又乱？
4. 你有多少次因为过于耗时而避免丢弃数字内容？
5. 如果你停止获取新的数字内容，你会有多不舒服？
6. 有多少存储空间被数字内容弄得乱七八糟？
7. 你拥有的数字内容在多大程度上干扰了你的社交、工作或日常功能？
8. 你有多频繁地被迫获取数字内容？
9. 你有多强烈的欲望去获取你没有立即使用的免费数字内容？
10. 你能在多大程度上控制自己获取数字内容的欲望？
11. 你有多少次决定保留你不需要的数字内容？
12. 数字内容在多大程度上促使你寻找新的数字存储？
13. 你的数字空间中的杂乱在多大程度上给你带来了困扰？
14. 在你的数字空间里，杂乱的东西有多频繁地让你很难找到你需要的东西？
15. 你有多少次获得了你没有立即使用或需要的数字内容？
16. 你有多迫切地想要保存你可能永远不会使用的数字内容？
17. 你能在多大程度上控制自己保存数字内容的冲动？
18. 你的数字空间中有多少被你没有立即使用的内容所占据？
19. 你对自己获取数字内容的习惯感到沮丧或苦恼吗？
20. 在多大程度上，你的数字存储混乱阻止你保存重要的数字内容？
21. 你在多大程度上感到无法控制你的数字空间中的内容？
22. 在多大程度上，你获取数字内容需要你扩展数字存储？
23. 你有多少次无法丢弃你想要丢弃的数字内容？
个人压力
1. 我发现很难放松下来。
2. 我发现自己会因为一些微不足道的小事而心烦意乱。
3. 我发现自己变得焦躁不安。
4. 我容易对情况反应过度。
5. 我发现我很易怒。
6. 我觉得自己很敏感，没有耐心。
7. 我不能容忍那些妨碍我正做之事的任何事情。
8. 我发现当我以任何方式被耽搁时，我会变得不耐烦。
9. 我发现很难容忍我正在做的事情被打断。

第四节　研究述评

通过对国内外、不同学科领域的数字囤积研究进行梳理和回顾，笔者发现当前的数字囤积研究具有以下几个特点。

一　对中国情境下数字囤积现象的研究不够

数字囤积是一个新现象，与数字时代孕育的数字信息环境密切相关，尤其是大数据时代的到来和数据意识的增强，使数字囤积趋势更加明显。2015 年《英国医学期刊病例报告》上发表了世界上第一篇关于数字囤积症的病例报告，引起了学术界对数字囤积研究的关注。近三年来，不同国家和文化背景、不同学科领域的研究者开始对数字囤积展开研究。可以说，数字囤积研究在世界范围内方兴未艾，但是，对中国情境下数字囤积现象的研究不够。中国是一个现代信息技术蓬勃发展、数字化程度发展成熟又具有独特国情民情的大国，是绝佳的数字囤积研究场。因此，本研究尝试扎根于中国情境和本土文化来进行数字囤积研究。

二　个人的数字囤积行为研究一枝独秀

在当前的数字囤积研究中，关于个人的数字囤积行为的研究成果最多，可谓一枝独秀。虽然数字囤积研究大致可以分为三个层面：个体层面、组织机构层面和群体层面，但由于组织机构和群体是由个体组成的，行动的主体和影响的对象最终还是人，因此，在数字囤积研究的兴起阶段，对于个人的数字囤积行为的研究更多，包括概念的提出与界定、行为特征与具体表现、行为原因、潜在影响等，这些为将来的组织机构层面（例如，政府、银行、医院等）和群体层面（例如，科研团队等）的数字囤积研究奠定了基础。这也是为什么本研究选择“个人的数字囤积行为”作为研究主题。

三 数字囤积的理论发展不足

现有的数字囤积研究主要集中在病例分析报告、问卷调查、案例研究、量表开发、量表汉化与验证等方面，而对数字囤积的理论发展却有所不足。这可能是因为数字囤积研究的发展历程较短，会议和期刊论文的篇幅体量有限，数字囤积的质性研究较少（质性研究适合于发展理论）。因此，作为一项探索性研究，本研究尝试采用质性研究范式对个人的数字囤积行为进行比较系统性地探索，从而构建一个关于个人的数字囤积行为的整体性研究框架或理论模型。

综上所述，本研究拟采取质化研究方法对“个人的数字囤积行为”开展探索性研究，选取中国本土环境下数字化生活体验丰富且具有一定数据信息拥有量的典型和广泛个体作为研究样本和观察对象，同时收集相关用户生成内容等网络客观数据、问卷调查数据作为补充，主要使用编码分析、主题分析等质性资料分析方法构建个人的数字囤积行为理论模型，从而揭示数字时代和大数据环境下个人的数字囤积行为模式，剖析数字囤积现象背后的规律，在为数字囤积研究贡献信息管理学科智慧的同时，丰富信息科学和信息管理领域的研究场景。

第三章

相关概念、理论与方法论基础

第一节 相关概念辨析

一 数字囤积与知识囤积

数字囤积，简单来讲就是囤积数字形态的信息。数字信息是数字囤积的对象，在进一步解释数字囤积之前，先对数字信息这一重要概念进行解析。

（一）数字信息

数字信息（digital information）指以数字形式被存储在计算机或其他数字媒介上的数据信息[①]。数字时代下个人产生大量数字信息。本书中的数字信息指个人创建、接收或保留的数字信息。显然，个人积累囤积的数字信息类别因人而异，且随时代、情境而有所不同。在数字囤积研究中，表征数字信息内涵的概念还有数字数据（digital data）、数字材料（digital material）、数字占有（digital possession）、虚拟物品（virtual goods）等，此外，还有数字信息的下位概念，即特定的数字信息类型，例如：数字文件（digital file）、

① Copeland，A. J.，Barreau，D.，"Helping People to Manage and Share Their Digital Information：A Role for Public Libraries"，*Library Trends*，Vol. 59，No. 4，2011.

数字记录（digital record）、数字文档（digital document）、数字照片（digital picture/photograph）、数字音乐（digital music）、数字图像（digital image）等。

与中国学者普遍接受数字信息（资源）① 这一提法不同的是，国外学者更常使用数字数据这一概念。数字数据，从文本到文件和移动应用程序，已经成为我们社会的普遍组成部分。英国《经济学人》杂志认为，21 世纪最有价值的资源不再是石油，而是数据。就像石油这类资源一样，大公司正试图从人们手中大规模地控制和开采数字数据，因为它推动经济交易。人们每天都会产生、存储、共享和交互越来越多的数据，包括图片、文本、文件、移动应用程序及其包含的数据，这些共同形成了一个数字数据生态系统，包含的数字数据类型多样，存在于多种设备和关系中，且各种在线平台也日益突出②。

在数字时代和大数据环境下，数据和信息的区隔不那么明显，通常可以互换或合在一起使用。数字数据，通俗地讲是以 1 和 0 的形式存储的数据，与之相对的是模拟数据。虽然数字数据已经在很大程度上取代了模拟数据，但有些人更喜欢模拟存储技术。模拟数据和数字数据之间的区别在于如何测量信息/数据：模拟技术使用连续的数据，其目标是捕捉现实的相似性；而数字技术使用采样对数据进行编码，然后根据需要进行复制。以下是关于数字数据概念的一些理解：（1）数字数据是使用特定的机器语言系统表示其他形式数据的数据，可以通过各种技术进行解释。这些系统中最基本的是二进制系统，它简单地将复杂的音频、视频或文本信息存储在一系列二进制字符中，这些字符通常是 1 和 0，或“开”和“关”

---

① 马费成：《数字信息资源规划、管理与利用研究》，经济科学出版社 2012 年版。

② Lupton, D.,“Feeling Your Data: Touch and Making Sense of Personal Digital Data”, *New Media & Society*, Vol. 19, No. 10, 2017.

值。(2) 在信息论和信息系统中，数字数据是对信息或作品的离散、不连续的表示。数字和字母是常用的表示法。与之相对的，模拟信号表现为连续的方式，并具有连续的功能，如声音、图像和其他测量等。(3) 无论何时你发送电子邮件、阅读社交媒体帖子或用数码相机拍照，你都是在处理数字数据。我们可能每天都在和数字数据打交道，但可能从未想过数字数据意味着什么。如果你认为数字数据意味着计算机上的任何电子信息，那么你的想法是正确的，但它还有更多的含义，并且在我们的日常生活中被广泛使用。

此外，也有学者更倾向于使用虚拟物品这一术语，这里的虚拟物品指在某种物理和/或电子媒介上实例化的非实物物品，通常与特定的知识产权类别（著作权、商标权和专利权）和价值相关联，主要包括数据库、视频、图像、头像和数字文档等①。

具体到本研究，数字数据/信息是数字囤积行为的对象，一般包括以下几类数据信息：电子邮件（包括未读邮件、已处理邮件和存档邮件等）、电子文档（包括 Word、Excel、PowerPoint、PDF 等格式）、社交媒体数据、应用软件数据、数码照片、电子书、音乐文件、视频文件（包括手机录制的视频、下载的视频等）、电脑游戏和计算机代码等。

（二）数字囤积

数字囤积作为一个外来词，是从英语词汇“digital hoarding”翻译而来的，有时也被翻译为数码囤积，本书统称为数字囤积。在中文语境中，数字囤积是一个新词，在新闻传媒、大众生活和学术研究中的使用频次都不高。因此，要想真正理解数字囤积这一术语，应该回到英语语境去考察“digital hoarding”，同时结合中文语

---

① Oravec, J. A., “Virtual Hoarding”, *Encyclopedia of Information Science and Technology* (*4th ed*), Hershey, PA: IGI Global, 2018.

境去探究“数字”和“囤积”，从而全面、深入地理解数字囤积的内涵和意义。

从单个字词来看，“digital”的意思是“数字信息系统的、数码的、数字式的”，“hoard”作动词讲有“收集和保存大量的食物、钱等，尤指秘密地”的意思，“hoarding”的意思是“囤积东西的行为”①。

在中文语境下，“数字”除了表示计数系统外，也代指特定的数字技术，常见搭配为数字信号、数字相机、数字信息处理等；“囤积”的意思是“储存积聚”②、“聚积储存物品”③，常见搭配有囤积粮食、囤积货物、囤积居奇等。

除了“digital hoarding”，美国威斯康星大学白水分校的信息技术系教授 Oravec 则更常使用“virtual hoarding”（虚拟囤积）这一术语，并将其定义为：在没有制定和实施适当的管理策略的情况下保存虚拟商品的冲动。按照数据信息管理的相关理论，为了保持数字信息资源的可用性，需要足够的元数据以及持续的管理和监督。在现实中，如果数字文件被放在云中或其他大容量存储系统中，即使是没有被正确标识和存储的，仍能够会被有些人视为已适当的保存。但是实际上，如果没有关于这些文件的元数据，这些文件可能毫无价值，浪费宝贵的个人或组织资源。Oravec 认为，虚拟囤积行为可以揭示组织环境和个人生活中与数据保留和传播相关的许多问题。④

---

① ［英］霍恩比：《牛津高阶英汉双解词典》，王玉章等译，商务印书馆 2009 年版，第 971 页。

② 《现代汉语词典 50000 词》，四川辞书出版社 2019 年版，第 688 页。

③ 李行健：《两岸通用词典》（下册），高等教育出版社 2015 年版，第 2165 页。

④ Oravec, J. A., “Digital (or Virtual) Hoarding: Emerging Implications of Digital Hoarding for Computing, Psychology, and Organization Science”, *International Journal of Computers in Clinical Practice*, Vol. 3, No. 1, 2018.

在数字时代，数据信息更多地以数字形态产生、传输、使用、组织和管理。因此，除了数字囤积外，数据囤积、信息囤积的概念也被广泛使用。

在工作场所和组织环境下，数据和信息囤积对数据存储成本、数据生命周期、组织效能、数据信息共享、组织生产力和知识管理文化都产生了重要影响①。2016 年，全球知名的企业级数据存储和管理服务提供商 Veritas 发布了一份《数据囤积报告》（*The Data Hoarding Report*）。该报告由 Veritas 委托韦克菲尔德研究中心（Wakefield Research）调查了全球13 个国家和地区的1 万多名IT 决策者和办公室专业人员的数据习惯，剖析员工个人的数字存储行为对所在企业数据管理状况的影响。调查发现，62% 的办公人员和82% 的 IT 决策者自认为是数据囤积者，囤积最多的内容依次是文字处理文档（29%）、电子邮件（28%）、照片（19%）、音乐（9%）和视频（9%）。报告指出员工保存的数据使企业面临风险，减缓了企业的工作流程，阻塞了服务器空间。②

Veritas 的《数据囤积报告》也获得了来自中国的关注，并启发了对于个人数据整理和删除习惯、手机等数字设备使用、个人如何避免成为数据囤积者等问题的思考。产业界同样注意到了数据囤积的问题，尤其是金融、电信等数据密集型行业。中国互联网金融协会会长李东荣认为，在数字化时代，金融从业机构应该从单纯的数据囤积者积极转变为数据挖掘者，更充分地发挥金融数据资源的作用和价值。

（三）数字囤积与知识囤积

虽然都带有囤积二字，但知识囤积（knowledge hoarding）不同

① Gormley，C. J.，Gormley，S. J.，"Data Hoarding and Information Clutter：the Impact on Cost，Life Span of Data，Effectiveness，Sharing，Productivity and Knowledge Management Culture"，*Issues in Information Systems*，Vol. 13，No. 2，2012.

② Veritas：《企业如何处理囤积数据》，《软件和集成电路》2016 年第 12 期。

于前述的数字囤积，而是与知识隐藏（knowledge hiding）类似[①]。知识囤积、知识隐藏都属于知识不贡献行为，通常发生在团队或组织内部，侧重于知识囤积者与他人、外界之间的关系，并且对个人、团队和组织都会产生消极影响[②]。

而数字囤积则强调储存大量、超过所需的数字信息以备用，侧重自身与数字信息本身之间的关系。此外，从词汇本身的意义来看，hoarding 的意思是“收集和保存大量的食物、钱等，尤指秘密地”，显然，数字囤积和知识囤积分别偏重了 hoarding 的两个意义指向：“大量”“秘密”，即数字囤积指大量地囤积数字信息，知识囤积指秘密地保存知识、不与他人和组织共享。

因此，知识囤积与数字囤积是两个不同的概念，不能互换。已有研究也证明了两个概念的差异。Holten 等基于组织知识管理视角，使用结构方程模型方法分析了知识囤积是否以及如何在工作相关的消极行为中起到前置因素和后续影响的作用。[③] 王瑞花梳理了知识囤积与知识贡献、知识隐藏的关系，并基于扎根理论构建了知识囤积相关问题研究模型，剖析了员工知识囤积行为的表现、前因和后果。[④]

二　网络囤积与社交网络囤积

网络囤积（cyber hoarding），指不愿删除网上收集的各类信息。与实物囤积相比，数字囤积、网络囤积都不会占据实际物理空间。

---

① Connelly, C. E., Zweig, D., Webster, J., et al., “Knowledge Hiding in Organizations”, *Journal of Organizational Behavior*, Vol. 33, No. 1, 2011.

② Bilginoğlu, E., “Knowledge Hoarding: A Literature Review”, *Management Science Letters*, Vol. 9, No. 1, 2019.

③ Holten, A. L., Hancock, G. R., Persson, R., et al., “Knowledge Hoarding: Antecedent or Consequent of Negative Acts? The Mediating Role of Trust and Justice”, *Journal of Knowledge Management*, Vol. 20, No. 2, 2016.

④ 王瑞花：《基于扎根理论员工知识囤积问题研究》，《情报理论与实践》2018 年第 11 期。

但是，网络囤积并不完全等同于数字囤积。因为，数字囤积表明了所囤积数据信息的载体或存储空间是数字化的，既包括离线的，如手机、电脑和存储卡等数字设备，又包括在线的/网络的，如网盘、云盘和社交媒体等网络存储服务。从这个意义看，数字囤积是包含网络囤积的。

网络几乎渗透到生产、生活的每个角落，人类社会越来越离不开网络。在现实世界之外，一个虚拟的网络世界被建构起来。我们花在网络上的时间越来越多，有些人甚至主要“生活”在网络世界，只是偶尔回到现实世界。甚至有科学家预言，网络世界与现实世界的翻转将成为信息技术发展的必然，就像大导演史蒂文·斯皮尔伯格的电影《头号玩家》所展示的那样。在这样的背景下，网络囤积问题将愈演愈烈。也许有人会说，既然可以把信息上传、存储在网络上，那是不是数字囤积的问题会得到缓解呢？实际上，有些人之所以保存这些数字内容，主要是因为担心这些数字内容可能会从网上消失，或者当他们离开网络的时候会想要这些数字内容。

随着网络信息积攒得越来越多，但是手机、电脑等的存储容量有限，不仅拖慢了手机、电脑的运行速度，也迫使人不断购买新电脑、新手机来满足日益膨胀的囤积欲。日新月异、节奏加快的现代社会，囤积与人的焦虑感、不安全感密切相关，自以为“拥有了信息就拥有了一切”，矛盾的是，网络信息囤积也增添了人的惰性，当他们发现这些囤积的信息（如订阅的微信公众号、添加的微信收藏、下载的学术文献等）怎么也看不完时，还会诱发一系列负面情绪，比如被数字信息包围却难以吸收的压力、增长的焦虑感、降低的自我效能感等。

在众多网络服务中，社交媒体/社交网络服务无疑是最流行的应用之一。如果说剪贴簿是印刷时代的个人媒体集合，那么微信、

Facebook 等社交媒体就是数字时代的个人媒体档案馆[①]。一些社交媒体平台（点赞、收藏、转发等功能）已经为广泛的数字存档活动和个人的数字囤积行为提供了支持，例如 Facebook、Pinterest、微信和微博等。Schiele 和 Hughes 探究了图片社交分享网站品趣志(Pinterest)[②] 用户的数字囤积行为，分析了积累成千上万的图像如何成为他们的日常生活，用户在品趣志上过着第二人生，并声称对这些数字图像的所有权。[③] Sinn 和 Syn 分析了 Facebook 是如何成为一些用户的新型个人文档和数字存储系统的一部分，并为他们提供了一种构建各种档案痕迹和记录的方法。[④]

在线时代，社交网络带来了新的囤积形式——社交网络囤积。信息囤积、数字囤积、网络囤积与社交网络囤积之间的关系如图 3－1 所示，信息囤积的外延最大，然后依次是数字囤积、网络囤积和社交网络囤积。

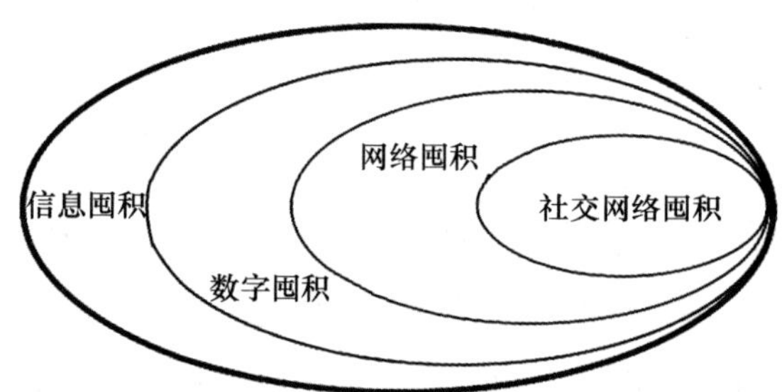

图 3－1　信息囤积、数字囤积、网络囤积与社交网络囤积之间的关系

---

① Good, K. D., "From Scrapbook to Facebook: A History of Personal Media Assemblage and Archives", *New Media & Society*, Vol. 15, No. 4, 2013.

② Pinterest：图片社交分享网站，中文名字品趣志，用户可以把自己感兴趣的东西用图钉钉在钉板（PinBoard）上。Pinterest 是一个创意组合词，由 Pin 和 Interest 组合而成，原义是指把自己喜欢的图片就像拿钉子钉在白板上一样分享。

③ Schiele, K., Hughes, M. U., "Possession Rituals of the Digital Consumer: A Study of Pinterest", *European Advances in Consumer Research*, Vol. 10, 2013.

④ Sinn, D., Syn, S. Y., "Personal Documentation on a Social Network Site: Facebook, a Collection of Moments from Your Life?", *Archival Science*, Vol. 14, No. 2, 2014.

社交网络囤积是指使用社交媒体（如 Facebook、微信、微博等）来囤积数字信息内容，具体表现为攒好友、攒消息、攒表情包、攒聊天记录、过度收藏等囤积行为[①]。例如，有些人的微信好友有上百号人，可真正会聊天的就那么十几个，其他人根本没有互动就那么囤在那儿；不光微信好友多，微信群也多，既不说话也不退出；关注的公众号、服务号，从权威媒体、吃喝玩乐，再到美文、电影推荐等应有尽有，未读消息却有一大堆；看到标题还不错的文章，二话不说先收藏，一段时间下来，收藏夹里已经囤了不少文章，但其实完整看过的比例很小。可以说，社交网络囤积症是社交网络的潜在危险之一，但很多人可能并未意识到这个问题。

需要指出的是，社交网络囤积症并不是经过医学界严谨的病例分析和临床诊断确定的疾病类型，而是媒体和大众的认识和解读，旨在表明社交网络囤积的危害性。2018 年，界面新闻网发起了一项关于“社交网络囤积”的在线调查，主要结果如表 3－1 所示。尽管该项调查覆盖的样本人群、涉及的行为表现并不十分全面，但社交网络囤积的普遍性仍然可见一斑。

表 3－1　　“社交网络囤积”的在线调查结果

社交网络囤积的行为表现	百分比
大概订阅上百个微信公众号。	19%
电子资料的查找和下载时间是阅读时间的 10 倍。	18%
大概收藏了几百篇文章。	17%
可以搜索到几年前的聊天记录。	13%
手机永远内存不足。	12%

① Oravec, J. A., “Virtual Hoarding”, *Encyclopedia of Information Science and Technology (4th ed)*, Hershey, PA: IGI Global, 2018.

续表

社交网络囤积的行为表现	百分比
有几百个微信群，虽不说话但坚决不退。	10%
一周有八回“您的表情包已满，请清理后再添加”。	6%
大概加了几千个微信好友，但基本不认识。	4%

三 数字杂乱与垃圾数据

在物理空间中，多余的物品堆积在一起被描述为杂物堆/杂乱或垃圾，杂物堆/杂乱是物理囤积的典型特征之一。因此，杂乱也是许多囤积行为量表的重要变量之一。此外，杂物堆等级评定图像（Clutter Image Rating，CIR）也被用于测量囤积问题，它由27张照片组成，27张照片分为3组，分别表现客厅、厨房、卧室的不同凌乱程度，从一尘不染到堆积如山，被试者需要从中选择最接近其客厅、厨房、卧室杂乱程度的照片。

数字杂乱（digital clutter）不同于物理杂乱，数字杂乱不会滋生蟑螂、老鼠，也不会干扰家庭和工作场所的走动。正因如此，数字杂乱更加隐蔽、潜在危害更大。简单来说，数字杂乱就是数字信息组织上的混乱和无序，是由不受限制的存储可能性和对丢失重要数据的恐惧导致的，与数字囤积行为密切相关①。信息系统领域的学者则把“数字杂乱”作为“数字囤积”的三个维度之一，与“数字内容获取”“数字内容删除困难”共同测度数字囤积这一复合构念。

根据美国精神病学协会（American Psychiatric Association）② 的定义，数字杂乱是指大量通常不相关的数字内容（也包括各种云存

① van Bennekom, M. J., Blom, R. M., Vulink, N., et al., “A Case of Digital Hoarding”, *BMJ Case Reports*, doi: 10.1136/bcr-2015-210814, 2015.

② The American Psychiatric Association, *Diagnostic and Statistical Manual of Mental Disorder* (*5th eds*), Arlington, VA: American Psychiatric Association, 2013.

储服务，如百度云盘、Google Drive、iCloud、Dropbox 等）以无序的方式聚集在一起。仅仅是单纯的收藏或保存行为不会被认为是有问题的，但是，如果伴随着大量的混乱和堆积，可能是数字囤积症的前兆。Gormley 和 Gormley 认为数据杂乱、信息杂乱与囤积行为息息相关，且无处不在，例如正在用于阅读本书的计算机、高频使用的智能手机、所在机构的数据仓库或数据中心等。[①]

数字杂乱会引发一些潜在后果。在信息时代，人们期望即时访问数据。如果系统上存储的数据量因无用的数据而混乱，则搜索功能将变慢，从而降低信息使用和工作的效率。此外，数字杂乱被认为会分散注意力，降低注意力和效率，例如当人们面前（电脑桌面、浏览器窗口、文件夹等）有太多无关的数据时，经常发现很难集中注意力，感到没有条理，甚至无法集中精力完成手头的任务[②]。

大数据时代，数据信息通常被视为一种重要的资源。人们的数据意识空前高涨，想尽可能多地收集和存储数据，以备将来所用，或单纯地满足记录和保存的心理需要。从本质上说，数据信息也是一种东西/物品。有形物可能成为垃圾，数据信息也不例外。在数字信息环境下，数字垃圾和垃圾数据的问题更加普遍且严重。当数据信息放错了位置（未有效管理导致杂乱无序），没有被恰当地处置（例如，该删除而未被删除），那么这样的数据信息无异于垃圾，不仅不会产生价值，甚至会增加成本、消耗资源。由是观之，数字垃圾、垃圾数据与数字囤积密切相关。

约翰·霍普金斯大学计算机科学系的 Hasan 和 Burns 对垃圾数

---

① Gormley, C. J., Gormley, S. J., "Data Hoarding and Information Clutter: the Impact on Cost, Life Span of Data, Effectiveness, Sharing, Productivity and Knowledge Management Culture", *Issues in Information Systems*, Vol. 13, No. 2, 2012.

② Sweeten, G., Sillence, E., Neave, N., "Digital Hoarding Behaviours: Underlying Motivations and Potential Negative Consequences", *Computers in Human Behavior*, Vol. 85, 2018.

据、数字垃圾进行了比较系统的研究，他们认为，如果一个数据对象或软件在给定的情境中对用户没有效用，那么它可以被用户视为垃圾数据。[①] 进一步地，垃圾数据大致可以分为以下四类：(1) 无意产生的数据：无意中创建的数据，作为流程的副作用或副产品，没有目的或用途的数据。(2) 使用过的数据：好的数据已经达到了它的目的，不再对用户有用。(3) 退化的数据：质量下降以至于对用户不再有用的数据。 (4) 不需要的数据：对用户不再有用的数据。

垃圾数据对计算系统的性能和操作成本有影响，具体包括：消耗大量存储空间、减少存储设备的使用寿命、降低系统性能。为了实现数字垃圾的绿色管理，研究者们提出了数字垃圾（或垃圾数据）管理金字塔。数字垃圾管理金字塔包含五层，每层对应一个管理策略，层级越高，代表着策略越优，从上至下依次是：

减少（Reduce）：减少系统中生成的垃圾数据量。激励减少垃圾数据的应用程序，惩罚增加垃圾数据的应用程序；

重复使用（Reuse）：将垃圾数据重用于其他目的；

回收利用（Recycle）：通过抽取可用数据或代码实现垃圾数据的回收利用；

恢复（Recover）：通过数据挖掘和分析来恢复垃圾数据中的可用信息；

处置（Dispose）：以删除的方式处置垃圾数据。

Hasan 和 Burns 提出的数字垃圾的绿色解决方案，对减轻数字囤积问题、维护数字世界的生态平衡具有启示意义。

---

① Hasan, R., Burns, R., "The Life and Death of Unwanted Bits: Towards Proactive Waste Data Management in Digital Ecosystems", *arXiv: Emerging Technologies*, arXiv: 1106.6062, 2011.

四　不同层面的数字化记忆

记忆是人类生存的本能和社会发展的必需。在信息化与数字化时代，数字记忆是一种不可逆的大势所趋，对个体记忆、集体记忆与社会记忆都产生深刻影响。数字记忆的涵盖范围很广，包括：过去的历史和文化、当下的新闻和时尚，甚至我们的所见所闻、所思所想、所作所为以及情绪的细微波动[①]。在数字时代，记忆的构成发生了改变，数字记忆成为一种新样式，这与脑部痕迹、博物馆和文献等传统记忆是截然不同的。在此背景下，记忆以数字形式来展示与储存，“记忆的宫殿”也被赋予了新的内涵，甚至自我构建也变得数据化[②]。由此，数字记忆引发了一些哲学思考，例如，记忆构成的数据性与记忆的真实性、记忆与遗忘的关系等问题。

面对当代记忆的脆弱与危机，数字记忆能够在记忆容量、记忆传承和记忆管理等方面提供解决方案[③]。无论是人脑，还是纸质载体，它们记录和呈现的内容都非常有限，而数字环境为记忆提供了近乎无限的存储空间。此外，传统记忆相对脆弱且易受损毁，而数字信息的易复制、可迁移等特性使其天然具备抗物理老化的能力，因此，数字记忆常用于传统记忆的抢救性保护[④]。数字信息承载的记忆既丰富又活泼，通过对数字信息的选择、分类和编码，为分散信息建立关联，理想状态下使其像人脑的记忆神经网络一样灵活运转。

中国人民大学信息资源管理学院教授冯惠玲[⑤]认为，数字记忆

---

① 邵鹏：《记忆 4.0：数字记忆与人类记忆的归宿》，《新闻大学》2016 年第 5 期。

② 闫宏秀：《数字时代的记忆构成》，《自然辩证法研究》2018 年第 4 期。

③ 冯惠玲：《数字时代的记忆风景》，《中国档案报》2015 年 11 月 19 日第 3 版。

④ Angevaare，I.，“A Future for Our Digital Memory：Born-Digital Cultural Heritage in the Netherlands”，*Art Libraries Journal*，Vol. 35，No. 3，2010.

⑤ 冯惠玲：《数字记忆：文化记忆的数字宫殿》，《中国图书馆学报》2020 年第 3 期。

有狭义、广义两种理解，狭义的数字记忆指数字形态的文化记忆，就是将特定对象的历史文化信息以数字方式采集、组织、存储和展示，在网络空间承载、再现和传播的记忆形态。就广义而言，用数字代码记录的人类活动信息都可以说是数字记忆，包括微博、微信、网页信息、现场拍摄的照片、视频等。冯惠玲教授重点讨论了文化记忆框架内的数字记忆，梳理了数字记忆的兴起、发展、特点和数字记忆项目构建，以及图书馆、档案馆、博物馆等记忆机构在数字记忆建设中的角色。值得注意的是，冯惠玲教授也提到了数字记忆的潜在危害，指出信息化进程对于人类记忆是双刃剑，信息技术在强化社会生活记录能力的同时也引发了新的社会失忆现象。

从民族、国家和整个人类社会的角度，数字记忆对于文化遗产保护、国家软实力和国际竞争力提升、人类文明记忆的保存与传承具有重大意义。一些国际组织、国家和地区非常重视数字记忆的战略规划，例如，联合国教科文组织发起“世界记忆”工程、美国国会图书馆启动“美国记忆”计划、中国国家图书馆开展中国记忆项目等①。我国著名的信息管理学家马费成教授指出数字时代不能没有“中国记忆”，呼吁应该制定行之有效的数字信息资源保存方案，保存中国的数字记忆。② 也有学者提出了运用数字人文构建国家记忆的建议。③

按照不同主体记忆需求和目标导向的差别，网络信息存档实践呈现出多元化形态：以国家数字记忆建构为目标的网络信息存档、以机构数字记忆建构为目标的网络信息存档、以社群数字记忆建构为目标的网络信息存档和以个人数字记忆建构为目标的网络信息存档。其中，国家数字记忆实践最多（如前文所述），机构数字记忆

① 马费成：《数字时代不能没有“中国记忆”》，《信息资源管理学报》2014 年第 2 期。

② 马费成：《保存中国的数字记忆》，《人民日报》2016 年 3 月 4 日第 7 版。

③ 杨文：《运用数字人文构建国家记忆》，《中国社会科学报》2018 年 8 月 2 日第 6 版。

实践则主要面向政府部门，社群数字记忆和个人数字记忆实践获得关注但数量较少。四川大学周文泓等认为，个人数字记忆指以个人为中心，对个人的数字信息资源进行保存的实践，它使公众能够记录自己的历史并保存大量的本土历史和文化。但是由于缺乏信息资源管理思想和基本方法的指导、数据管理工具和技术的支持，再加上公众数字信息数量巨大、形式多样、内容丰富、渠道多元等特征，现在的个人数字记忆项目较多停留在注重个人数字信息保存的层面，缺少对个人数据信息资源的组织与整合。[①]

《删除：大数据取舍之道》（*Delete*：*The Virtue of Forgetting in the Digital Age*）全书讨论的一对核心关系就是记忆与遗忘。遗忘本是人类的天性，然而，数字时代颠覆了记忆与遗忘的关系，记忆变得更便宜，反而遗忘变得更困难、昂贵，人类似乎失去了遗忘的动机，世界已经被设置成了记忆模式。Mayer-Schonberger 呼吁人类不要忽视数字记忆的阴暗面，例如威胁信息隐私权，损害人们的判断力和及时行动的能力，甚至从中学习、成长和发展的能力。由此，他认为，遗忘是大数据时代的美德，人类应该对数据信息进行取舍，通过“互联网遗忘”运动给信息一个存储/删除期限来应对数字化记忆的威胁。[②] 这种观点异于常人却富有哲理，对个人的学习、工作和生活都具有重要启示，启发着我们去重新思考数据存储、信息保存、内存/存储空间、数据整理以及删除/清理的关系和意义。

对个体而言，在诸多数字信息中，数字照片可能是最普遍的信息类型之一。这主要得益于数字摄影技术的进步，尤其是智能手机的普及和广泛应用。或许大多数人都有这样的经历——我们越来越

---

① 周文泓、代林序、杨梓钒等：《基于数字记忆保存的网络信息存档实践进展研究及启示》，《情报理论与实践》2020 年第 7 期。

② Mayer-Schonberger，V.，*Delete*：*The Virtue of Forgetting in the Digital Age*，New Jersey：Princeton University Press，2009.

迷恋上了拍照，想要保留那一瞬间，想要记住某些人、某些事、某些物，发生的场景可能是吃喝玩乐，也可能是学习工作，于是相册里积累了近万张照片，占据了几十个 GB 的内存，甚至时不时会收到存储空间不够的提醒，然后不得已删除一些质量不高、过时的照片。与整理其他物品相比，整理照片可能是一个更费劲甚至令人烦恼的过程。除了导出、分类等操作上的麻烦，更有情感上的牵连——照片具有回忆、纪念的意味，整理不仅要做各种判断或决策（保留还是删除、放到哪个文件夹、如何命名、是否备份等），还可能会陷入回忆中，使大脑在信息和情感层面都处于过载的状态。然而，很多人拍完就将照片抛之脑后、束之高阁，不去整理，也不回看，甚至都忘记了这些曾视若珍宝的照片的存在。对于这一现象，优秀的青年摄影师曲俊燕提出了这样的疑问：在数字时代，照片与我们的记忆，究竟是怎样一种关系？照片等同于记忆吗？相册里成千上万的照片影像，是强化了体验、铭刻了瞬间，还是拍摄即遗忘？是否拍得越多，记住得越少？[①] 事实上，不只是数字照片，电子邮件、数字影音、手机应用软件数据、电子文档和云存储服务等也面临相似的问题。

随着数字内容的日益增长和对数字内容的依赖，人们显然需要更好的信息管理方法，使相关信息能够长期访问和使用，并将其解释所需的不断变化的背景信息封装在一起。受到遗忘在人脑中的作用的启发，Niederee 等将遗忘引入数字记忆，设想了一个“管理性遗忘”的概念。管理性遗忘是对人类记忆和遗忘的补充而不是复制，它基于多方面信息评估实现注意力和重要性动态的功能。其目标是为数字信息内容管理引入一种替代策略，以取代占主导地位的“全部保留”策略，以确保重要的数字内容随着时间的推移是安全

---

① 曲俊燕：《数字时代，照片等同于记忆吗?》，《中国摄影报》2019 年 9 月 3 日第 1 版。

的、有用的和可理解的。[①] 在此基础上，“遗忘式数字记忆”的模型和框架被进一步提出，用于系统地处理逐渐失去重要性的信息以及冗余信息，从而实现有重点的、长期的数据和信息管理。

第二节　囤积行为理论、个人信息管理理论和信息生命周期理论

一　囤积行为与囤积障碍相关理论

（一）囤积行为与囤积障碍

囤积是人类进化过程中自然形成的适应性行为，是一种普遍、正常的行为，例如我国在 20 世纪 70 年代为应对粮食问题实施的“广积粮”政策等。最近对囤积的研究表明，囤积现象比以前想象的要普遍得多[②]。囤积也是一个常出现在商业和经济领域的术语，例如“消费者囤积年货迎接新年”“房地产开发商囤积土地”“投资者囤积数字货币”“市场监管部门打击不良商家的囤积居奇”等。当然，囤积行为也并不局限于人类，也可以用于描述某些动物收集食物的行为，最典型的莫过于松鼠的贮食行为，松鼠一见到坚果/松果，就触发了它们的饥饿感，于是它们把坚果积攒起来，为日后做好准备。因此，囤积症也被叫作松鼠症[③]。随着时代的发展，人类囤积的对象已经从物质发展到了信息或信息产品，例如书报杂志、唱片专辑、网络收藏和数字影音资料等。

任何心理行为都存在从正常行为向异常心理行为过渡的可能，

---

① Niederee, C., Kanhabua, N., Gallo, F., et al., “Forgetful Digital Memory: Towards Brain-Inspired Long-Term Data and Information Management”, *ACM SIGMOD Record*, Vol. 44, No. 2, 2015.

② Ferrari, J. R., “Introduction to Special Issue: Procrastination, Hoarding, and Clutter”, *Current Psychology*, Vol. 37, 2018.

③ Warren, L. W., Ostrom, J. C., “Pack Rats: World-Class Savers”, *Psychology Today*, Vol. 22, No. 2, 1988.

当囤积超过了正常限度就成了过度囤积，心理学工作者将这种病态、异常的囤积行为称为囤积症或囤积障碍（Hoarding Disorder，HD）[①]。囤积障碍主要指的是个人存在严重且持续的抛弃困难或者与财产分离困难，导致杂物大量累积，妨碍了空间的正常使用，损害其他的社会功能，并且会对情绪产生负面影响。囤积障碍，也叫囤积症、储物症、囤积癖等，简单说就是正常的囤积行为异化为病理性的行为障碍，是一种精神疾病。

（二）囤积障碍的诊断标准

随着相关实践与研究的发展，精神病学医生和学者对囤积行为（障碍）的认识更加深入。2013 年，美国精神病学协会编辑出版的《精神障碍诊断与统计手册（第 5 版）》（DSM－5），把囤积障碍症从强迫症中独立出来，列为一种单独的精神疾病[②]。

不仅如此，DSM－5 的强迫谱系障碍工作组还首次确定了囤积障碍的诊断标准，包括 3 个症状标准（标准 A、B、C）、1 个痛苦/干扰水平标准（标准 D）和 2 个排除标准（标准 E、F），见表 3－2。

表 3－2　DSM－5 中囤积障碍的诊断标准

标准	内容
A	无论个人物品的实际价值如何，持续地难以丢弃物品或难以与物品分离。
B	这种困难是由于感到储藏保存物品的需求和/或与丢弃它们相关的痛苦。
C	这些症状会导致大量物品的堆积，使家庭或工作场所等日常生活区域充满杂物，以至于这些区域无法正常使用。如果所有的生活空间都是整洁的、无杂物堆的，唯一的原因是受到第三方的干预（如家庭成员、清洁工或社会机构的干预）。

① 王蒙、甘明星、张林等：《囤积障碍的研究进展》，《中国健康心理学杂志》2020 年第 4 期。

② The American Psychiatric Association, *Diagnostic and Statistical Manual of Mental Disorder* (*5th eds*), Arlington, VA: American Psychiatric Association, 2013.

续表

标准	内容
D	这些症状引起临床上显著的痛苦，在社交、职业或其他重要功能领域（包括为自己和他人维持安全环境）受到损害。
E	囤积症状不是由于一般的身体疾病（如脑损伤、脑血管疾病等）引起的。
F	囤积症状并不是限定在其他精神疾病的症状中（例如，不包括由于强迫症中强迫意念、精神分裂症的幻想或其他分裂障碍、痴呆患者的认知不足、孤独症谱系障碍中狭隘的兴趣、普拉德—威利综合征中的食物储藏等疾病所导致的囤积）。

其中，标准 A 涉及囤积障碍的核心特点——对物品的丢弃困难和分离困难。标准 B 表明了囤积行为的动机——有意图的储藏保存物品、规避因丢弃物品引发的痛苦。标准 C 指出了难丢弃的标志性结果——物品的大量堆积、空间的混乱无序。标准 D 强调了临床显著的痛苦或功能上的损害。标准 E 和 F 都是排除标准，即囤积行为不是由其他疾病所引起的症状，能够导致生活空间堆积和物品丢弃困难的几个疾病被排除在囤积障碍的诊断中。虽然 DSM－5 标准较为全面，但仍存在一些不足之处。首先，在某些症状上，DSM－5 标准并没有提供统一的量化标准，如难以丢弃/分离、丢弃引发的痛苦、物品堆积、空间混乱的程度等，可能产生理解和实施上的偏差。其次，许多学者认为过度获取是囤积的典型特征之一，但 DSM－5 标准并未包括过度获取行为。再次，当前标准并未对所囤积之物品的类型进行明确的区分，例如动物囤积症就与一般的囤积症明显不同。最后，DSM－5 标准并未详尽考虑数字世界和虚拟网络空间中的囤积行为，数字囤积尚属新鲜事物，有待相关理论与实践进一步发展，从而推动 DSM 标准的修订与完善。

（三）囤积障碍与收藏行为的区别

收藏行为与囤积障碍具有明显的不同①。收集和积累特定类型的物品（如邮票、硬币、艺术品等）的习惯通常被称为收藏②。收藏家通常是有条理的人，他们组织、清理和分类他们的物品③。正常收藏和囤积障碍之间的主要区别如表3－3所示。

表3－3　　正常收藏和囤积障碍之间的主要区别

特征	正常收藏	囤积障碍
内容	非常集中；对象受具有凝聚力的主题约束，对象类别范围狭窄。	不集中；对象缺乏统一的主题，并且包含大量不同的对象类别。
获取过程	结构化的；计划、搜索项目，组织收集的项目。	非结构化的；缺乏预先规划、集中搜索和组织。
过度获取	可能的，但不常见；对象主要通过购买获得。	很常见；超过80%的物品是购买或免费收集的。
组织水平	高；房间功能未受损，收集的物品以有序的方式组织、存储或展示。	低；房间的功能由于杂物堆积而受到损害。
苦恼困扰	罕见的；对大多数的收藏者来说，收藏活动是令人愉快的；尽管对少数收藏者来说，收藏可能会导致苦恼困扰，但这种苦恼困扰源于杂物堆积以外的因素，例如财务。	需要诊断；苦恼困扰往往是存在过多的混乱堆积、被迫丢弃，或无法获得的后果。
社会障碍	最小；收藏者有很高的结婚率，而且大多数人表示，社交活动是他们收藏行为的一部分。	通常很严重；囤积障碍一直与低结婚率、高关系冲突率和社交退缩相关。
职业损害	罕见的；客观测量的分数表明，收藏者在工作中不会遭受临床上的重大损害。	常见的；职业干扰随着囤积的严重程度而增加；有研究表明工作中的损害程度很高。

① Mataix-Cols, D., Pertusa, A., "Annual Research Review: Hoarding Disorder: Potential Benefits and Pitfalls of a New Mental Disorder", *Journal of Child Psychology and Psychiatry*, Vol. 53, No. 5, 2012.

② 李昌俊、时兴、贾东立：《囤积障碍与强迫症和收藏行为的区别》，《中华精神科杂志》2016年第6期。

③ Stumpf, B. P., Hara, C., Rocha, F. L., "Hoarding Disorder: a Review", *Geriatr Gerontol Aging*, Vol. 12, No. 1, 2018.

（四）囤积障碍的认知行为模型

Frost 和 Hartl 在大量的临床经验和调查研究中，设计并提出了针对囤积障碍的认知行为模型。该模型为发展和检验与囤积障碍相关的假设提供了一个框架。在这个模型中，囤积被概念化为一个多方面的问题，其产生的原因包括：信息处理缺陷；情感依恋问题；行为回避；关于所有物本质的错误信念。其中，信息处理缺陷又分为决策缺陷、分类/组织缺陷和记忆功能障碍。情感依恋问题指在情感上过度依恋所有物，将其视为自我的延伸/一部分，充满了类似人类的品质，或将物品与舒适和安全联系在一起，一想到失去它们，就违背了这种安全感。行为回避指避免或推迟做出处置物品的决定。保存物品让囤积者可以避免或推迟做出决定，这也许是因为他们害怕犯错，他们通常的说法是"我现在先把这个放在这里，以后再处理"。关于所有物本质的错误信念主要包括 3 种类型的信念：关于保持对物品控制的必要性的信念（对物品控制的过分渴望），关于财产责任的信念（一是为将来的需要做好准备的责任，二是防止"伤害"降临到物品本身），关于完美的必要性的信念（追求完美主义，不知道何时停止研究或收集）。[①]

后来，Steketee 和 Frost 进一步完善了囤积障碍的认知行为模型。[②] 整体来看，该模型涉及易感因素、信念/依恋、情绪反应和囤积行为四个模块。其中，囤积行为是囤积障碍的核心表现，包括杂乱、获取和保留/难丢弃三个主要特征；易感因素包括信息处理、早期经历、核心信念、人格特质、情绪、共病等因素；信念/依恋分为关于所有物的信念、关于脆弱性的信念、关于责任感的信念、

---

① Frost, R. O., Hartl, T. L., "A Cognitive-Behavioral Model of Compulsive Hoarding", *Behavior Research & Therapy*, Vol. 34, No. 4, 1996.

② Steketee, G., Frost, R. O., *Compulsive Hoarding and Acquiring: Therapist Guide (Treatments that Work)*, New York: Oxford University Press, 2006.

关于记忆的信念、关于控制的信念；情绪反应包括积极情绪、消极情绪。不同模块、要素之间的有向路径代表着它们的影响和作用机制，共同构成囤积障碍的认知行为模型[①]。

Frost 和 Hartl 关于囤积障碍的认知行为模型的论述，以及 Steketee 和 Frost 建构的囤积行为各因素的影响路径和作用机制模型图，对于数字时代和大数据环境下个人的数字囤积行为模型构建具有重要的启示意义。

（五）囤积测量工具

20 多年来，对囤积障碍的诊断指标和分类虽然发生了许多变化，但囤积行为始终被认为是最核心的症状[②]。常用的囤积测量评估工具有：囤积量表修订版、囤积认知量表（Saving Cognitions Inventory，SCI）、囤积评估访谈量表（Hoarding Rating Scale-Interview，HRS-I）、杂物堆等级评定图像（Clutter Image Rating，CIR）等。

Coles 等调查了 536 名美国大学生的囤积行为，运用主成分分析法，形成了囤积量表修订版，该量表包含 4 个维度：丢弃困难、获取问题、杂乱和干扰/痛苦。该项调查证实了囤积行为与社交焦虑、抑郁症状和忧虑的显著相关性。[③]

初始的 SI-R 量表由 26 个题项组成，后来，基于对 139 名囤积者的调查和因子分析，在任何因子下载荷系数都不足 0.4 或重复载荷的 3 个题项被删除，最终留下了 23 个题项确定了 3 个因子/维度：丢弃困难、过度混乱和过度获取，见附录 C。经验证该量表内部一致性和重测可靠性良好，是评估强迫囤积症症状的合适

① 刘勇、陈健芷、宋琳婷等：《囤积障碍的症状、诊断与治疗》，《心理科学进展》2013 年第 12 期。

② Frost, R. O., Steketee, G., Tolin, D. F., "Diagnosis and Assessment of Hoarding Disorder", *Annual Review of Clinical Psychology*, Vol. 8, No. 1, 2012.

③ Coles, M. E., Frost, R. O., Heimberg, R. G., et al., "Hoarding Behaviors in a Large College Sample", *Behaviour Research and Therapy*, Vol. 41, No. 2, 2003.

工具[①]。

为了研究 SI-R 量表在中国文化下的适应性，北京师范大学心理学院的唐谭等采用双盲翻译获得了中文版 SI-R 量表，通过对中国大学生（有效样本数为 1979 个）的调查，验证了中文版 SI-R 具有较好的信效度。但与之前的囤积四因子模型、囤积三因子模型不一致的是，中文版 SI-R 量表有两个因子：过度获取—难以丢弃和堆积。[②]

也有学者使用自编问卷探讨中国大学生（有效问卷 2204 份）囤积现象及影响因素，调查发现 32.71% 的大学生存在囤积现象，囤积现象受性别（男大学生囤积现象显著高于女大学生）、月生活费高、主观幸福感偏低、喜欢攀比、节约、怀旧、缺乏社会支持、精神空虚 8 个因素的影响。作者认为，受节约、不浪费、勤俭持家等中国传统文化和道德观念影响，大量囤积物品可能被视为正常现象，许多受访者也表示自己有习惯性的囤积行为。[③] 值得注意的是，作者区分了囤积行为、囤积障碍倾向和确诊囤积障碍的差异，在该调查中仅有约 4% 的调查对象达到 DSM－5 中囤积障碍的诊断标准，这与 2%—6% 的美国成年人口患有囤积障碍的调查结论相似[④]。鉴于文化差异，我国照搬 DSM－5 中关于囤积障碍的诊断标准并不合适，应该明确界定囤积障碍的严重程度，并尝试制订本土化视野下囤积障碍的诊断标准。

① Frost, R. O., Steketee, G., Grisham, J., "Measurement of Compulsive Hoarding: Saving Inventory-Revised", *Behaviour Research and Therapy*, Vol. 42, No. 10, 2004.

② 唐谭、王建平、唐苏勤等：《囤积量表修订版在中国大学生中的修订》，《中国临床心理学杂志》2012 年第 1 期。

③ 郑亚楠、刘地秀：《中国大学生囤积现象及影响因素调查》，《中国公共卫生》2020 年第 10 期。

④ Kress, V. E., Stargell, N. A., Zoldan, C. A., et al., "Hoarding Disorder: Diagnosis, Assessment, and Treatment", *Journal of Counseling & Development*, Vol. 94, No. 1, 2016.

Steketee，Frost 和 Kyrios① 为了探究个人认知层面对囤积行为的影响，开发了囤积认知量表，探索性因子分析产生了 4 个因子：情感依恋、对记忆的担忧、物品控制和物品责任。该量表由 24 个题项组成。回归分析显示，在输入年龄、情绪状态、强迫症症状和其他强迫症相关认知变量后，4 个分量表中的 3 个（记忆、控制和责任）可以显著预测囤积的严重程度。有趣的是，决策困难也被证明是囤积行为的一个重要预测因素。

研究者还开发了基于访谈的测量工具，例如囤积评估访谈量表②。HRS-I 量表由 5 个题项组成，分别用于评估囤积的 5 个特征：杂乱、难以丢弃、获取、痛苦和损害。研究者可以使用半结构化访谈来评估受访者的囤积行为和程度，耗时大约 5—10 分钟。

除了基于问卷、访谈的囤积评估工具，杂物堆等级评定图像提供了另一种选择——基于图片的囤积评估方法。它总共由 27 张照片组成，这些照片分别记录了 3 个不同场景（客厅、厨房、卧室）的不同凌乱程度，从一尘不染到杂物堆积如山，每个场景对应一个照片九宫格，依次标有数字 1—9，受访者选择最贴近自己场景凌乱程度的照片即可。CIR 方法弥补了语言文字表意不明、主观理解分歧、研究者和受访者沟通不畅等问题。

（六）物理囤积与数字囤积

按照囤积对象的不同，囤积大致可以分为两种类型——物理囤积和数字囤积。物理囤积的对象是具有颜色、重量和外观等物理特性的有形物品，例如衣服、食物、塑料袋、包装盒等，因此物理囤积也叫实物囤积。数字囤积的对象是数字格式的数据信息，属于虚

---

① Steketee, G., Frost, R. O., Kyrios, M., "Cognitive Aspects of Compulsive Hoarding", *Cognitive Therapy and Research*, Vol. 27, No. 4, 2003.

② Tolin, D. F., Frost, R. O., Steketee, G., "A Brief Interview for Assessing Compulsive Hoarding: The Hoarding Rating Scale-Interview", *Psychiatry Research*, Vol. 178, No. 1, 2010.

拟形态的无形物，因此数字囤积也叫虚拟囤积。

物理囤积与数字囤积之间的关联是一个值得探究的问题。虚拟物品的囤积在心理学上还没有被证明是物理物品囤积的直接替代品[①]。对于囤积大量实物的个人是否也会有囤积大量虚拟物品的倾向，研究人员几乎没有提供任何线索。迄今为止，也较少有研究将两者联系起来，并探究物理领域的囤积者是否也有囤积数字信息的倾向和行为。

随着数字时代、信息时代逐渐渗透进人类的生产、工作、学习和生活，数字囤积现象越来越普遍，甚至比物理囤积更严重。而在此之前，提及囤积指的就是物理囤积，不需要做更具体的区分。由此可见，数字囤积与物理囤积的此消彼长确实受到数据信息环境变化的影响。本书要探究的就是数字囤积。

二　个人信息管理的相关理论

大数据时代和泛在数字信息环境对个人的冲击和影响是显著的。个人每天创建、收集和保存以备日后使用的数据信息的数量日益增长，虽然此时数字设备和数字服务的数据信息处理能力也在不断进步和升级，但是依旧无法全然满足个体对于其个人信息的管理需求，于是个人信息管理近年来已经成为信息管理学界的一个重要研究领域。

Jones 系统回顾了个人信息管理的相关文献，指出个人信息管理是指对个人为获取或创建、存储、组织、维护、检索、使用和分发完成任务（与工作相关或非工作相关）和履行各种角色与职责（如作为父母、员工、朋友或社区成员）所需的信息而进行的实践

---

① Oravec, J. A., "Depraved, Distracted, Disabled, or Just "Pack Rats"? Workplace Hoarding Persona in Physical and Virtual Realms", *Persona Studies*, Vol. 1, No. 2, 2015.

和研究。Jones 认为，个人信息管理行为主要包括三个过程：信息发现/再现活动、信息保存活动、元层次活动。其中，信息发现/再现活动是指从信息需求出发指向信息本身，并影响个人信息空间的信息输出；信息保存活动是指从信息本身出发指向信息需求，即个人对其所查寻到或遇到的信息作出的决定和行为，将直接影响个人信息空间的信息输入；元层次活动则关注于个人信息空间本身以及其中的个人信息集合的管理和组织。①

信息管理与信息科学界有一种隐含但普遍的观点，认为人们永远都在追求新的公共信息，通过浏览网络和访问公共收藏（图书馆、大众媒体、政府开放数据等）来不断地识别和消费新的信息。这种观点将信息视为一种包含新数据（得益于网络和公共收藏的内容更新）的公共资源，关注用户/消费者寻找、消费、然后丢弃新数据的过程。Whittaker 对信息管理的传统观点提出了挑战，重点关注熟悉的信息被用作个人资源，认为用户体验的是一个信息策展周期（Information Curation Cycle，ICC）。ICC 描述了人们在信息策展过程中参与的三个不同阶段或活动：首先是信息保存/存储，即决定保留或丢弃什么；其次是信息管理，使用文件夹或其他结构来组织保存的内容；最后是信息利用，搜索、查找和使用保存的内容。②其中，信息策展周期中的信息保存/存储活动与本研究要探讨的数字囤积问题密切相关。

Jones 认为，对于个人信息管理领域来说，决定如何处理遇到的信息——是否保留它们以及如何保留——是一个关键的挑战。③

---

① Jones, W., "Personal Information Management", *Annual Review of Information Science & Technology*, Vol. 41, No. 1, 2007.

② Whittaker, S., "Personal Information Management: From Information Consumption to Curation", *Annual Review of Information Science and Technology*, Vol. 45, No. 1, 2011.

③ Jones, W., "Personal Information Management", *Annual Review of Information Science & Technology*, Vol. 41, No. 1, 2007.

随着廉价数字存储容量的增加，我们几乎可以保存我们遇到的一切，但我们处理信息的能力并没有以同样的速度增长。事实上，在实地访谈中，为了揭示人们如何处理（以及希望如何处理）他们保存的材料，打包鼠、囤积鼠（pack rat）一词经常被用来描述导致有价值的材料被囤积起来的无效策略。为了在日后需要信息时及时找到，研究者建议用户应该避免信息囤积。此外，研究者观察到，人们往往不记得他们已经保存了潜在有用或有意义的材料，而这些材料可能会对手头的问题产生影响。搜索工具或许可以帮助用户将注意力转移到遗忘但相关的信息上，但搜索工具并不是万能的，并不能从根本上解决信息囤积的问题。

值得注意的是，在数据管理和信息科学领域，受大数据和数字环境的影响，存在着从数字保存到数字策展的变革。[①] 数字保存有时也被称为数据保存、数字数据保存，通常被认为是数据管理的子集，[②] 与前述的信息保存/存储（信息策展周期的三个阶段之一）含义相近。比较发现，目前的研究忽略了个人的信息保存/存储行为，更多地关注数据信息管理的其他阶段，例如个人的信息组织行为和信息再现行为。[③] 然而，研究者发现，个人的信息保存行为时常伴随着错误的存在——倾向于过度保存那些从来没有被访问过的信息，信息删除却相对较少，其中，电子邮件的删除比例大约是30%，照片的删除比例只有约17%。[④] 一般认为，过度保存却较少删除信息，很容易导致信息囤积问题。Whittaker 虽未直接提出数字

---

① 张斌、李翔：《从数字保存到数字策展的变革走向探析》，《情报理论与实践》2014 年第 10 期。

② Kljun, M., Mariani, J., Dix, A., "Toward Understanding Short-Term Personal Information Preservation: A Study of Backup Strategies of End Users", *Journal of the Association for Information Science and Technology*, Vol. 67, No. 12, 2016.

③ 占南：《个人信息管理行为研究现状及发展动态述评》，《情报杂志》2017 年第 10 期。

④ Whittaker, S., "Personal Information Management: From Information Consumption to Curation", *Annual Review of Information Science and Technology*, Vol. 45, No. 1, 2011.

囤积或信息囤积的概念，却注意到了这一问题，因此，他的研究对于探究个人的数字囤积行为具有重要的借鉴意义。

在以 Whittaker 为代表的个人信息管理学者研究的基础上，有学者进一步揭示了数字数据保存与数字囤积之间的关联。Vitale 等调查发现，数字囤积和数字极简主义是数字数据保存的两种极端倾向，有些人是数字囤积者，有些人是数字极简主义者，有些则介于二者之间。其中，数字囤积指积累大量数据，即使这些数据没什么价值，也很少删除的倾向；数字极简主义指避免存储太多数据，定期参与数据清理的倾向。[①] 由此可见，数字囤积与信息获取（过度获取）、信息保存（过度存储、较少删除）、信息组织（缺少整理和清理）等过程密切相关。他们认为，数字数据保存不单单是指数字数据的简单存储，而是以在未来提供最佳访问的方式对数字数据进行管理。从这个意义上讲，产生于信息保存和信息组织管理阶段的数字信息囤积问题，将会阻碍未来的信息利用，也就是说，数字信息囤积与前文提到的信息策展周期具有重要关联，值得进一步探究。

如今，在线服务已成为我们日常生活的重要组成部分，从吃喝玩乐、衣食住行到教育培训、医疗健康，可以说数字生活已经成为多数人的生活方式。一个人通常在多个数字设备和商业系统中都拥有数据。个人在线数据大致可以包含以下几类：发布的数据（如微信朋友圈、抖音短视频）、产生的数据（如联系人列表、聊天记录）、社会共同产生的数据（如社交网络）、组织机构产生的关于我们的数据（如银行、公共管理部门的记录），以及传感器捕获的关于我们的数据（如地理位置信息）等。这些数据呈现

---

① Vitale，F.，Janzen，I.，McGrenere，J.，“Hoarding and Minimalism：Tendencies in Digital Data Preservation”，*Proceedings of the 2018 CHI Conference on Human Factors in Computing Systems*，Montréal，2018.

出分布式、碎片化、孤立的特点，我们都在经历对个人数据的失控。Abiteboul 等认为，有了个人信息管理系统，我们就能更好地控制个人数据，管理个人的数字生活。[①] 目前，已经开发了许多用于存储和检索个人数据的原型，例如生命流（Lifestreams）、我之所见（Stuff I've Seen）、我的生活片段（MyLifeBits）、个人数据空间等，个人信息管理系统并不阻碍数据共享，而是防止单方面的数据囤积。

李玉坤等指出，伴随着信息技术的进步，人类从个人信息管理阶段发展到个人数据管理阶段。[②] 个人信息管理以非数字存储方式和手工管理方式为主，而个人数据管理以数字存储技术、数据库和互联网等技术为主要管理方式。目前我们主要处于个人数据管理阶段，随着物联网、人工智能、机器学习和智能计算等技术的发展应用，以及与金融、医疗健康、生活服务等各方面的结合，人类将进入个人数据计算阶段。

三　信息生命周期理论

生命周期最初是生命科学的术语，本义指生物体从出生、成长、成熟、衰退到死亡的全过程。后来，生命周期的含义被进一步拓展，泛指自然界和人类社会各种客观事物的阶段性变化及其规律。生命周期的概念也被广泛应用于经济、技术等诸多领域，常见的说法有企业生命周期、产品生命周期、文件生命周期和信息生命周期等[③]。

信息是一种具有生命周期的资源，这是信息科学领域的长期共

---

① Abiteboul, S., Andre, B., Kaplan, D., et al., "Managing Your Digital Life with a Personal Information Management System", *Communications of the ACM*, Vol. 58, No. 5, 2015.

② 李玉坤、任标、赵喜燕等：《个人数据管理技术研究》，《计算机科学与探索》2014 年第 8 期。

③ 马费成、望俊成、张于涛：《国内生命周期理论研究知识图谱绘制》，《情报科学》2010 年第 3 期。

识。从现有文献来看，20 世纪 80 年代初，美国学者 Levitan 首次将"生命周期"引入信息管理理论中，认为信息或信息资源是特殊的商品，也具有生命周期特征，包括信息的生产、组织、维护、增强和分发等阶段。[①] 随后，Horton 提出了两种形式的信息生命周期：基于人类信息利用和管理需求的信息生命周期、基于信息载体的信息生命周期。[②] 信息生命周期的思想得到学界和业界的普遍认同。随着数字技术的发展，ISO/TC 171 文件管理应用技术委员会（国际标准化组织信息与文献技术委员会的分委会之一）于 2001 年提议，将信息生命周期管理纳入其工作范围之内[③]，并指出信息无论是以物理形式还是以电子形式进行管理，信息生命周期都包括以下环节：信息的产生、获取、标引、存储、检索、分发、呈现、迁移、交换、保护与最后处置或废弃。

信息生命周期管理指对数据信息进行贯穿其整个生命周期的管理，是一种主动、连续的信息管理模型[④]。我国信息管理学专业经典教材《信息管理学基础》一书比较系统地梳理了信息生命周期理论的相关研究，将信息生命周期管理划分为信息创建（产生/发布）、信息采集、信息组织、信息存储、信息利用和信息清理（销毁/回收）六个阶段，同样明确了信息清理、信息销毁和信息组织等对于信息管理的重要作用[⑤]，如图 3－2 所示。

在产业界，信息生命周期理论也得到了一定程度的应用。2004 年，世界知名的信息存储科技公司 EMC 开始将信息生命周期管理

---

① Levitan, K. B., "Information Resources as 'Goods' in the Life Cycle of Information Production", *Journal of the American Society for Information Science*, Vol. 33, No. 1, 1982.

② Horton, F. W., *Information Resources Management*, London: Prentice Hall, 1985.

③ 李铭：《看国际动态 找国内差距 促技术发展》，《缩微技术》2022 年第 2 期。

④ Chudnow, C. T., "Information Lifecycle Management and the Government", *Computer Technology Review*, Vol. 24, No. 8, 2004.

⑤ 马费成、宋恩梅：《信息管理学基础》，武汉大学出版社 2011 年版，第 24—27 页。

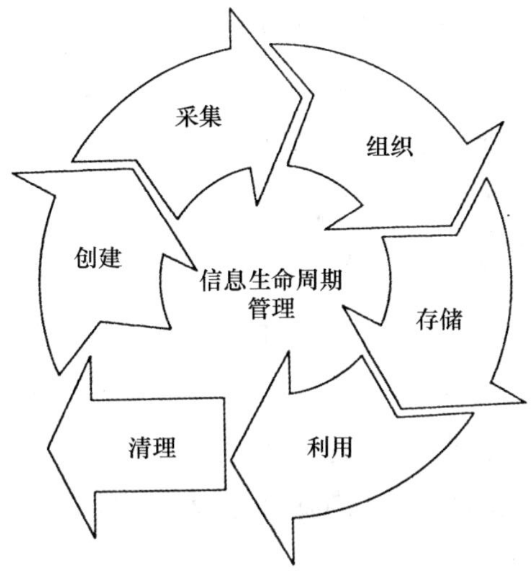

图3-2　信息生命周期管理的六个阶段

引入数字存储领域，推出了一系列具有信息生命周期管理特征的存储设备和存储系统。时任EMC中国区市场总监的杜国强专门撰写了《信息生命周期管理》一书，从中可以一窥EMC的信息生命周期管理理论。杜国强认为，信息生命周期是指数据价值与管理成本随时间发生变化的过程，包括数据的创建、保护、访问、迁移、归档以及回收（销毁）六个阶段；信息生命周期管理是将自动化网络存储基础设施与综合服务和解决方案结合在一起，从而以最低成本实现企业信息价值最大化。① EMC公司的举措带动了信息生命周期管理在IT业的流行，许多硬件制造商、软件开发商、系统开发商等都将信息生命周期管理思想融入产品开发。

在文件管理与档案学领域，存在着与信息/数据生命周期类似，但出现更早的概念——文件生命周期和档案保管期限表。1940年，美国档案学者菲利普·布鲁克斯（Philip Brooks）最早提出了“文

① 杜国强：《信息生命周期管理》，黑龙江科学技术出版社2004年版，第13—15页。

件生命周期”概念，用以指代文件从产生到最终销毁或永久保存的整个运动过程[①]。文件生命周期理论尝试控制文件运动、流转的全过程，从而实现对文件的高效管理[②]。值得注意的是，文件生命周期理论是在20世纪文件数量急剧增长的背景下产生的，如今人类社会处于大数据环境、泛在数字信息环境下，迫切需要新的思想和策略来应对这一挑战。而档案保管期限表是规定档案保管期限的文件，是开展档案鉴定工作最基本的工具，是文件归档鉴定时保管期限的划分、档案保管期满的存毁鉴定的依据[③]。无论是文件生命周期，还是档案保管期限表，都强调了文件或档案是有“寿命”的，不能一味地保存和积累。

如前文所述，在数据管理领域存在着面向数字策展的发展变革。根据英国数字策展中心（Digital Curation Centre，DCC）的定义，数字策展是对数字数据/信息的长期管理和保存，涉及在数字数据/信息的整个生命周期中维护、保存和增加其价值。DCC的数字策展生命周期主要涉及三类活动：一是全程活动，描述和表征信息、数据保存规划、社群关注与参与、策展和保存贯穿始终；二是顺序活动，包括数据概念化、生成或接收、评估和选择、采集、保存行动、存储、访问与使用和重用、转换；三是偶发活动，包括数据丢弃、重新评估、迁移[④]。

由是观之，无论是信息资源管理、文件和档案管理，还是数字策展领域，都非常重视信息生命周期理论，非常重视数据、信息或文件的组织、清理或销毁，这与数字囤积现象中重获取、重积累、轻整理、轻删除的行为是截然不同的，因此，信息生命周期理论对

---

① 张关雄：《中外文件运动周期理论之比较》，《档案学通讯》2000年第3期。

② 何嘉荪：《文件生命周期理论及对我们的启示》，《档案学通讯》1991年第6期。

③ 宗培岭：《档案保管期限表研究》，《档案学通讯》2002年第5期。

④ Higgins，S.，“The DCC Curation Lifecycle Model”，*International Journal of Digital Curation*，Vol. 3，No. 1，2008.

于数字囤积研究具有重要意义。

近十余年来，尤其是进入大数据时代以后，数据生命周期的提法越来越多，差不多与信息生命周期一样多，在多数语境中，二者可以互换。数据生命周期是指数据可产生价值的时间长度。只要数据是相关的、可用的和当前的，就可以被认为是有价值的。如果数据被认为在3年内是有价值的，那么在这段时间之后，数据就变成了个人或组织的开支而不是资产，应该被丢弃。过时的数据对个人或组织不再有价值，变得无效，应该删除或更新。通过对大数据背景下信息生命周期理论的再思考，有学者认为大数据理论与技术促进了信息生命周期理论的发展，尤其是大数据理念和技术弥补了传统信息技术在信息生命延续、信息消亡与信息休眠等问题上的不足。[①]

现在，数据、信息和知识的价值衰减/贬值在加速，它们的寿命普遍较短。1959年以前，一项知识的平均盈利时间为21.8年；而自1990年以来，它只能在3.2年内盈利。[②] 如今的信息保质期/寿命如此之短，那么信息囤积的意义又是什么呢？确定数据的生命周期将有助于确定哪些数据信息应该保留，哪些应该删除，从而减少数据囤积和信息杂乱。[③]

万维网的发展，社交媒体和大数据的出现，导致了数据量的不断增加，数据存储的容量和需求也持续增长，数据洪流由此产生。为了应对数据洪流的挑战，荷兰学者 van Bussel 等提出了绿色存档

① 杜彦峰、相丽玲、李文龙：《大数据背景下信息生命周期理论的再思考》，《情报理论与实践》2015年第5期。

② Ishikawa, A., Naka, I., *Knowledge Management and Risk Strategies*, Hackensack, NJ: World Scientific, 2007.

③ Gormley, C. J., Gormley, S. J., "Data Hoarding and Information Clutter: the Impact on Cost, Life Span of Data, Effectiveness, Sharing, Productivity and Knowledge Management Culture", *Issues in Information Systems*, Vol. 13, No. 2, 2012.

模型，基于信息的价值有条理地减少组织中存储的数据和记录的数量，从而帮助组织抵御数据洪流的消极影响。[①] 研究表明，基于数据价值自动评估、选择、保存或永久删除数据将自动减少存储容量，并减少用于数据存储的电力消耗，最终促进数字存档和绿色 IT 目标的实现。

如前文所述，数字时代信息的默认保存、不易删除的潜在危害是巨大的。Mayer-Schonberger 的建议是为信息设定一个失效期，促使人们理解并欣赏信息也有其寿命/生命周期，让人类面对记忆的有限性，最终帮助人们采取措施，确保人们记住如何在数字时代忘记。[②] 当然，如果用户发现信息早于预期失去其价值，或者在其最初设想的使用寿命之外仍然很重要和有用，那么用户将可以使用一些软件来更改信息的失效期。失效期策略的成功与否很大程度上取决于用户体验，即用户设置合适的失效期（信息存储期限）的难易程度，因此，简洁明了、人性化、易操作的用户界面就显得尤为重要。信息失效期不是强加的遗忘，更深层意义在于促使人类反思他们想要存储的信息能保持多长时间的有价值和有用，从而控制数据获取、增加数据删除、减少数字囤积，提升个人对数据信息、数字存储空间的管理效能。

第三节 扎根理论研究方法论及其应用

如前文所述，已有的数字囤积研究主要存在两点不足：一是缺乏对个人的数字囤积行为的系统性探讨，相关理论或模型较少；二

---

① Van Bussel, G., Smit, N., de Pas, J. V., "Digital Archiving, Green IT and Environment. Deleting Data to Manage Critical Effects of the Data Deluge", *Electronic Journal of Information Systems Evaluation*, Vol. 18, No. 2, 2015.

② Mayer - Schonberger, V., *Delete: The Virtue of Forgetting in the Digital Age*, New Jersey: Princeton University Press, 2009.

是缺少对中国情境下个人的数字囤积行为的探索。质性研究，尤其是扎根理论特别适合于先期的探索性研究，因此本研究以扎根理论研究方法论为指导。

一　扎根理论的产生和发展

在中国学术界，grounded theory 大多被叫作扎根理论，也叫作草根理论，如北京大学社会学教授邱泽奇翻译的艾尔·巴比的《社会研究方法》，就将 grounded theory 翻译为草根理论[①]。

从字面意思看，扎根理论含有“理论”二字，可能会被误认为是一种实体理论（如创新扩散理论、自我决定理论、社会认知理论等）。实际上并非如此，扎根理论其实是一套完整和独立的研究方法论。[②] 扎根理论要求研究人员在研究开始前先不进行理论假设，而是直接通过实际观察，在收集、分析资料的过程中归纳出经验概括，进而上升为具有一般意义的理论。扎根理论是一种在经验资料基础上建立理论的较为科学有效的质性研究方法，特别适合于在研究课题尚不成熟的情况下进行理论构建。

1967 年，格拉泽（B. Glaser）和施特劳斯（A. Strauss）合著的《扎根理论的发现：质化研究策略》（*The Discovery of Grounded Theory：Strategies for Qualitative Research*）一书出版，标志着扎根理论的诞生。[③] 施特劳斯来自具有悠久质性研究传统的芝加哥大学，将芝加哥学派的实用主义与符号互动论思想注入扎根理论研究；而格拉泽深受哥伦比亚大学量化研究权威拉扎斯菲尔德（Paul Lazarsfeld）

① ［美］艾尔·巴比：《社会研究方法》，邱泽奇译，华夏出版社 2018 年版，第 295—296 页。

② 费小冬：《扎根理论研究方法论：要素、研究程序和评判标准》，《公共行政评论》2008 年第 3 期。

③ Glazer，B.，Strauss，A.，*The Discovery of Grounded Theory：Strategies for Qualitative Research*，Chicago：Aldine Publishing Company，1967.

的影响，将量化分析的思想和方法融入扎根理论研究。这在一定程度上缓解了传统质性研究与量化研究之间的分歧，使得扎根理论开始逐渐发展成为相对完整的方法论体系。

1990 年，施特劳斯又和科尔宾（J. Corbin）合著了《质性研究概论：扎根理论程序与技术》（*Basics of Qualitative Research：Grounded Theory Procedures and Techniques*）一书，他们在 1967 年原始版本的基础上，将扎根理论程序化，明确了开放式编码、主轴编码和选择性编码的三级编码程序。① 为了区分，后继学者将格拉泽和施特劳斯在 1967 年的初始版本称为“经典扎根理论”，而将施特劳斯和科尔宾于 1990 年提出的版本称为“程序化扎根理论”。

20 世纪末 21 世纪初，师从格拉泽和施特劳斯的英国人卡麦兹（K. Charmaz），基于自身对慢性疾病的扎根理论研究实践，逐步尝试将扎根理论的实践与建构主义理念相结合，并于 2006 年出版了《建构扎根理论：质性研究实践指南》（*Constructing Grounded Theory：A Practical Guide Through Qualitative Analysis*），此书被认定为“建构主义扎根理论”的代表作。②“建构主义扎根理论”以社会建构主义为认识论基础，尤其强调研究者对资料提问的能力，并与被研究者发生互动关系。

最终，扎根理论逐渐形成了三个有影响力的流派：格拉泽和施特劳斯的“经典扎根理论”、施特劳斯和科尔宾的“程序化扎根理论”、卡麦兹的“建构主义扎根理论”。其中，至今为止施特劳斯和科尔宾的“程序化扎根理论”使用得最为广泛。

---

① Strauss，A.，Corbin，J.，*Basics of Qualitative Research：Grounded Theory Procedures and Techniques*，Newbury Park，California：Sage Publications，1990.

② Charmaz，K.，*Constructing Grounded Theory：A Practical Guide Through Qualitative Analysis*，California：Pine Forge Press，2006.

二 扎根理论核心思想

扎根理论从诞生至今，已有五十余年的发展历史。综合格拉泽、施特劳斯、科尔宾和卡麦兹等诸多学者的研究，吴毅等认为，扎根理论的核心思想可以概括为以下几点，[①] 这也是本书在扎根理论研究过程中需要注意的几个方面：

（一）理论来源于数据，从数据中发展理论

格拉泽和施特劳斯认为，“All is data”（一切皆为数据），即在研究过程中，关于研究对象的一切都可以被当作数据或资料来不断进行比较分析，从而形成概念并最终挖掘其中涉及的关联或模式。具体来说，访谈文本、调查问卷、观察记录、备忘录、内部文件、新闻报道、文献等都可以作为扎根理论的原始数据。此外，信件、传记、自传、回忆录、演讲、非小说文学、契约、相片、城市规划等也被视为扎根理论原始数据的新来源。[②] 这与当下的大数据思维有契合之处，也符合网络数据和“数字足迹”爆发式增长的时代趋势。

扎根理论特别强调从经验数据中产生和发展理论，通过自下而上地层层浓缩与归纳，从而建立起适用于特定时空情境的实质理论，这是扎根理论的首要任务。实质理论介于宏大理论和微观操作性假设之间，是建构具有普适性的形式理论的基础。在发展成为一个形式理论之前，需要对有关资料进行仔细的审查，在尽可能多的实质理论领域进行检测[③]。好的扎根理论研究不应该只停留在实质

① 吴毅、吴刚、马颂歌：《扎根理论的起源、流派与应用方法述评——基于工作场所学习的案例分析》，《远程教育杂志》2016 年第 3 期。

② Glazer, B., Strauss, A., *The Discovery of Grounded Theory: Strategies for Qualitative Research*, Chicago: Aldine Publishing Company, 1967.

③ 陈向明：《扎根理论的思路和方法》，《教育研究与实验》1999 年第 4 期。

理论[①]阶段，而应该将实质理论上升为形式理论[②]。具体来说，研究人员需要做大量的文献比较研究，一方面，可以进一步丰富与完善实质理论，使其超越时间、空间和环境的限制；另一方面，可以将扎根理论研究成果融入现有理论体系中，推动理论的发展与完善。

（二）理论建构是一个不断比较、连续抽象的过程

不断比较是扎根理论的主要分析思路，甚至早期的扎根理论就被称为“不断比较的方法”，比较贯穿研究始终，包括原始资料与概念的比较、概念之间或范畴之间的比较、抽象出的概念或建构的理论与已有概念或理论的比较等。研究者通过不断抽象以实现数据的概念化与简约化；通过不断比较提炼出核心概念与范畴，最后在分析概念与概念、概念与范畴以及范畴与范畴之间逻辑关系的基础上，绘制概念关系图，以此为基础建构实质理论，并通过与已有文献、理论的比较对初步构建的理论进行完善。这是由扎根理论独特的数据收集和分析流程决定的。一般的质性研究方法是先集中收集数据，然后再对数据进行具体分析。扎根理论则截然不同，研究中数据收集与分析是交叉迭代进行的，即每次收集数据后要及时分析，分析获得概念或范畴不仅要和已有的概念与范畴进行比较，而且要成为指导下一步抽样与收集数据的基础。

（三）灵活使用已有文献和理论

在扎根理论中，适当使用已有文献和理论有助于提出和精炼研究问题、为资料分析提供新的概念和理论框架等。格拉泽认

① 实质理论：相对于形式理论而言，是指针对特定研究对象的经验数据所建构的理论，解决的是在具体实质性领域内被限定的问题，具有一定的局限性。

② 形式理论：又称普适性理论，是相对实质理论而言，即将实质理论中的关系进行概念抽象化，以解释多重实质领域中的问题，具有一定的普适性。

为，研究者在进入研究之前不要过多地使用前人的理论，文献研究应该放在实质性理论建构完成以后，否则，前人的思想可能束缚我们的思路，让我们产生先入为主的观点，使我们有意无意地将别人的理论往自己的资料上套，或者把自己的资料塞进别人的理论里，导致理论构建失败。然而在研究实践中，格拉泽的观点过于理想化。卡麦兹认为，将文献研究延迟到数据分析之后应该是一种思想，而不应该成为一种一成不变的公式或铁律，提前做文献研究与受到现有文献、理论的束缚是两回事，关键是研究者在做文献研究时要保持一种批判的态度，而不应该先入为主或受固有思维的影响。①

（四）以建构理论为导向，提升理论敏感性

因为建构理论是扎根理论的主要宗旨，所以它特别强调研究者对理论保持高度的敏感。从研究设计、资料收集与分析、理论抽象与升华等各个阶段，研究者都应该对自己现有的理论、前人的理论以及资料中呈现的理论保持敏感，注意捕捉新的建构理论的线索。通常，质性研究者比较习惯于验证一种理论，或应用一种来描述和解释某种现象，而对理论建构不是特别有兴趣。然而，扎根理论认为构建一种新的理论比纯粹的描述具有更强的解释力度，因此强调研究者要保持和提升理论敏感性。

（五）坚持理论性抽样的原则

一般的研究往往根据理论演绎提出研究假设，再据此进行随机抽样。而扎根理论则不同，该方法要求研究人员在研究开始前不进行理论假设，而是强调理论性抽样，即以研究过程中形成的概念、范畴或理论作为研究者下一步抽样、资料采集和分析工作的指导，

---

① Charmaz, K., *Constructing Grounded Theory: A Practical Guide Through Qualitative Analysis*, California: Pine Forge Press, 2006.

即研究过程中浮现的每一个概念、范畴或理论都对研究者具有导向作用，为研究者下一步该往哪里走、怎么走指明了方向。理论性抽样与立意抽样/目的性抽样的联系与区别在于：理论性抽样是立意抽样/目的性抽样的方法之一，而当立意抽样/目的性抽样不以生成理论为目的时，两者存在差异①。

施特劳斯和科尔宾在《质性研究概论：扎根理论程序与技术》中，介绍了三种不同的理论性抽样方法：开放性抽样（open sampling）、关系性和差异性抽样（relational and variational sampling）以及区别性抽样（discriminating sampling）。② 以深度访谈为例，扎根理论的开放性抽样指研究者根据所关注的研究问题，选择那些最能涵盖研究问题各个方面的研究对象进行访谈，从而尽可能收集足够丰富的研究资料并从中发现建构理论所需的相关概念和范畴，这一般在资料收集的初始阶段进行；关系性和差异性抽样指研究者在对收集到的资料进行即时整理和分析的基础上，更有针对性地选择受访者，对从访谈资料中浮现出的概念和范畴进行细致的梳理，以厘清不同概念和范畴之间的关系，这一般在资料收集的中期阶段进行；区别性抽样指研究者建构好初始理论后，选择那些有助于进一步修正、完善理论的调查对象进行访谈，这一般在资料收集的后期阶段进行。在实际研究过程中，研究者根据具体的研究情境和研究问题，为了促进理论构建，可以合理穿插使用这三种抽样方法③。

---

① Gonzalezteruel, A., Abadgarcia, M. F., "Grounded Theory for Generating Theory in the Study of Behavior", *Library & Information Science Research*, Vol. 34, No. 1, 2012.

② Strauss, A., Corbin, J., *Basics of Qualitative Research: Grounded Theory Procedures and Techniques*, Newbury Park, California: Sage Publications, 1990.

③ 孙晓娥：《扎根理论在深度访谈研究中的实例探析》，《西安交通大学学报》（社会科学版）2011 年第 6 期。

三　扎根理论在不同学科的应用

扎根理论自诞生以来，因其科学性、严谨性与有效性而受到众多学者的追捧，并被广泛应用于社会学、教育学、心理学、管理学和护理学等不同学科领域。例如，贾旭东运用扎根理论研究了中国城市基层政府的公共服务外包实践，通过对广州和深圳下辖的两个区的观察和访谈，分析了外包的动因、外包中的利益相关者及其关系，构建了虚拟政府组织结构模型，并分析了虚拟政府的运行机制和中国城市基层政府的公共服务外包机制。①

为了更好地了解在线评论在旅游环境中的影响，Papathanassis 和 Knolle 使用扎根理论方法研究了消费者对在线假期点评的信息处理过程，采用出声思考法（think loud）和访谈法收集数据，通过三级编码构建了“消费者在线假期评论的认知和利用模型”，提出了一系列表达核心概念间关系的初步假设（可用于后续的实证检验），在此基础上分析了在线评论是如何影响消费者的假期与酒店决策，以及评论采纳和利用过程中的认知机制。②

随着全球化和城市化的发展，城市品牌日益成为提升城市竞争力的重要手段。在扎根理论研究方法论的指导下，郝胜宇以大连的居民、旅游者和投资创业者为样本，通过深度访谈、问卷调查等方法获取数据，使用经典扎根理论的分析方法构建了基于顾客视角的城市品牌感知维度探索性理论模型，并提出了包含四个维度、九个指标的顾客视角城市品牌测评体系。③

为了探究中国本土企业推行基于项目行动学习的实践，吴刚以

---

① 贾旭东：《基于扎根理论的中国城市基层政府公共服务外包研究》，博士学位论文，兰州大学，2010 年。

② Papathanassis，A.，Knolle，F.，“Exploring the Adoption and Processing of Online Holiday Reviews：A Grounded Theory Approach”，*Tourism Management*，Vol. 32，No. 2，2009.

③ 郝胜宇：《基于顾客视角的城市品牌评价研究》，博士学位论文，南开大学，2011 年。

宝钢集团某公司为样本，以建构主义扎根理论为指导，构建了基于项目行动学习的理论模型，并在新的理论模型的指导下，探讨了基于项目行动学习的有效机制。[①] 为了探究互联网行业破坏性创新现象，郭萍在扎根理论的指导下，选取开展破坏性创新的 5 家典型互联网企业为研究对象，建构了互联网行业破坏性创新的理论模型，并分析了互联网行业破坏性创新的内在机理与基本规律。[②]

慢病自我管理一直是护理学的研究热点，但是对糖尿病患者自发寻求、获取和利用健康信息的行为过程的研究较为缺乏。第二军医大学护理系的高晨晨在扎根理论研究方法论指导下，对糖尿病患者的整个信息行为过程进行深度访谈，通过编码分析和不断比较最终形成糖尿病患者健康信息行为理论模型，为糖尿病健康教育干预项目开发、糖尿病患者的自我健康管理提供了理论依据和实践指导。[③]

儿童编程是教育领域的新现象，石晋阳以 10—12 岁儿童为主要研究对象，采用扎根理论方法对儿童编程学习体验的发生过程进行探索性研究，最终构建出“儿童编程学习体验的发生”理论模型，并从理解儿童编程学习者、设计儿童编程和儿童体验编程学习三个方面对该理论模型进行了阐释。[④] Ligita 等使用建构主义和符号互动主义影响下的扎根理论方法，对印度尼西亚糖尿病患者、医疗专业人员、医疗服务提供商和糖尿病患者家属进行了 28 次访谈，通过编码分析构建了“学习、选择和行动的过程：糖尿病患者的自我管理”模型。该过程模型包含五个阶段：寻求和接收糖尿病相关信息、处理收到的信息、回应建议、评估结果、与

① 吴刚：《工作场所中基于项目行动学习的理论模型研究》，博士学位论文，华东师范大学，2013 年。

② 郭萍：《互联网行业破坏性创新研究》，博士学位论文，中国科学技术大学，2016 年。

③ 高晨晨：《糖尿病患者健康信息行为探析：一项扎根理论研究》，博士学位论文，第二军医大学，2017 年。

④ 石晋阳：《儿童编程学习体验研究》，博士学位论文，南京师范大学，2018 年。

他人分享。[①] 为了探究数字时代学龄前儿童的启蒙阅读动机，Altun采用质性研究与扎根理论方法，以土耳其的学龄前儿童为研究样本，通过开放编码、主轴编码和选择编码发现了学龄前儿童启蒙阅读的十二个动机：回避、挑战、竞争、好奇、学习、享受、就业与经济、学业成绩、认可、社交、娱乐游戏和交流，并提出了一个新的阅读动机框架来组织和解释这些范畴之间的关联。[②]

近年来，扎根理论研究方法也受到了信息管理和信息系统领域学者们的关注，学者们利用扎根理论开展了大量研究。例如，Gibson以佛罗里达州两个社区的唐氏症候群父母为研究对象，收集28个父母参与者和7个服务与信息提供者的访谈数据和信息视野地图数据，并使用扎根理论分析收集的数据，绘制了“本地父母信息网络”和“唐氏综合征产后诊断后的信息寻求与回避模型”，在此基础上探讨了位置/社区对其信息获取与行为的影响。[③]

南开大学商学院信息资源管理系教授柯平等选取山东省图书馆为研究案例，依据扎根理论的抽样原则和研究过程，使用参与观察和深度访谈收集数据，通过三级编码分析构建了馆员对于公共图书馆组织文化感知的理论框架，进而从内部感知和外部感知两个维度分析了馆员对图书馆组织文化的感知，并探讨了公共图书馆组织文化动态演化的两种机制。[④]

个人信息管理研究与信息网络技术的不断进步、信息环境演变

---

① Ligita, T., Wicking, K., Francis, K., et al., “How People Living with Diabetes in Indonesia Learn about Their Disease: A Grounded Theory Study”, *PLoS ONE*, Vol. 14, No. 2, 2019.

② Altun, D., “Preschoolers’ Emergent Motivations to Learn Reading: A Grounded Theory Study”, *Early Childhood Education Journal*, Vol. 47, 2019.

③ Gibson, A. N., The Influence of Place-Based Communities on Information Behavior: A Comparative Grounded Theory Analysis, *Ph. D. dissertation*, The Florida State University, 2013.

④ 柯平、张文亮、李西宁等：《基于扎根理论的馆员对公共图书馆组织文化感知研究》，《中国图书馆学报》2014年第3期。

密切相关。为了推动个人信息管理和信息行为领域的研究进展与理论创新，占南探讨了扎根理论在个人信息管理行为研究中应用的可行性、具体的研究程序、步骤以及应当注意的问题。[①] 为了整合较为分散的用户跨屏行为研究，胡蓉等以扎根理论为指导，使用深度访谈和焦点小组收集资料，通过三级编码分析构建了用户跨屏行为整合分析框架，从用户、任务、信息、技术四个维度综合考察了用户跨屏行为的内部动因与外部表现。[②] 张宝生和张庆普采用经典扎根理论方法，以问答社区用户为访谈对象，通过三级编码分析建构了社会化问答社区用户知识贡献行为意向影响因素理论模型，并探讨了提问用户、回答用户、服务载体、社区环境对用户知识贡献行为意向的影响。[③]

数字人文方兴未艾，然而北京大学信息管理系学者董舞艺和梁兴堃发现，既有研究对数字人文重要参与主体——人文学者的关注不足。为此，他们以 11 位典型的人文学者为研究对象，收集半结构化访谈资料和新闻报道等二手数据，基于扎根理论的三级编码方法归纳出人文学者数字人文参与过程中涉及的 18 个主范畴，并在此基础上构建了“人文学者参与数字人文的过程模型”，进而分析了人文学者参与数字人文的二元动机和三种行为路径，揭示了人文学者信息需求的不确定性和信息行为的复杂性。[④]

近年来，扎根理论方法论在国内图书情报学的应用有所增多。孙玉伟等选取 111 篇应用扎根理论方法论的实证研究论文为样本，

---

① 占南：《基于扎根理论的个人信息管理行为研究》，《图书馆学研究》2016 年第 15 期。

② 胡蓉、赵宇翔、朱庆华：《移动互联环境下用户跨屏行为整合分析框架——基于扎根理论的探索》，《中国图书馆学报》2017 年第 6 期。

③ 张宝生、张庆普：《基于扎根理论的社会化问答社区用户知识贡献行为意向影响因素研究》，《情报学报》2018 年第 10 期。

④ 董舞艺、梁兴堃：《中国人文学者参与数字人文动机的二元结构及行为路径》，《中国图书馆学报》2019 年第 4 期。

从文献回顾方式、数据收集和抽样方法、编码分析程序、研究贡献及其与程序运用之间的关系等方面展开分析，揭示出其中的错用和误解，并反思如何更科学合理地将扎根理论方法论应用于图书情报研究中。[①]

① 孙玉伟、成颖、张建军：《扎根理论方法论在国内图情领域的应用及其反思》，《图书馆学研究》2019 年第 19 期。

第四章

研究设计

客观存在的一切事物都具有质和量两种特征。无论是自然科学，还是社会科学，都存在着质和量的两种取向和方法[①]。在社会科学领域，由于社会现象的特殊性和复杂性，围绕着传统的质的研究（qualitative research）和量的研究（quantitative research）的争论与分歧始终存在。质的研究，也叫质性研究、定性研究，强调研究者在自然情境下采用多种资料收集方法，对社会现象进行整体性探究，主要使用归纳法分析资料和形成理论[②]。量的研究，也称量化研究、定量研究，是指以问卷、量表、统计报表和实验等方法收集的数据为基础，使用数学和统计分析方法揭示社会现象的数量特征、数量差异和数量关系的研究。

近年来，随着大数据、计算社会学和第四研究范式的兴起，量化研究在社会科学领域取得了更广泛的应用。在这样的时代背景下，质性研究方法是对当前主流的量化研究方法的有益补充。社会科学领域比较常见的质性研究方法主要有

---

① 嘎日达：《论科学研究中质与量的两种取向和方法》，《北京大学学报》（哲学社会科学版）2004 年第 1 期。

② 陈向明：《质性研究的新发展及其对社会科学研究的意义》，《教育研究与实验》2008 年第 2 期。

田野研究法[①]、案例研究[②]、现象学研究[③]、民族志[④]、网络民族志[⑤]和扎根理论[⑥]等。其中，扎根理论研究方法研究流程的规范化和系统化程度较高，在一定程度上化解了传统的量化研究与质性研究的分歧，因此成为当前社会科学领域最有影响的质性研究方法论[⑦]。

本研究的主要目的是从多个角度探究数字时代和大数据环境下个人的数字囤积行为，并努力构建出关于个人的数字囤积行为的理论模型，或提出一些初步的研究命题，为将来的实证研究奠定基础。尽管已有的数字囤积研究使用案例分析、问卷调查等方法探讨了个人的数字囤积行为，但是这些研究相对分散，并没有发展出数字囤积相关的理论或构建出比较完整的理论模型，而且对中国情境下的数字囤积实践的研究相对缺乏。因此，关于个人的数字囤积行为还存在很大的理论空白点值得探索。恰好，扎根理论就是"从资料中发展理论"。大量研究表明，扎根理论研究方法特别适用于那些理论发展不够完善或者现有理论解释力不足、存在理论空白点的研究领域。因此，扎根理论非常适合本研究。

---

① 史清华、彭小辉、张锐：《中国农村能源消费的田野调查——以晋黔浙三省2253个农户调查为例》，《管理世界》2014年第5期。

② Oh, J. S., Shong, I., "A Case Study on Business Model Innovations Using Blockchain: Focusing on Financial Institutions", *Asia Pacific Journal of Innovation & Entrepreneurship*, Vol. 11, No. 3, 2017.

③ 赵栋祥、马费成、张奇萍：《老年人健康信息搜寻行为的现象学研究》，《情报学报》2019年第12期。

④ Spiers, J. A., Williams, B., Gibson, B., et al., "'Graduate Nurses' Learning Trajectories and Experiences of Problem Based Learning: A focused Ethnography Study", *International Journal of Nursing Studies*, Vol. 51, No. 11, 2014.

⑤ Zhao, D., Zhang, Q., Ma, F., "What Is Discussed About Eldercare? A Netnography Study on a Chinese online Community for Older Adults", *The Electronic Library*, Vol. 38, No. 2, 2020.

⑥ Božič, B., Siebert, S., Martin, G., "A Grounded Theory Study of Factors and Conditions Associated. with Customer Trust Recovery in a Retailer", *Journal of Business Research*, Vol. 109, 2020.

⑦ 陈向明：《扎根理论的思路和方法》，《教育研究与实验》1999年第4期。

第一节 基于扎根理论的研究过程

扎根理论研究是一个动态的研究过程，既有非常规范的研究程序，又要根据研究的进展进行动态的调整。基于以上对扎根理论研究方法论的讨论和分析，本书的研究过程主要分为以下五个阶段：产生研究问题、数据收集与整理、数据分析、理论建构、理论阐释。

一 产生研究问题

信息资源管理、用户信息行为一直是笔者的研究兴趣所在，再加上近几年笔者参与了几个与大数据、医疗健康相关的科研项目，这几个研究领域的交叉与融合自然成为笔者重点关注的研究点。因此，“数字囤积”甫一进入研究视野，就激发了笔者浓厚的研究兴趣。“数字囤积”不禁让人联想到《大数据时代》的姊妹篇——《删除：大数据取舍之道》。数字囤积指出了数字时代信息堆积杂乱的问题，而《删除：大数据取舍之道》则倡导数据取舍和化繁为简。然而，与《大数据时代》一书的爆红相比，《删除：大数据取舍之道》一书似乎并未引起足够的关注。有趣的是，笔者在自己和周围人的身上也看到了“数字囤积”或深或浅的影子，这都与如今人类所处的信息环境密不可分。信息时代、数字时代、大数据时代和互联网络时代相互交织，为数字囤积的产生和发展提供了肥沃的土壤。此外，笔者发现，无论是信息管理与信息系统、计算机科学，还是心理学、神经科学等各个相关学科领域，国内对于“数字囤积”的研究比较缺乏，国外对于“数字囤积”的研究也处于起步阶段，关于“数字囤积”还有许多悬而未决的研究问题。基于以上种种考虑，“数字囤积”被选定为笔者的研究范畴。

综合考察现有的数字囤积研究，存在以下特征：

从关注的层面看，大部分数字囤积研究是在个体层面展开的，即个人的数字囤积行为，也有少部分研究探讨了群体层面（如科研团队、部门内部等）的数字囤积现象、组织层面（如公司企业、政府机构、公共组织等）的数字囤积现象；

从研究方法看，关于数字囤积的量化研究略多于质性研究，采用的数据收集方法有量表式问卷、开放式问卷和访谈，数据分析方法有结构方程模型、回归分析、相关分析以及主题分析法，目前没有基于扎根理论的数字囤积研究；

从研究情境看，现有的数字囤积研究的研究对象主要生活在英国、加拿大、澳大利亚和美国，这些国家和地区的数字信息化程度很高，相较之下，现有研究缺少对数字信息化发展迅猛、占世界人口近五分之一的中国的关注。

因此，笔者尝试基于扎根理论探索数字时代、大数据环境下个人的数字囤积行为，填补中国情境下数字囤积本土化研究的空白，为中国信息社会和数字时代的健康、可持续和高质量发展提供一定的借鉴和参考。

依照扎根理论的原则和要求，通过对数字囤积实践和现象的观察、对数字囤积相关文献的回顾与梳理，以及实践与文献的不断比较，本书的研究问题逐渐清晰，大致包括三个方面：（1）个人的数字囤积行为的基本特征；（2）个人的数字囤积行为的前置因素；（3）个人的数字囤积行为的后续影响。

二　数据收集与整理

一般认为，对于一个研究不足、理论缺乏的新兴领域，先进行质性研究，再以质性研究的探索性成果为基础开展量化研究，是一条相对稳健的研究路径。其中，扎根理论是较为系统、应用最广的质性研究方法。因此，作为探索性研究，本书认为利用扎根理论对个人的数字囤积行为展开系统性探索是较为恰当的选择。扎根理论强调从原始数据中生成和发展理论，以建构理论为主要宗旨，显然，扎根理论与数字囤积的研究现状和本书的研究目标是契合的，见图4－1。

在回顾和探讨相关文献的基础上，笔者在正式开展扎根理论研究之前提出本书的研究问题和初步构想：探索数字时代、大数据环境下个人的数字囤积行为的基本特征、前置因素和后续影响，从而构建个人的数字囤积行为理论模型。据笔者所知，这是信息管理领域第一个比较系统的、专门针对中国情境下的数字囤积现象开展的研究，研究对象为不同职业、年龄、学历、地域和数据拥有量的，有一定数字设备和网络技术（如智能手机、电脑和互联网等）使用经历的、在中国大陆地区居住生活的个人。

如前文所述，扎根理论的抽样方式是理论性抽样，而判断是否继续抽样要遵循理论饱和原则。这就要求，研究者在每一次收集资料后都应立即对收集到的资料进行序化整理和编码分析，在此基础上构建初始理论，然后继续进行理论性抽样，以进一步比较和改进所构建的理论，循环往复，直至研究者发现，后续抽样不再出现新的重要概念、范畴或理论时，就可以视为已经达到理论饱和状态而无需继续抽样了①。

本书遵循理论性抽样和理论饱和原则来收集数据。本书拟定的资料来源主要包括两大类：半结构化访谈和网络数据，如图4－2所示。其中，访谈是最主要的数据收集方法，而网络数据包含网络新闻报道和网络用户生成内容两大类，虽然数量不多，但可以作为半结构化访谈的有益补充。

① 范培华、高丽、侯明君：《扎根理论在中国本土管理研究中的运用现状与展望》，《管理学报》2017年第9期。

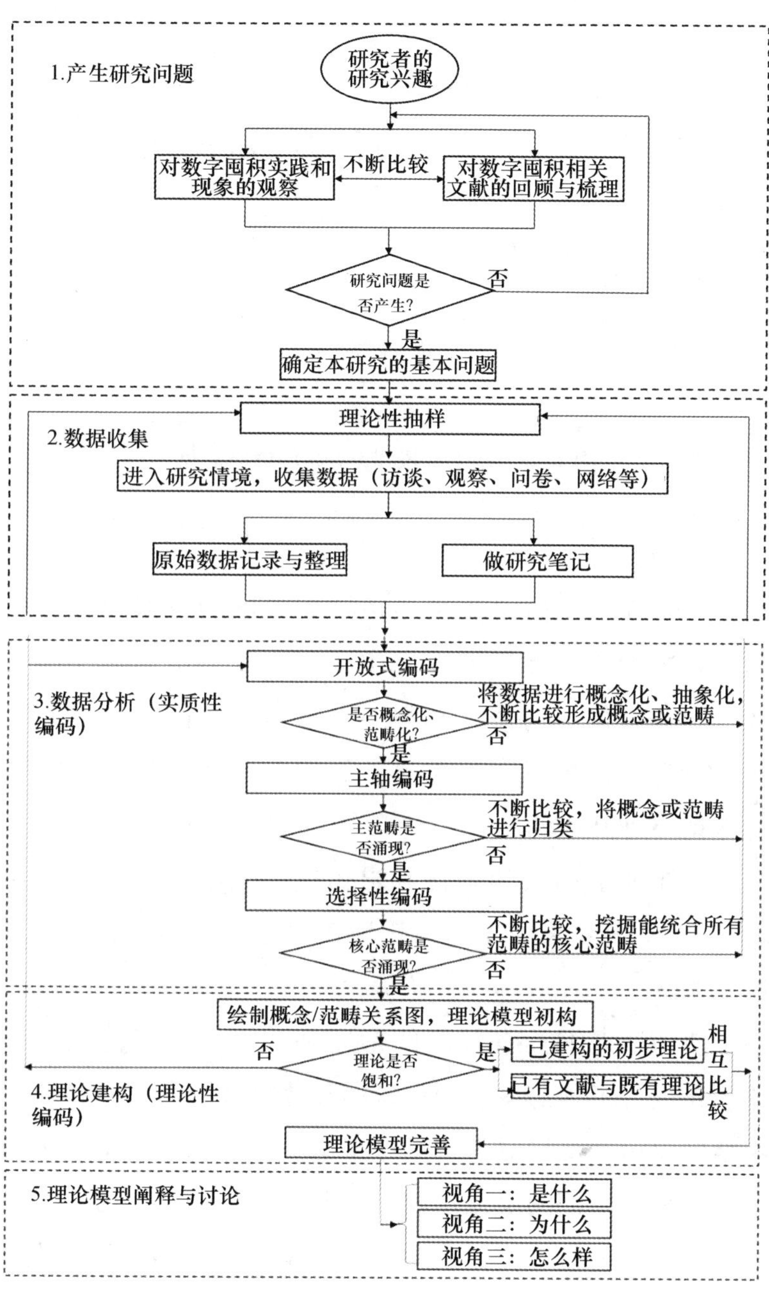

图4－1　本书扎根理论研究流程示意图

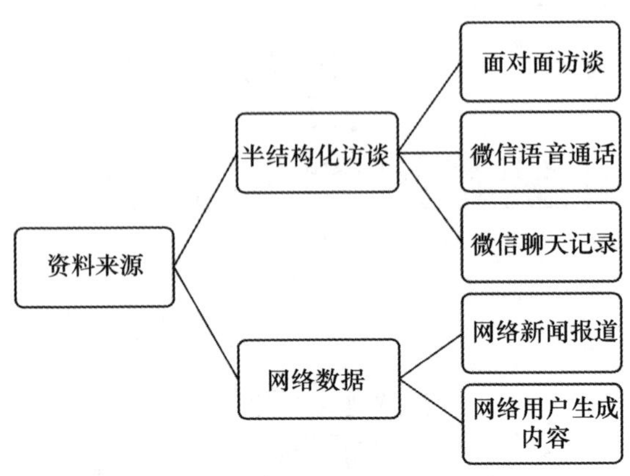

图4－2 本书扎根理论分析的资料来源

（一）访谈资料的收集与整理

在质性研究中，访谈法是一种较为常见的资料收集方法。依据访谈内容结构化程度的不同，访谈可以分为结构化访谈、半结构化访谈和非结构化访谈。其中，半结构化访谈要求研究者围绕研究主题设计访谈提纲，但是对于提问的方式与顺序、问题的深度等都保持一种开放的方式。它综合了结构化访谈和非结构化访谈的优点，既保证了访谈的弹性和自由度，又不使访谈偏离主题范围[①]。因此，本研究采用半结构化访谈的方式对参与者进行一对一的深度访谈。

为了使访谈提纲具有较高的信度和效度，在实施正式访谈之前，笔者先进行了预访谈。预访谈的具体操作过程是：使用初步拟定的半结构化访谈提纲对3位具有丰富数字信息体验的个人进行预访谈，然后根据他们的反馈建议，以及笔者的观察与分析，对预访谈提纲进行修改和完善，最终形成用于正式访谈的半结构化访谈提纲，见附录A。

① Barriball, K. L., While, A., "Collecting Data Using a Semi-Structured Interview: A Discussion Paper", *Journal of Advanced Nursing*, Vol. 19, No. 2, 2010.

依据施特劳斯和科尔宾[①]，以及孙晓娥[②]关于扎根理论研究中理论性抽样的论述和要求，本研究的资料收集大致可以划分为三个阶段：

在资料收集的初始阶段，本研究采用开放性抽样，即招募不同地域、学历、年龄，尤其是不同职业状况的受访者进行访谈，希望获得尽可能丰富的关于数字囤积体验的描述。在这一阶段，笔者注意到，由于硕博士研究生、刚参加工作的大学毕业生（尤其是数据密集型行业或工作）接触、产生、处理和使用数字信息的数量更大、频率更高，他们的数字信息体验明显比其他群体的更丰富。

在资料收集的中期阶段，基于关系性和差异性抽样的原则，笔者有针对性地挑选硕博士研究生和刚参加工作的大学毕业生作为访谈对象，此外，增加了女性受访者的数量，以平衡男女比例、减少男女思维和行为差异对研究结果的影响。

在对收集到的访谈资料进行序化整理、编码分析的基础上，笔者逐步建构起个人的数字囤积行为理论模型。在资料收集的后期阶段，笔者依据区别性抽样的原则，招募那些有助于修正和完善理论模型的样本对象进行访谈，主要包括之前访谈中没有涉及的人群，例如工人、个体工商户、家庭主妇、酒店后勤人员等。此外，笔者还收集了与数字囤积相关的网络数据作为扎根分析的补充资料，包括网络新闻报道和在线社区的用户生成内容。

从 2019 年 10 月底至 12 月底，陆续有 27 位受访者完成了半结构化访谈。受访者基本情况如表 4 – 1 所示。根据受访者个人数字

---

① Strauss，A.，Corbin，J.，*Basics of Qualitative Research*：*Grounded Theory Procedures and Techniques*，Newbury Park，California：Sage Publications，1990.

② 孙晓娥：《扎根理论在深度访谈研究中的实例探析》，《西安交通大学学报》（社会科学版）2011 年第 6 期。

囤积行为体验的实际状况和访谈内容的不同，访谈时长亦长短有别，37—101 分钟不等。整体上样本特征分布如下：（1）从年龄分布看，大多数受访者为 20—30 岁的青年人，具有相当丰富的数字信息体验，符合本研究对于样本对象的要求。（2）从职业状况看，有些受访者是在校大学生，既有本科生，也有硕士和博士研究生，分别来自会计学、历史学、管理学、图书情报学、化学、计算机科学和数学等多个专业；有些受访者是仓储物流主管、教师、大学生村官、销售人员、软件测试工程师、医生、酒店后勤人员、流水线工人等；还有些受访者是淘宝卖家和家庭主妇。（3）从地域分布看，受访者分布在武汉、北京、重庆、大连、上海、日喀则、广州、长沙、淄博、杭州和郑州等全国各地区。

受制于时空限制，除四次访谈采用面对面访谈外，其余访谈均采用微信语音通话或微信聊天的访谈方式。其中，在征得受访者同意的前提下，对面对面访谈、微信语音通话进行全程录音，对微信聊天保存聊天记录。每次访谈结束后，及时将访谈录音或微信聊天记录整理为 Word 格式的文字稿，最终形成 27 份 Word 文档格式的访谈资料。对其中 2/3（18 份）的访谈资料进行编码分析和模型建构，剩余 1/3（9 份）的访谈资料则预留下来进行理论饱和度检验。

表 4－1　　受访者基本情况

编号	性别	年龄（岁）	职业状况	地域	访谈方式	访谈时长
P1	男	26	博士生在读	武汉	面对面访谈	76 分钟
P2	男	31	仓储物流主管	北京	微信语音通话	87 分钟
P3	男	29	博士生在读	武汉	面对面访谈	62 分钟
P4	女	22	少儿英语培训教师	重庆	微信语音通话	56 分钟

续表

编号	性别	年龄（岁）	职业状况	地域	访谈方式	访谈时长
P5	男	27	酒店市场开发	大连	微信语音通话	65 分钟
P6	男	27	证券投行经理	上海	微信语音通话	64 分钟
P7	男	27	大学生村官	日喀则	微信语音通话	59 分钟
P8	男	27	博士生在读	广州	微信语音通话	96 分钟
P9	男	29	销售人员	长沙	微信语音通话	53 分钟
P10	男	27	人力资源专员	北京	微信语音通话	86 分钟
P11	女	26	博士生在读	武汉	微信聊天	78 分钟
P12	女	24	博士生在读	武汉	微信聊天	101 分钟
P13	女	24	博士生在读	北京	微信聊天	75 分钟
P14	女	23	硕士生在读	淄博	微信聊天	81 分钟
P15	男	23	硕士生在读	武汉	微信聊天	73 分钟
P16	男	27	少儿教育培训	北京	微信聊天	83 分钟
P17	男	26	淘宝卖家	郑州	微信语音通话	50 分钟
P18	女	25	博士生在读	武汉	面对面访谈	89 分钟
P19	女	27	博士生在读	北京	微信语音通话	56 分钟
P20	女	22	软件测试工程师	杭州	微信语音通话	52 分钟
P21	女	35	家庭主妇	郑州	微信语音通话	37 分钟
P22	女	19	本科生在读	洛阳	微信聊天	47 分钟
P23	女	51	酒店后勤人员	郑州	面对面访谈	58 分钟
P24	男	28	中学教师	郑州	微信语音通话	45 分钟
P25	男	28	医生	北京	微信聊天	43 分钟
P26	男	36	汽修工人	郑州	微信语音通话	37 分钟
P27	男	32	流水线工人	郑州	微信语音通话	47 分钟

（二）网络数据的收集和整理

上文介绍了本研究是如何基于理论性抽样原则，通过半结构化访谈收集数据的，具体包括访谈提纲设计、访谈实施过程、访谈样本选择与受访者基本情况等。接下来介绍本研究的第二大数据来源——网络数据的收集和整理。

如图4－2所示，在本研究中，与数字囤积相关的网络数据大致分为两类：网络新闻报道和网络用户生成内容。需要说明的是，这里的网络新闻报道是指专业新闻媒体机构对中国数字囤积者的采访和报道，应该聚焦典型个体，而不是泛泛而谈关于数字囤积的整体的社会现象。这里的网络用户生成内容是指中国网络用户在互联网（博客、论坛、在线社区、社交媒体等）上分享的自己或周围人的关于数字囤积的感知和体验，其表现形式既可以是文本，也可以是图片、视频。总而言之，无论是网络新闻报道，还是网络用户生成内容，都要包含关于个人的数字囤积行为感知和体验的丰富细节。

网络数据的具体收集过程如下：以“数字囤积”“数码囤积”或“digital hoarding”为搜索词，分别在搜索引擎（百度、必应）、在线社区（豆瓣、知乎和 bilibili）、社交媒体（新浪微博、微信）进行搜索，依次对搜索结果进行查看、比较和评估，从而筛选出符合条件的搜索结果，最终收集到的网络数据如表4－2所示。其中，除 N1 为网络新闻报道外，其余皆为网络用户生成内容，包括视频和文本。值得注意的是，虽然微博、知乎问答上有关于数字囤积话题的讨论，但因为涉及的用户太多，且分享的感知或体验不够详尽，因此被排除在外。

表4－2　收集到的关于“数字囤积”的网络数据

编号	主要内容	来源网站	网络数据类型
N1	对一位在北京一家广告公司工作的数字囤积者以及一位心理医生的采访。	《环球时报》英文网	新闻报道
N2	因换新电脑而引发的关于数字信息囤积问题的思考。	微信	公众号文章

续表

编号	主要内容	来源网站	网络数据类型
N3	分享自己的数字极简主义实践。	豆瓣	文章
N4	分享自己的个人文件整理实践。	豆瓣	文章
N5	分享自己观察到的电子游戏囤积现象。	知乎	专栏文章
N6	分享自己和朋友的数字囤积行为及引发的思考。	知乎	专栏文章
N7	介绍自己囤积已久的手机应用软件，在删除这些应用软件之前录制视频记录一下。	bilibili	视频

同样地，对于这 7 份从互联网上收集的关于个人的数字囤积行为体验的数据资料，笔者选择其中的 4 份用于编码分析和模型建构，剩余的 3 份则预留下来进行理论饱和度检验。综合两种来源的原始资料——访谈和网络数据，用于编码分析和模型建构的合计有 18 份访谈资料和 4 份网络数据，而余下的 9 份访谈资料和 3 份网络数据则用于理论饱和度检验。

三　数据分析

数据分析，即对数据进行实质性编码（substantive coding）[①]。本研究的数据分析主要使用程序化扎根理论的思想和方法。

通过开放式编码、主轴编码和选择性编码的三级编码过程，共形成了 51 个概念、15 个范畴、3 个主范畴和 1 个核心范畴。其中，核心范畴为“大数据环境下个人的数字囤积行为”；3 个主范畴为“个人的数字囤积行为前因”“个人的数字囤积行为表现”和“个人的数字囤积行为后果”；15 个范畴为情感依恋、实用价值、信息分类缺陷、信息决策缺陷、行为回避、人类习性、感知控制、感知

① Holton, J. A., “The Coding Process and Its Challenges”, *Grounded Theory Review: An International Journal*, Vol. 9, No. 1, 2010.

责任、数字存储感知、过度获取、删除困难、堆积杂乱、信息安全、要素生产力和心理健康。

具体的操作过程和编码结果详见第四章第二节“三级编码过程及理论饱和度检验”。

四 理论建构

理论建构，即对数据进行理论性编码（theoretical coding）①。本书的理论建构主要分为两个阶段：理论初构和理论完善。

首先，根据三级编码过程中形成的概念、范畴、主范畴和核心范畴，绘制它们之间的关系图，从而初步构建出理论模型，即理论初构。理论初构是上一阶段“数据分析”的自然结果，因此，为了更清晰地呈现数据编码分析结果，将初步建构的“个人的数字囤积行为理论模型”和理论饱和度检验放在第四章第二节一并讨论。

其次，将已初步建构的理论模型与已有文献、既有理论进行相互比较、取长补短，从而丰富和完善所建构的理论②。文献比较、理论完善的具体过程详见第四章第三节“基于文献比较的‘个人的数字囤积行为理论模型’完善”。

五 理论阐释

理论阐释，即对建构的理论（模型）进行阐明陈述和解释。本书的理论阐释主要从三个视角展开：是什么—为什么—怎么样。具体来讲，理论（模型）阐释的过程如下：

---

① Hernandez, C. A., “Theoretical Coding in Grounded Theory Methodology”, *Grounded Theory Review: An International Journal*, Vol. 8, No. 3, 2009.

② 吴毅、吴刚、马颂歌：《扎根理论的起源、流派与应用方法述评——基于工作场所学习的案例分析》，《远程教育杂志》2016 年第 3 期。

首先，聚焦个人的数字囤积行为本身，分析其基本特征、表现主体（数字囤积者）和表现的异化形式（数字囤积障碍）（详见第五章）；

其次，在此基础上分析个人的数字囤积行为的前置因素，即考察不同层面因素对个人的数字囤积行为的影响（详见第六章）；

最后，进一步探讨个人的数字囤积行为的潜在后果，并进而提出大数据环境下应对数字囤积挑战的思路和策略（详见第七章）。

第二节　三级编码过程及理论饱和度检验

一　开放式编码

在一级编码，即开放式编码（open coding）中，研究者应该以一种开放的心态，尽可能地摆脱个人偏见、主观经验和学术界定见的束缚，将所有的资料按其本身所呈现的样态进行编码[①]。这是一个将收集的资料打散，通过不断比较进行概念化、抽象化，然后再以新的方式重新组合起来的过程。开放式编码的目的是从原始资料中发现概念和范畴，并加以命名。开放式编码的过程类似一个漏斗，刚开始编码时的范围比较宽，随着编码的持续进行，范围不断地缩小，直至概念类属出现了饱和[②]。

本研究中，笔者采用手工编码方式对原始资料进行概念化和范畴化，包括贴标签、现象摘要、形成概念和提炼范畴四个

---

① 陈向明:《扎根理论在中国教育研究中的运用探索》,《北京大学教育评论》2015 年第 1 期。

② 陈向明:《扎根理论的思路和方法》,《教育研究与实验》1999 年第 4 期。

主要步骤[①]。手工开放式编码过程如图 4-3 所示。步骤一，贴标签。即研究者对原始资料进行逐句分析，从中抽取出与数字囤积行为有关联的内容，贴上标签。步骤二，现象摘要。即研究者对每个标签所表征的现象进行摘要，为下一步形成概念奠定基础。步骤三，形成概念。即研究者使用尽可能精炼简短的词汇、短语或短句（A1，A2，A3，A4，…，An）来表达上一步骤中总结的现象摘要，所使用的词汇、短语或短句最好来源于原始资料，且多次出现。步骤四，提炼范畴。即研究者将意义相近的一组概念聚合成概念群，并用一个更抽象、较高层次的概念来统摄，这个更高层次的概念即为范畴（B1，B2，…，Bn）。

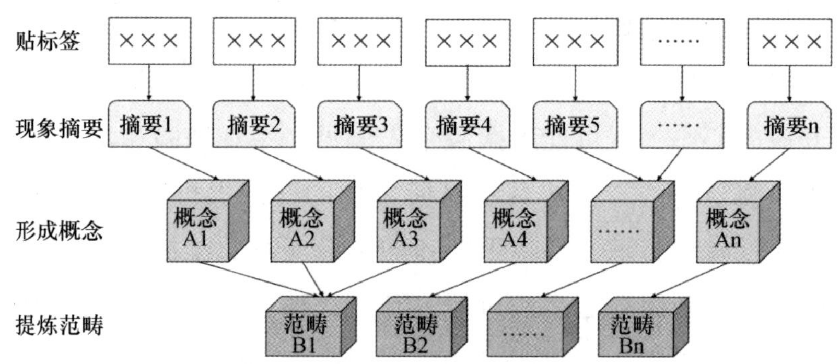

图 4-3 手工开放式编码的具体过程

本研究通过整理和分析 18 位访谈对象的原始访谈资料以及 4 份收集到的网络数据，通过贴标签、现象摘要、形成概念和提炼范畴四个步骤进行数字信息环境下个人的数字囤积行为的开放式编码，经过不断概念化和抽象化，以及持续比较过程，最终共抽取出

① 杨海娟：《网络问答社区用户适应性信息搜寻行为影响规律研究》，博士学位论文，武汉大学，2018 年。

51个概念（A1—A51）和15个范畴（B1—B15）。

由于开放式编码工作量大，涉及大量原始材料中的参考点及其编码分析内容，囿于篇幅，此处仅列举部分编码过程，大部分概念的形成仅列举1—2个原始材料参考点，见表4－3。

表4－3　　部分开放式编码过程及结果

原始资料中的表述	概念	范畴
P3：照片大约有40个G，有一个专门的硬盘，存着吧，留个纪念，没什么价值，是一个回忆吧，不会刻意去找、去看，可能某一天会不经意看到。 P4：我平时喜欢拍照，比如走在路上啊，主要是一些景物……会偶尔翻看老照片，QQ相册建了好几个相册，当我上传的时候会从头到尾看一遍。上传是因为有些是有纪念意义。像生活中拍的照片，是一种回忆、对生活的记录嘛，感情上的那种。 P7：我喜欢拍照，没有刻意地去拍照，想到什么照什么，主要是回忆嘛，怀旧，时不时地会翻翻看，挨个翻……也会用微信朋友圈的小视频拍一些传上去，来记录某一刻，就是当时我觉得很有意义。 P9：我平时喜欢拍照，也会把照片保存下来，这个习惯有近十年了吧，觉得这些照片很有纪念意义。像小时候与家人的合照是冲洗的，也会用手机再拍下来，希望留存的时间更长一些。旧手机里照片会导出到电脑，集中保存到U盘里，这些都是回忆，会偶尔翻看。现在，我会挑选一些拍的照片，冲洗出来，挂在家里。	A1 回忆纪念	B1 情感依恋
P15：你以为你扔不下的是那些东西或者那些数据，实际上扔不下的只是那一份情感，睹物思人罢了。	A2 拟人化倾向	
P2：比如这件事比较有难度，你去做它，在你的努力下，这件工作完成了，你获得了一定的掌声，你会想把它保存下来，它们代表了自己的成就感和满足感…… P8：从大学以来，与朋友的合影都还在。与重要的人的合影会留下来，象征着友情啊、快乐的日子啊……	A3 情感表征	

续表

原始资料中的表述	概念	范畴
P6：工作邮箱容量很大，100G，这些工作邮件也不能删除，回头找都没法儿找，有很多时候需要回头翻看查找。每天都要查看邮箱，发的比较多。与QQ、微信相比，邮箱适合更正式的场景，跟客户、领导、后台审核部门，文件比较大，可能20M以上；而且能“留痕”，发了邮件，通过截图就能证明，相比微信、QQ更正式，证明力更强。	A4 证明	B2 实用价值
P13：对待衣服这些有形物，和对待电子文档、照片这些无形物，我觉得自己的做法有相似的地方，因为我脑子里能记住的东西不多。 P1：还有些照片是防止自己忘记，它们包含了某些重要事项或信息项。 P17：人随着年纪增大记忆力逐渐衰退，数字信息能更好地替代人脑储存记忆。	A5 弥补记忆不足	
P10：大部分信息不会去清理，因为很多信息都是持久的，会经常用的。除非是那种短期内有用的，用完之后才会删掉。变化不大、比较稳定的信息，都会保存下来，很多信息不会轻易变更，只是在原来的基础上做改变。	A6 长期保存	
P18：我觉得我个人不是一个很擅长做信息管理的，就是觉得自己不擅长这些。不只是信息，其他物品也是的，我不太擅长整理、收纳。	A7 不擅分类	B3 信息分类缺陷
P2：我所在的部门是仓储物流部……工作中保存、积累了很多表格，数量很多，每天都要产生。就我所了解的，对于这些表格，目前公司还没有科学、详细的分类方式，也没有明确的电子数据管理政策。	A8 组织政策缺失	
P3：文献的分类也特别麻烦。有时候看完了一篇，就不知道怎么找到它。我下载过了，只是记得我大概看过，但是回去找还需要重新搜索。细心的话会备注、会把名字写得很长，但是有的时候也会找不到。主题的话，可能一篇文献有好多种主题，就选一个最重要的主题去分类，但这样也有问题，唉……	A9 分类整理麻烦	
P18：我觉得其实我管得不太好。我的分类标准是会变的，同一份文档可能在我的电脑里存了好几份。比如，这个文件夹是按期刊分的，还有一些是按作者分的。有时候可能同一性质的文档会放在不同文件夹里。这几年来，我的分类其实是不统一的，按作者、按期刊、按主题的分类都有。	A10 分类标准混杂	

续表

原始资料中的表述	概念	范畴
P8：在收集史料过程中，通常在界定有用还是没用时，其实是会纠结的，我很多时候也在纠结。当你研究深了，很多时候你关注的就是你最想解决的那个问题，就会自动忽略其他的材料，但有时根据这个材料你往外扩的时候，也会太扩展了，就可能是一个困扰，到底是弄进来呢还是不弄进来呢？最终可能还是弄进来，导致材料太多了。比如我在做硕士论文的时候，论文才 3 万字，我都积累了 100 多万字的材料了。所以到底怎么界定有用还是没用真不太好说，干脆就都弄进来了。	A11 获取决策缺陷	B4 信息决策缺陷
P18：前段时间我的兴趣点是看纪录片，于是安装了几个视频软件，下载了好多部纪录片，大概占用了十几个 GB……可当我看了三四部的时候，我发现我的兴趣慢慢消失了，可能兴趣又转移到电视剧上了。其实中间有犹豫，舍不得删，就觉得看纪录片这个事是好的，不应该删，就没舍得删，到最后的时候终于痛下决心——我不看视频了，所以就把这些应用软件和下载的视频全删除了。	A12 删除决策缺陷	
P18：对啊，比如有好多张相同的，你就要去比较吧，比较哪几张拍得好，但差别真的很细微……你觉得哪张好看啊？	A13 比较决策缺陷	
P1：如果一开始就归类当然很好啊，但大多数时候很忙，就没有归类。后期如果看到了，觉得很杂乱，会归类一下。	A14 回避分类	B5 行为回避
P18：我想等我换电脑的时候会集中做这些，把这些东西都过一遍，做个筛选、整理，在我换电脑之前我应该不会这样做。因为筛选、整理东西本身就是一件很麻烦的事情，就会很累，因为你要不断地做决定、做比较。	A15 回避删除	
P18：对，我习惯把文件和文件夹放在电脑桌面。你看，虽然桌面上放了这么多（指着密密麻麻、凌乱的电脑图标），但其实我最近用的只有这个（文件夹），所以也还好。	A16 回避杂乱	
N6：过去，当他偶尔发现盗版书论坛时，他就会疯狂下载，下载时他能感受到脑袋热了起来，那感觉就像意外捡到钱了一样。之所以我能理解他，是因为每个老网民好像都有过类似的经历，都是这样走过来的，感叹过互联网造福人类。一方面，因为不花钱占了便宜而兴奋。另一方面，知识的海市蜃楼刺激到他了，给了他一种幻觉，仿佛下载了这些书自己就能一本本去看完，变得更睿智，他仿佛看到不远处的自己因为有了这些书会更加成功。	A17 回避焦虑情绪	

续表

原始资料中的表述	概念	范畴
P2：保存我们做过的事情，这可能是人的基本想法。除非是在做一些特殊的事情，产生一些隐秘的数据，希望保留的痕迹尽量少一点，才会刻意地去抹除。	A18 记录保存	B6 人类习性
N5：看到某个游戏只卖几块钱，甚至免费，这么划算必须先收到库存里再说啊！……人都是这样，只要看到“打折”“历史最低价”这种字眼，就像捡到白菜一样，恨不得把全副身家都交出去，哪怕这些游戏自己根本不会玩，反正放在那里也不会变质不是吗？万一哪天闲的没事想起来了就可以玩一下，总不亏嘛。	A19 喜爱免费	
N6：有的人囤电子书，有的人囤英语、考研、公务员考试材料，有的人是下载电影，有的人是下载喜马拉雅 FM 上面的音频。我们碰到资源池时的心态就是不管是否能真用得上，先下下来再说。每个人都有囤积的倾向，只是轻重不同、占有的东西种类不同而已。人类亿万年的进化在人性中种下了一个为未来做储备的基因。	A20 为未来做储备	
P16：有时候不是信息太少了，而是信息太多了，其实我们并不需要那么多信息，太多了就成了羁绊和累赘，但人就是占有欲强呀，唉……	A21 信息占有欲	B7 感知控制
P8：如果丢掉了、损坏了、找不回来了，那相当于要了老命了，这都是辛辛苦苦收集起来的，这些材料不仅仅是材料，因为有时候你会记一笔来提醒你，比如它说明了什么问题、有什么意义，（这些笔记）可能指明了研究方向，就是你的思路，说是你做研究的基础也丝毫不为过。做历史必须要史料，你不能瞎编，尤其是那些关键的史料要是丢了，想再收集起来，那好费工夫啊，可能就想不起到底是哪本书里的，历史这么多书这么多古籍你上哪儿找？要是搞丢这些对我们的影响是很大的。	A22 失去之后果	
P1：我会用百度网盘、腾讯微云，主要用于备份重要文档和微信聊天记录，因为就怕一不小心删掉了。 P13：以前会不怎么舍得删东西，怕这个东西删掉了之后就没有了。	A23 害怕删除	
P6：保存是职业要求，不能删除，后续证监局有可能来检查。必须保存十年，纸质的、电子的都要保存，要对照得完全一致的。自己保存自己做的项目，离职的时候交接出去。	A24 职业要求	B8 感知责任

续表

原始资料中的表述	概念	范畴
P8：搞历史就是要积累很多的材料才能做，不是一两年就能搞出来的，就是要慢慢积累，其他学科可能二十多岁就能成为好学者，但搞历史的没有四五十岁不太可能。	A25 自我发展	B8 感知责任
P5：我之前电脑系统做升级，升级到一半，电脑没电，系统就崩溃了，电脑上所有东西都没有了，这给我的工作和生活带来了很多不便，像工作相关的这些都找不回来了，都需要重新去获取、整理。	A26 妥善保存	
P16：现在的信息环境下，其实数字内容囤积不是手段，而是储存成本降低导致的结果。 P2：以前信息保存的成本相对较高，现在保存信息的成本大大降低；而且，删除还要考虑将来会不会用到、万一删错了怎么办，而保存似乎不用费力，默认保存就好了，不用再去想那些乱七八糟的问题。两方面综合起来看，你何不保存呢？	A27 数字存储成本	B9 数字存储感知
P4：因为放手机里比较占空间，我就把大部分照片上传到 QQ 相册里……大概每隔两三个月，就会挑选手机里的一些照片集中上传。 P6：删除的很少，主要是因为也不占什么空间。手机上比较大的可能就是一些 App 吧，其他的也不大。保存了，基本上就不看了，可能以后会找着看，虽然这样的情况很少，但也没什么好看的，反正就存着呗，也不占什么空间。	A28 数字存储空间	
P12：第一，我觉得用数字信息记录很方便，相比于纸质等其他方式，直接上传永久保留；第二，数字信息，比如用照片记录生活很生动形象，每次看到我会想到当时的心情和场景。对于工作上的数据资料，我觉得电子版更容易复制粘贴。	A29 数字存储优势	
P5：工作中，全国各地的、各种各样的跟酒店相关的微信群，我加了 100 多个……做了开发之后，微信好友也从两三百增长到八九百，主要还是业务往来。但我觉得还是少，基数就应该大……我觉得微信群对我最重要，那是钱，是工作。 P16：我之前去新疆玩了一次，拍了好多照片，回来光整理照片，整理了三四个小时还没整理完。虽然我已经算是拍照比较节制的人了。	A30 大量获取	B10 过度获取

续表

原始资料中的表述	概念	范畴
P2：如果空间是无限大，我倾向于把所有的邮件都保存下来。相比文档，手机上拍的照片、视频保存的图片、截图更多。如果我的手机容量允许，我还是倾向于都保存下来，不会主动删除。 P16：比如说出游的照片啊、家庭的照片啊、朋友聚会的好多照片，还有视频，这些都是倾向于多保存。可能还有一些比较个人化、比较私密的照片，像这种东西也都想保存下来。	A31 倾向于多保存	B10 过度获取
P3：一般我会在文件夹中建一个专门的子文件夹，把不重要、可删可不删的放里面。万一有一天遇到了，就会进去扒……因为我处理的东西、我做的不一定对，老师会要求你再做一遍……就比如我去哪里，我走错路了，如果我直接删了，就要从头开始再走回来，但如果我存下来，就可以直接从错的分岔路口、沿正确的方向重新走一遍。保存是为了节省时间、减少犯错。 N1：我只是想把这些资源储存起来，以防有一天我需要它们，但在网上找不到。	A32 以防万一	
P13：我电脑里面有好多电子文档、电子书，尤其是教程类的，我好像都只是下载下来了，还没有看过。估计以后也不会看，等到再用的时候就去再下新的了。 P18：文献的下载、阅读一般是这样的，我在学习过程中，听到了某个人，或者有时候听某人的讲座，就会搜 TA 的论文，下载之后，通常不会立即去看。但是，过了一段时间之后，你对 TA 的兴趣就会消亡，就不会再去看了……再比如从一些渠道获得的 PPT，后期实际再去读的可能性是比较低的，尽管最开始存储这些的时候是认为会有用。	A33 超过所需	
P12：云盘里的照片我从没有清理过，里面有很多垃圾照片……主要是不想耗费时间整理它们。 P18：我不想删除还有一个原因，就是我觉得花费的时间和机会成本太高了，我应该去做一些更有价值的事情。	A34 删除成本高	B11 删除困难
P2：删除还要考虑将来会不会用到、万一删错了怎么办，而保存似乎不用费力，默认保存就好了，不用再去想那些乱七八糟的问题。 P13：我是感觉苹果删 App 比较麻烦，你还得跑到通用空间存储里面去，把它们一个一个删掉，也挺慢的，所以就懒得管了……	A35 删除嫌麻烦	

续表

原始资料中的表述	概念	范畴
P14：其实，就是压根儿忘了这些信息的存在，也就想不起应该删除还是保留了。 P18：下载或保存的时候，只是大概看了一下标题，后面就忘了。很多都是忘了的，所以即使它占了我的存储空间，也不会占我很多的脑容量。	A36 忘记删除	B11 删除困难
P11：网盘上的有些算是囤积的内容吧，网盘里的东西我很少删除。 P12：云盘里的照片我从没有清理过，里面有很多垃圾照片。 P15：我一般都是会留下来，不会删除数字信息。我从来不删除这个，因为以后还会用到。	A37 删除频率低	
P14：我手机128G，出现过内存不足的情况，主要是缓存视频，还喜欢缓存超清以上的，所以占据的空间比较大……当内存不足的时候，会删除一些缓存视频，清理下手机相册，用手机清理软件清空 App 的缓存信息。 N2：我的笔记本是固态128G的硬盘，1T的机械硬盘，这台笔记本使用了3年零4个月，由于近年使用的程序较多（OS 及应用程序习惯装在固态上，速度快一点，不经常用的程序实在太少，所以基本上没有卸载），它经常显示红色条警告我，貌似说："你的固态剩余10个G的容量，要小心啦"！每每看到此种情况，我都要手工去清理一部分临时文件，至容量显示绿色条为止。	A38 被动删除	
P1：会简单归类，但主要还是依赖系统的自动归类，如根据文档类型、时间、设备类型等。 P18：我不需要对照片进行额外的分类、管理，手机有自带的分类体系，一个是按时间排，另一个是按来源排，这部分来源于微信，那部分来源于截屏……	A39 自然堆积	B12 堆积杂乱
P5：微信收藏是一个不断更新的过程，最多的时候，可能大约有两百条？没具体数过，反正挺多的，会有点乱……	A40 信息繁杂	
P2：有时候需要某些数据时，可能会遇到查找困难，倒不如直接去系统里"捞"更方便。 P13：有时候我经常会感觉到我想要的资料找不到。现在根本就不缺资料，总是在一堆资料中找不到自己想要的资料，不删掉就还会一直被这一堆资料给困着。	A41 不易查找	

续表

原始资料中的表述	概念	范畴
P2：工作中保存、积累了很多表格，数量很多……公司没有明确的电子数据管理政策，可能存在一定的信息安全风险，IT 部门也注意到这个问题了，但还没有很好地解决。 P5：出于安全考虑，公司强调有些材料只能内部流转、不得外传，只限内部使用。	A42 组织信息安全	B13 信息安全
P13：我以前是不用网盘的……比较担心网盘的安全问题，因为有好多盘搜搜之类的网站是可以搜到你的网盘中的内容，而且通过你关注别人还可以看到别人的分享。	A43 云端数据安全	
P10：对存储空间影响不大，手机内存小，可能明显一些，但可以上传到网上，考虑到可能会存在信息隐私安全风险，不会把重要的信息放网上。 P16：其实这个东西还挺困扰人的，我觉得主要是有好多私密内容……觉得不安全，担心被泄露了。反正我觉得这种危险还挺大的……	A44 个人隐私风险	
P8：感觉东西多了电脑会比较卡……就买了一个专门的移动硬盘，保存了很多扫描的影印古籍，PDF 格式的，大概有 700 多 G 吧。 P11：要是都放在电脑上会影响电脑的运行速度。	A45 信息系统运转	B14 要素生产力
P1：如果一下子信息太多了，人短时间接受不了，就会导致头脑有些混乱，反而不知道干什么了。 P12：如果把这些都整理好了，我做事情会效率更高一些。	A46 做事效率	
P12：如果手机里很多不常用的东西在，我会感觉每次找东西、找软件，很费时间。手机里都是经常用到的，例如，我会在买东西付钱时第一时间找到二维码付钱。 P13：我感觉整理真的还是蛮重要的，而且整理了之后再用的话也很容易。	A47 信息使用便利性	
P2：当我们在进行数据的叠加、累积的时候，我们仍然把很多杂乱、或者说已经完成的信息沉淀在下面，那我们就没有更多的时间、精力去接收、接触更多的信息，可能会造成我们活动空间的固化。信息保存和时间、注意力分配之间的关系挺矛盾的。	A48 时间与任务管理	

续表

原始资料中的表述	概念	范畴
P7：直观感觉的话，信息太多肯定心里比较烦吧，影响心情。 P12：如果东西很乱，我的心情就不好，总想整理干净。	A49 心烦意乱	B15 心理健康
P18：像这些，是我上一个研究主题所保存的一些文献，2018 年 5 月。你看啊，这些文献都下了，可是根本就没有读，下这么多，又有什么用呢？当初我……把所有相关文献一下子全下载了，文献量很大，我要读两百多篇文献，我觉得那个山是不可翻越的。 N2：现在让我苦恼的不是与物品之间的断舍离，而是与数字化生活相关的数字化信息存储的断舍离，这些东西太多了，让我一看就没有好心情，让我觉得有压力，让我焦虑。	A50 增加焦虑	
P18：你看这些，我虽然下载了，但很多都没有看，那我就可以删了。因为我正好打开了，我发现很多我下载的书都没有再接着听了，那我觉得这几十本书对我来说就是一种心理负担。	A51 心理负担	

这 51 个概念分别是回忆纪念、拟人化倾向、情感表征、证明、弥补记忆不足、长期保存、不擅分类、组织政策缺失、分类整理麻烦、分类标准混杂、获取决策缺陷、删除决策缺陷、比较决策缺陷、回避分类、回避删除、回避杂乱、回避焦虑情绪、记录保存、喜爱免费、为未来做储备、信息占有欲、失去之后果、害怕删除、职业要求、自我发展、妥善保存、数字存储成本、数字存储空间、数字存储优势、大量获取、倾向于多保存、以防万一、超过所需、删除成本高、删除嫌麻烦、忘记删除、删除频率低、被动删除、自然堆积、信息繁杂、不易查找、组织信息安全、云端数据安全、个人隐私风险、信息系统运转、做事效率、信息使用便利性、时间与任务管理、心烦意乱、增加焦虑和心理负担。

这 15 个范畴分别是情感依恋、实用价值、信息分类缺陷、信息决策缺陷、行为回避、人类习性、感知控制、感知责任、数字存储感知、过度获取、删除困难、堆积杂乱、信息安全、要素生产力和心理健康。

二 主轴编码

接着，进行二级编码，即主轴编码（axial coding），主要任务是在开放式编码提炼范畴的基础上，通过聚类分析，进一步发现（子）范畴之间的有机关联，从而挖掘出主范畴①。在这个过程中，研究人员不仅要考虑到这些范畴本身之间的关联，而且要探求研究对象的意图和动机，将他们的表达放在当时的语境以及他们所处的社会文化背景中加以考虑②。

根据本研究目标与研究对象的特性，对开放式编码阶段所获得的15个范畴进行归纳聚类，最终形成3个主范畴（C1—C3），包括个人的数字囤积行为前因、个人的数字囤积行为表现和个人的数字囤积行为后果。主轴编码阶段形成的主范畴、各主范畴对应的开放式编码子范畴及其具体含义，见表4－4。

表4－4　主轴编码过程及结果

主范畴	对应的子范畴	子范畴的具体含义
C1 个人的数字囤积行为前因	B1 情感依恋	个体与数字信息之间存在的一种特殊的情感层面的依恋与纽带关系，表现为：对特定人、事、物和过去经历的回忆与纪念，拟人化倾向（将数字信息与人做连接，赋予数字信息一定的人性），以及数字信息的情感表征价值（认为数字信息代表、象征某种情感体验）。
	B2 实用价值	数字信息的实际功能、用途和价值，包括：用数字信息作为做过某事等证明依据、弥补人脑的记忆不足、以数字形态实现信息长期保存的需要。

① 吴毅、吴刚、马颂歌：《扎根理论的起源、流派与应用方法述评——基于工作场所学习的案例分析》，《远程教育杂志》2016年第3期。

② 陈向明：《扎根理论的思路和方法》，《教育研究与实验》1999年第4期。

续表

主范畴	对应的子范畴	子范畴的具体含义
C1 个人的数字囤积行为前因	B3 信息分类缺陷	个体对数字信息进行分类、整理的能力不足，表现为：个体直言自己不擅长分类、认为分类整理麻烦、自己的信息分类标准混杂不一、组织政策缺失（尤指工作中的信息分类）。
	B4 信息决策缺陷	个体在评估和判断数字信息的可用性、潜在价值和重要程度等方面存在的决策能力不足，具体表现为：获取决策缺陷（是否获取、获取什么、何时停止获取等决策）、删除决策缺陷（决定删除还是保留）和比较决策缺陷（信息之间的比较）。
	B5 行为回避	个体试图阻止、逃离或减少与数字信息相关的负性刺激接触的心理，包括回避数字信息分类、回避数字信息删除、回避数字信息杂乱、回避数字信息焦虑情绪。
	B6 人类习性	人类长久以来普遍具有的、外界难以改变的心理感知特性及行为趋向，例如记录保存与记忆（数字信息时代更甚）、喜爱免费（免费数字信息大爆炸）、为未来做储备（数字网络时代瞬息万变）。
	B7 感知控制	个体对属于自己的数字信息的感知控制程度，包括渴望占有的程度、对失去数字信息后果的评估与感知、对删掉数字信息的害怕程度。
	B8 感知责任	个体在与数字信息交互过程中感知到的与数字信息相关的责任，包括对职业要求负责（学习或工作中与数字信息相关的硬性要求）、对自我发展负责（数字信息对自我发展至关重要）、对数字信息本身负责（数字信息的妥善无恙）。
	B9 数字存储感知	个体对数字存储成本、数字存储空间和数字存储优势等方面的感知。

续表

主范畴	对应的子范畴	子范畴的具体含义
C2 个人的数字囤积行为表现	B10 过度获取	个体为了以防万一或为将来做准备，倾向于多保存甚至全保存数字信息，致使获取的数字信息数量超过目前所需。
	B11 删除困难	个体在清理删除数字信息上表现出一定的困难和障碍，主要包括删除成本高、删除嫌麻烦、忘记删除、删除频率低和被动删除。
	B12 堆积杂乱	个体对数字信息采取自然堆积的做法（如照片不加分类或分类简单、按时间顺序堆叠），致使数据信息像杂物堆一样混乱杂乱、不易查找。
C3 个人的数字囤积行为后果	B13 信息安全	数字信息的隐私和安全保护问题，包括组织信息安全（尤指工作情境下的数字信息）、云端数据安全和个人隐私风险。
	B14 要素生产力	个人的数字囤积行为对要素生产力的影响，包括信息系统运转、工作效率、信息使用便利性，以及个人时间和任务管理等方面。
	B15 心理健康	个人的数字囤积行为对心理的各个方面及活动过程会产生一定的影响，表现为：让人心烦意乱、增加人的焦虑感和心理负担等。

三　选择性编码

最后，进行三级编码，即选择性编码（selective coding），要求研究者进一步梳理主轴编码阶段形成的 3 个主范畴之间的关系，进一步挖掘出核心范畴，并通过描述所研究现象的“故事线”来系统性地联结核心范畴和其他范畴①，从而整体展示个人的数字囤积行为。完成该阶段的编码分析后，研究者就可以基于“故事线”发展

① 吴毅、吴刚、马颂歌：《扎根理论的起源、流派与应用方法述评——基于工作场所学习的案例分析》，《远程教育杂志》2016 年第 3 期。

出一个实质理论框架。

本研究通过对个人的数字囤积行为前因、个人的数字囤积行为表现和个人的数字囤积行为后果这3个主范畴的反复比较和分析思考，发现各主范畴都围绕大数据环境下个人的数字囤积行为展开，因此将“大数据环境下个人的数字囤积行为”确定为核心范畴。由此，围绕该核心范畴的故事线是：在数字时代和大数据环境下，受到数字信息价值、个人认知、心理和感知等多个层面因素（包括情感依恋、实用价值、信息分类缺陷、信息决策缺陷、行为回避、人类习性、感知控制、感知责任和数字存储感知）的影响，个体表现出不同程度的数字囤积行为特征（包括过度获取、删除困难和堆积杂乱），并由此引发了一系列潜在后果（例如，信息安全、要素生产力和心理健康）。

以此故事线为基础，本研究归纳和构建出了“大数据环境下个人的数字囤积行为理论模型”，如图4－4所示。

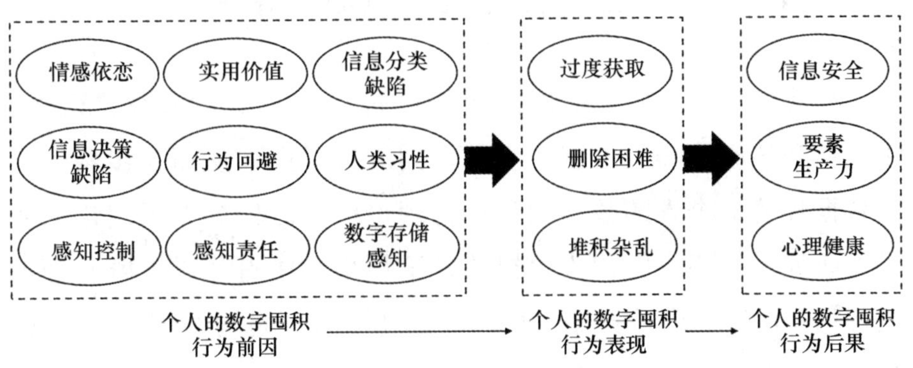

图4－4　初步构建的大数据环境下个人的数字囤积行为理论模型

四　理论饱和度检验

理论饱和度是指研究人员即使通过获取额外资料也不能进一步

发展出新的范畴特征或产生新的理论见解。[①] 达到理论饱和度是判断何时停止理论性抽样的标准。格拉泽和施特劳斯是这样解释理论饱和度的，“对于新增加的资料，研究人员未发现其中可以被发展为新类别的。当研究人员一遍又一遍地看到类似的情况时，他们就会凭经验确信某个类别已经饱和了。”[②]

本研究中，笔者使用预留的1/3（9份）访谈资料、3/7（3份）网络数据进行理论饱和度检验，具体操作是：通过对这些预留的访谈资料和网络数据进行开放式编码、主轴编码与选择性编码，结果显示，编码分析过程中没有出现新的重要概念和范畴，范畴之间也没有产生新的关系结构。因此，可以认为上述基于扎根理论编码分析所建构的“大数据环境下个人的数字囤积行为模型”在理论上达到饱和。

第三节　基于文献比较的“个人的数字囤积行为理论模型”完善

如前文所述，笔者根据三级编码过程中形成的概念、范畴、主范畴和核心范畴，绘制了它们之间的关系图，从而初步构建出大数据环境下个人的数字囤积行为理论模型。根据扎根理论的要求，研究者需要将已初步建构的理论模型与已有文献、既有理论进行相互比较、取长补短，从而丰富和完善所建构的理论。因此，接下来笔者将在文献比较的基础上，进一步完善“个人的数字囤积行为模型”。

① Pandit, N. R., “The Creation of Theory: A Recent Application of the Grounded Theory Method”, *The Qualitative Report*, Vol. 2, No. 4, 1996.

② Glazer, B., Strauss, A., *The Discovery of Grounded Theory: Strategies for Qualitative Research*, Chicago: Aldine Publishing Company, 1967.

一　囤积障碍的认知行为模型

在第三章第二节，笔者梳理了与个人的数字囤积行为相关的主要理论，其中就包括囤积行为和囤积障碍的相关理论。这部分的梳理可以为数字囤积研究提供一些背景知识，也可以助益于个人的数字囤积行为理论模型完善。

Steketee 和 Frost 构建的囤积障碍的认知行为模型，虽然研究的是个人的物品囤积行为，但是对于分析和解释个人的数字囤积行为仍然具有一定的参考意义。① 该模型主要描绘了认知层面的因素对囤积行为的影响，以及囤积行为的特征表现，包括获取、保存/难丢弃、堆积杂乱。在该模型中，囤积行为的三个特征表现之间存在一定关联，（物品）“获取”问题导致“保存/难丢弃”“堆积杂乱”，同时（物品）“保存/难丢弃”也会导致“堆积杂乱”。同理，数字囤积行为的三个特征表现之间也存在类似的关联，即数字信息的过度获取（B10）会导致数字信息的删除困难（B11）和堆积杂乱（B12），同时数字信息的删除困难（B11）也会导致堆积杂乱（B12）。由此，个人的数字囤积行为得以被更细致、深入地刻画。

Frost 和 Hartl 将囤积行为的产生归结于以下四个方面的因素：信息处理缺陷、情感依恋形成问题、行为回避、关于物品的错误信念。② 其中，本研究编码得到的信息分类缺陷（B3）、信息决策缺陷（B4）近似于“信息处理缺陷”，感知控制（B7）、感知责任（B8）近似于“关于物品的错误信念”，情感依恋（B1）、行为回

---

① Steketee, G., Frost, R. O., *Compulsive Hoarding and Acquiring: Therapist Guide* (*Treatments that Work*), New York: Oxford University Press, 2006.

② Frost, R. O., Hartl, T. L., "A Cognitive-Behavioral Model of Compulsive Hoarding", *Behavior Research & Therapy*, Vol. 34, No. 4, 1996.

避（B5）则分别对应他们所指的“情感依恋形成问题”“行为回避”。至于编码得到的个人的数字囤积行为的其他前置因素，则零星地出现在数字囤积的相关研究，或来自于笔者对访谈资料、网络数据的编码分析。

二 数字囤积的相关研究

通过对已发表文献的考察，笔者发现，尚未有研究涉及个人的数字囤积行为理论模型构建。由于数字囤积是一个新兴的研究领域，因此更多的学者关注以数字囤积为主题的社会调查、案例分析等。本研究尝试构建的个人数字囤积行为理论模型，在某种程度上相当于一个综合性的研究框架，比较全面地剖析和抽象了个人的数字囤积行为，从前置因素到行为本身再到行为后果，具有重要的理论贡献和实践指导价值。

Vitale 等研究发现，个人的数字囤积实践既有情感成分（例如，对忘记和放下过去事情的恐惧的反应），也有实用成分（它与工作或外部需求有关）。这里的情感成分、实用成分指的就是数字囤积的情感价值和实用价值。[①] 无独有偶，Sweeten 等也发现，受访者会因为数字数据内在的个人和情感价值而产生对数据（尤其是照片、视频等）的情感依恋，此外，保存数字数据为将来所用/以防万一、保存数字数据作为证据也是受访者不愿删除数据而导致数字囤积的重要原因。[②] 事实上，保存数字数据为将来所用/以防万一、保存数字数据作为证据就是数字囤积的实用价值。在本研究中，笔者同样发现实用价值（B2）是导致个人数字囤积行为的重要因素，其实

① Vitale, F., Janzen, I., McGrenere, J., “Hoarding and Minimalism: Tendencies in Digital Data Preservation”, *Proceedings of the 2018 CHI Conference on Human Factors in Computing Systems*, Montréal, 2018.

② Sweeten, G., Sillence, E., Neave, N., “Digital Hoarding Behaviours: Underlying Motivations and Potential Negative Consequences”, *Computers in Human Behavior*, Vol. 85, 2018.

用价值具体表现为证明（A4）、弥补记忆不足（A5）、长期保存（A6）。

几千年来，人类一直在努力提高自己的记忆能力，以期增加能够储存和成功回忆的信息的数量。为了对抗遗忘，人类不断尝试用本能、语言、绘画、文本、媒体和介质来记录、保存我们的知识，也创造出图书馆、档案馆、博物馆、数据库和网盘云盘这样的信息存储空间。舍恩伯格由此认为，人类对记录与保存的渴望是世界失去遗忘/删除动机的重要影响因素。[①] 这引发了读者去思考人类习性对数字囤积的影响。在编码分析过程中，笔者确实发现了人类的某些习性/倾向［例如，记录保存（A18）、喜爱免费（A19）、为未来做储备（A20）］对个人数字囤积行为的影响。

个人的数字囤积行为，通俗地讲就是个人将数字信息囤积到数字存储空间的行为。数字时代的绝大部分信息以数字形态被创建、获取、传播和保存，数字存储技术、设备和服务与工作、生活等各方面的联系越来越紧密，这在大数据时代和泛在信息环境下尤其明显。大数据时代不只是对国家、政府和企业而言的，也是对个人而言的，这是我们生活、工作和学习所处的大环境。在本研究中，笔者抽象出三个概念：数字存储成本（A27）、数字存储空间（A28）、数字存储优势（A29），并在此基础上进一步抽象出子范畴——数字存储感知（B9）。毫无疑问地，个人对于数字存储在成本、便利性、空间大小和安全性等方面的感知会影响其数字囤积行为。在数字囤积相关文献中，数字存储是不可或缺的概念之一。《删除：大数据取舍之道》一书用了大量篇幅介绍数字存储的发展演变，并着重分析了廉价的数字存储是如何

① Mayer-Schonberger, V., *Delete: The Virtue of Forgetting in the Digital Age*, New Jersey: Princeton University Press, 2009.

影响人类记忆与遗忘之间关系的。[①] 信息系统学者 Sedera 和 Lokuge 指出，智能手机、可穿戴设备等数字设备的出现，社交媒体网络和内容共享平台的参与，数字化个人和商业互动的增长，以及免费或可负担得起的数字存储，提高了个人在不仔细考虑其影响的情况下获取和存储数字内容的倾向。[②]

三 个人的数字囤积行为理论模型完善与命题提出

基于对访谈资料和网络数据的三级编码，个人的数字囤积行为理论模型被初步构建起来。接着，通过不断将传统的囤积研究（尤其是囤积障碍的认知行为模型）、数字囤积的既有文献或理论与初步构建的理论模型进行比较，笔者进一步丰富和完善了个人的数字囤积行为理论模型，如图 4 –5 所示。

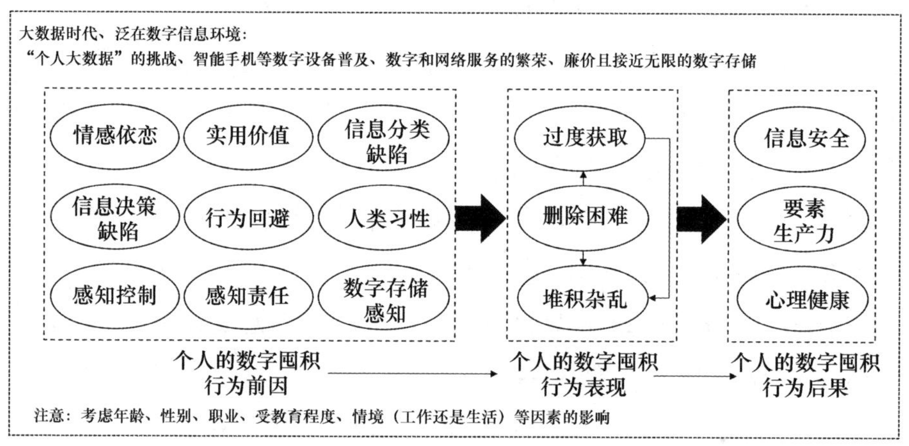

图 4 –5 大数据环境下个人的数字囤积行为理论模型

---

① ［美］维克托·迈尔 – 舍恩伯格：《删除：大数据取舍之道》，袁杰译，浙江人民出版社 2013 年版。

② Sedera, D. , Lokuge, S. , “Is Digital Hoarding a Mental Disorder? Development of a Construct for Digital Hoarding for Future IS Research”, *Proceedings of 39th International Conference on Information Systems*, San Francisco, 2018.

社会个体行为的发生，必然与个体当时所处的情境状况、本身的角色等有关，因此，对社会个体行为的真实了解、描述与解释，不应忽略该行为的背景因素的影响。在探析个人的数字囤积行为时，一定不能忽视其产生和发展的信息环境。大数据时代和泛在数字信息环境是我们所处的时代和环境，自然会影响我们与信息、技术之间的交互，数字囤积行为也不例外。如前文所述（第一章第一节的“研究背景”部分），大数据时代和泛在数字信息环境主要有以下特征：“个人大数据”的挑战、智能手机等数字设备的普及、数字和网络服务的繁荣、廉价且接近无限的数字存储。

此外，年龄、性别、职业、受教育程度、情境（工作还是生活）等，也是在探析个人的数字囤积行为时需要纳入考虑的。例如，年龄和代际差异在理解个人的数字囤积行为方面具有重要的意义。在数字和网络时代生活已久的人群（如中国的“90 后”“00 后”，美国的 Z 世代人[①]）在数字囤积方面的态度和行为显然与较少使用数字设备和互联网络、拥有较少数字信息量的人群（如刚接触数字技术的中老年人等）是截然不同的。这也就是为什么笔者在进行理论抽样时，要尽可能寻求样本的典型性，保持样本涉及不同的年龄、职业、地域、性别和受教育程度。

综上所述，完善后的理论模型如图 4－5 所示，核心范畴为“大数据环境下个人的数字囤积行为”，三个主范畴依次为“个人的数字囤积行为前因”“个人的数字囤积行为表现”和“个人的数字囤积行为后果”，并由此可以产生三个初始的研究命题：

命题一：个人的数字囤积行为经常以三种具体的行为表现形式存在，即数字信息的过度获取、删除困难和堆积杂乱。

---

① 美国的 Z 世代：大概在 1997—2012 年出生的人，生活中已习惯互联网、社交网络、智能设备和数字技术。

命题二：个人的数字囤积行为前因（包括情感依恋、实用价值、感知控制、感知责任、信息分类缺陷等九个因素）导致了个人数字囤积行为的发生。

命题三：个人的数字囤积行为的发生造成了个人的数字囤积行为后果，即威胁信息安全、降低要素生产力、危害心理健康。

这三个研究命题与三个主范畴、理论模型的三个构成部分（前因、表现和后果）是一一对应的。接下来，笔者将分别对该理论模型以及这三个命题展开更详尽的论述。

第 五 章

个人的数字囤积行为特征、数字囤积者与数字囤积障碍

在第四章中，笔者依照扎根理论的研究流程，逐步构建出“大数据环境下个人的数字囤积行为理论模型”。接下来，本书将在第五、六、七章分别按照“是什么—为什么—怎么样”的逻辑思路分析和阐释该理论模型，旨在全面地探索个人的数字囤积行为特征与表现、前置因素、后果及其应对，为未来的实证研究奠定理论基础。

首先，笔者将从“是什么”的角度来探究个人的数字囤积行为特征与表现，主要包括三个方面的内容：数字囤积行为的基本特征、作为数字囤积行为表现主体的数字囤积者，以及异化的数字囤积行为——数字囤积障碍。其中，第一节对应的是上一章末尾提出的研究命题一。

第一节　个人的数字囤积行为基本特征

在第四章，笔者遵循扎根理论研究方法论的指导，抽取出主范畴“个人的数字囤积行为表现”，该主范畴包含三个子范畴，分别为：过度获取、删除困难和堆积杂乱，见表 5－1。

表5-1　　主范畴"个人的数字囤积行为表现"

主范畴	对应的子范畴	子范畴的具体含义
C2 个人的数字囤积行为表现	B10 过度获取	个体为了以防万一或为将来做准备，倾向于多保存甚至全保存数字信息，致使获取的数字信息数量超过目前所需。
	B11 删除困难	个体在清理和删除数字信息上表现出一定的困难和障碍，主要包括：删除成本高、删除嫌麻烦、忘记删除、删除频率低和被动删除。
	B12 堆积杂乱	个体对数字信息采取自然堆积的做法（如照片不加分类或分类简单、按时间顺序堆叠），致使数据信息像杂物堆一样混乱杂乱、不易查找。

同时，也产生了命题一：个人的数字囤积行为经常以三种具体的行为表现形式存在，即数字信息的过度获取、删除困难和堆积杂乱。这也是个人的数字囤积行为的三个基本特征。接下来，笔者依次对这三个特征展开分析和讨论。

需要首先说明的是，这里的"数字信息"是一个总称，包含各种类型的数字信息。数字信息的过度获取、删除困难和堆积杂乱，并非指所有的数字信息都是如此，个人的数字囤积行为可能表现为数字照片囤积行为、数字音乐囤积行为、电子邮件囤积行为、社交网络囤积行为等。而且，"过度""难""杂乱"的程度不是一成不变的，因人而异、因情境而不同、因信息类型而有别。

一　数字信息的过度获取

数字信息的过度获取是数字囤积行为的首要特征，是在扎根理论分析中涌现出的一个子范畴（B10）。数字信息的过度获取，是指个体为了以防万一或为将来做准备，倾向于多保存甚至全保存数字信息，致使获取的数字信息数量超过目前所需。过度，指超过限度、超越适当程度。

在“个人的数字囤积行为”概念中，囤积行为指向的对象是数字信息/数字数据，它们是个人认为是自己的，可以通过计算机、智能手机、互联网和云存储等技术进行存取的无形物品。如果是公共信息空间上的信息，则不能算作个人的数字囤积行为所指向的对象。但是，当个人采取了一定的行动，例如将网页添加进个人收藏、保存文档到本地、下载数字音乐到手机，此时原本的公共数字信息在一定程度上就可以被视为个人自己的数字信息。需要说明的是，这里的“个人自己的信息”并不是说个人拥有了数字信息的所有权/知识产权，而是指它从公共信息空间进入了个人信息空间。因此，如表5－2所示，个人囤积的数字信息来源主要有四类：公共信息空间（主要是互联网）、自己的作为、自己的不作为，以及第三方。

表5－2　　个人囤积的数字信息的潜在来源

潜在来源	举例
公共信息空间（主要是互联网）	下载/保存文献、文档、音乐、视频、电子书、应用程序到本地；关注/订阅公众号；网页收藏、微信收藏等。
自己的作为	创建/生成文档、拍摄数码照片、录制视频、备份等。
自己的不作为	不删除、不清理、不管理个人数字信息空间（如收件箱）。
第三方	分享、传递给自己的文件资料、数字内容等。

值得注意的是，Gormley 和 Gormley 在论述数据囤积和信息杂乱现象时，就提到了过多的数据收集可能引发的问题。[①] 此外，Sedera 和 Lokuge 将数字囤积定义为无论数字内容的用途如何，它都会被获取，并且无法丢弃或有效管理，从而导致数字混乱

① Gormley, C. J., Gormley, S. J., “Data Hoarding and Information Clutter: The Impact on Cost, Life Span of Data, Effectiveness, Sharing, Productivity and Knowledge Management Culture”, *Issues in Information Systems*, Vol. 13, No. 2, 2012.

的累积。[①] 该定义不仅涵盖了本研究提出的个人的数字囤积行为的三个特征，而且强调了数字内容的有效管理，这与个人的数据信息管理是契合的。在 Sedera 和 Lokuge 关于数字囤积的定义中，“无论数字内容的用途如何，它都会被获取”可以被视为过度获取的表现之一。

根据编码分析的结果，范畴 B10“过度获取”包含四个概念：A30 大量获取、A31 倾向于多保存、A32 以防万一、A33 超过所需。接下来，笔者将结合受访者的原始表述和相关的网络数据，分别对这四个概念进行解析和讨论。

根据扎根理论的思想和方法，原始资料是抽象概念、发现范畴和建构理论的基础。这些原始资料虽然比较“粗糙”和“朴素”，但却是理论阐释的重要依据。因此，在第五、六、七章，笔者将援引受访者的原始表述和相关的网络数据，同时结合已有的研究、文献和理论，综合起来对该理论模型进行阐释和讨论。后文不再赘述。需要指出的是，在研究过程中，除了使用半结构化访谈收集访谈资料外，研究者还观察了受访者的数字信息占有情况，以及他们与数字设备、数字存储空间的交互情况，并用拍照、笔记等方式加以记录，以作为访谈资料的补充辅助扎根理论研究。

（一）数字信息的大量获取是过度获取的集中体现

虽然获取物理实体的最常见方法是购买，但许多数字信息要么是自己生成的（例如，自己拍摄的照片、录制的视频、创建的文档等），要么通过订阅、下载、收藏等方式而大量获得（例如，订阅的公众号、下载的网络文档、收藏的网页书签等）。考虑到数字信息的可用性、可访问性以及相对较低或可忽略不计的成

---

① Sedera, D., Lokuge, S., “Is Digital Hoarding a Mental Disorder? Development of a Construct for Digital Hoarding for Future IS Research”, *Proceedings of 39th International Conference on Information Systems*, San Francisco, 2018.

本，数字信息的获取概率和速度可能会大大高于其物理对应物（例如，下载数字音乐、收藏歌单比购买唱片、磁带或 CD 要便宜得多）。因此，在这样的信息环境下，大量获取或创建数字信息的现象相当普遍。

受访者 P5（酒店市场开发，男，大连）表示，“工作中，全国各地的、各种各样的跟酒店相关的微信群，我加了 100 多个……做了开发之后，微信好友也从两三百增长到八九百，主要还是业务往来。但我觉得还是少，基数就应该大……我觉得微信群对我最重要，那是钱，是工作。”受访者 P5 为了拓展业务、积累人脉，添加了大量微信群和微信好友，这种大量获取社交网络资源的行为也是大量获取数字信息的表现。在本研究中，有微信用户晒出了自己的微信截图，显示的未读消息有 100 多万条，对于普通人来说，这可能是一个天文数字。如果要处理完这些未读消息需要耗费大量的时间和精力，这些未读消息不仅占用个人存储空间，还可能影响个人对微信的正常使用（例如，错过真正重要的信息）。

此外，受访者 P1（会计学博士生在读，男，武汉）表示，“我现在的手机用了一年多了，128G 的内存，App 有很多，我看看手机哈，大概 100 多个吧……常用的不多，有些虽不常用，但也留着放那儿。”大的存储空间使得受访者 P1 下载了许多手机应用软件，即使很多应用软件不常用但依然没删除，这是典型的数字囤积行为。

（二）倾向于多保存也是数字信息过度获取的重要表现之一

调查发现，大的数字存储容量、特定的信息类型是促使个人倾向于多保存数字信息的重要因素。例如，受访者 P2（仓储物流主管，男，北京）谈道，“如果空间是无限大，我倾向于把所有的邮件都保存下来。相比文档，手机上拍的照片视频、保存的图片、截图更多。如果我的手机容量允许，我还是倾向于都保存下来，不会主动删除。”

本研究的问卷调查结果表明，个人对于不同的数字信息类型的重视程度不同。问卷中将数字信息大致分为以下五个类别：照片/图片、电子邮件和电子文档、音乐和影视剧、自己产生的录音或视频、手机 App 及其使用数据；要求被调查对象将不同类型的数字信息按照重要程度排序；排序 1 记为重要性得分 5 分，依次递减，排序 5 记为重要性得分 1 分。最终，不同类别数字信息的重要程度从高到低依次为：照片/图片 > 电子邮件和电子文档 > 手机 App 及其使用数据 > 自己产生的录音或视频 > 音乐和影视剧，具体如表 5 –3 所示。可见，照片/图片是人们最看重的数字信息类型。

表 5 –3　　不同类别数字信息的重要程度排序（N =449）

数字信息类型	排序 1	排序 2	排序 3	排序 4	排序 5	重要性得分
照片/图片	203	130	85	26	5	1847
电子邮件和电子文档	113	108	106	79	43	1516
音乐和影视剧	2	15	43	69	321	658
自己产生的录音或视频	24	88	104	186	45	1201
手机 App 及其使用数据	107	108	111	89	35	1513

例如，受访者 P16（少儿教育培训教师，男，北京）表示，“比如说出游的照片啊、家庭的照片啊、朋友聚会的好多照片，还有视频，这些都是倾向于多保存。可能还有一些比较个人化、比较私密的照片，像这种东西也都想保存下来。”数字信息是过去的痕迹，数码照片更是如此，包含的信息更丰富生动，情感因素也更浓，不少受访者表示，他们愿意多保存照片，尤其是与家人、朋友和特定事件相关的照片。

这与已有研究结果相似。康梦兰研究发现，“尽可能多地保存信息，成为信息富有者”是网络浏览中偶遇信息保存行为的重要动机之一，有些受访者表示，“保存有时就是一种习惯”。①

（三）以防万一

以防万一是指用来防备难以预料的事情，就是之前研究中提及的“just in case”②。有些人担心网上的页面或资源会消失，或者在不能上网的时候无法访问，因此会下载和保存大量的网络信息内容到个人的数字存储空间。例如，网络新闻报道 N1 中的受访者表示，“我只是想把这些资源储存起来，以防有一天我需要它们，但在网上找不到。”③

也有些人为了防止出错或者为了找到出错的原因而过度获取数字信息。正如受访者 P3（化学博士生在读，男，武汉）表示，“一般我会在文件夹中建一个专门的子文件夹，把不重要、可删可不删的放里面。万一有一天遇到了，就会进去扒……”还有些人在遇到某些数字信息时，比如浏览网页、阅读公众号文章、刷微博、浏览学术文献，会把觉得未来有用的数字信息内容保存下来，防止在需要的时候找不着这些偶遇的信息内容。

（四）超过所需

我们应该如何理解数字信息过度获取中的“过度”呢？通俗地讲，“过度”就是超过所需，而且这里的需要/需求有一定的时间限制，一般指现在的或可以想见的未来。在获取数字信息的过程中，许多人会高估自己的信息需求和信息处理能力，停止获取的标准不是自己的信息需求和信息处理能力，而是数字存储容量和内心的囤积欲，从而导致获取的信息超过所需。例如，受访者 P13（博士生

---

① 康梦兰：《网络浏览中偶遇信息保存行为影响因素研究》，《内蒙古科技与经济》2019 年第 12 期。

② Sweeten, G., Sillence, E., Neave, N., “Digital Hoarding Behaviours: Underlying Motivations and Potential Negative Consequences”, *Computers in Human Behavior*, Vol. 85, 2018.

③ Zhang Xinyuan, “When Hoarding Goes Digital”, *Global Times*, 2016 年 1 月 5 日, https://www.globaltimes.cn/content/961975.shtml, 2023 年 2 月 23 日。

在读，女，北京）谈道，“我电脑里面有好多电子文档、电子书，尤其是教程类的，我好像都只是下载下来了，还没有看过。估计以后也不会看，等到再用的时候就去再下新的了。”

出于为未来保存数据或者为将来可能的信息需求做准备的目的，人们会选择获取超过当前需要的数据，超过一定限度就会成为数字信息的过度获取。事实往往证明，受访者很难清楚地说明他们获取的数据的潜在价值或未来效用，这种决策是很困难的，与之相反，存储的成本却很低，又担心很难再次遇到，因此与其耗时耗力地评估数据的有用性或价值，不如获取尽可能多的数据（甚至是全部数据）。正如受访者 P8（历史学博士生在读，男，广州）所言，“我在做硕士论文的时候，论文才 3 万字，我都积累了 100 多万字的材料了。所以到底怎么界定有用还是没用真不太好说，干脆就都弄进来了。”在各种情境下如何适量恰当地收集和保留数字信息的问题尚未得到解答，因为广泛获取数字信息资源的时代至今才只有几十年的时间。

二 数字信息的删除困难

数字信息的删除困难是数字囤积行为的第二个特征，是在扎根理论分析中涌现出的一个子范畴（B11）。数字信息的删除困难指个体在清理和删除数字信息上表现出一定的困难和障碍，主要表现为删除成本高、删除嫌麻烦、忘记删除、删除频率低和被动删除。

数字囤积者通常会增加存储空间来存储他们的数字信息，例如购买内存更大的手机和移动硬盘、申请更多的云存储账号、将云存储升级为会员账户等，而不是删除他们可能永远不会使用的东西。对数字囤积者来说，按下删除键就像传统囤积者把东西扔进垃圾桶一样困难。

调查研究发现，以下几个方面加剧了个人删除其数字信息的困难：由于大量免费或负担得起的数字空间，没有删除数字信息的实际需要；无论是个人，还是个人所在的整个数字网络，数字信息创建或获取的速率高；个人非常重视微信、微博、快手等社交和网络分享平台的使用，这将使数字信息的删除变得复杂；过度的情感依恋使得个人不舍得删除数字信息，当不得以删除数字信息时会产生失落、困扰等负面情绪。周雨丽和邓小昭在研究硕士生的学术信息保存行为时发现，删除信息的习惯并不常见，只有一名受访者表现出删除保存信息（在利用完保存的学术信息之后，会对其进行删除）的特征。①

根据编码分析的结果，范畴 B11 “删除困难” 包含五个概念：A34 删除成本高、A35 删除嫌麻烦、A36 忘记删除、A37 删除频率低、A38 被动删除。接下来，笔者将结合受访者的原始表述和相关的网络数据，分别对这五个概念进行解析和讨论。

（一）删除成本高

删除数字信息的成本包括时间成本、机会成本、认知成本和心理成本等。时间成本指为删除数字信息而花费的时间。机会成本指因删除数字信息而错失的机会，例如，删掉联系人信息可能会失去潜在客户。认知成本指为了决定是否删除、删除哪些和如何删除数字信息而付出的脑力和精力。心理成本主要与对数字信息过度的情感依恋、错失焦虑有关，删除数字信息可能会引发人们的情感不适或心理压力。

许多受访者都提到了由于成本因素而没有删除数字信息，例如受访者 P10（人力资源专员，男，北京）谈道，“我这人比较懒吧，像有些信息就懒得去删，量太大了，太花时间了……” 此外，受访

① 周雨丽、邓小昭：《硕士研究生网络学术信息保存行为研究——以 QQ、微信平台的学术信息为例》，《图书馆学研究》2020 年第 7 期。

者 P18（博士生在读，女，武汉）表示，“我不想删除还有一个原因，就是我觉得花费的时间和机会成本太高了，我应该去做一些更有价值的事情。”

（二）删除嫌麻烦

最小努力原则是指人们在做任何事、解决任何问题时，总是试图使自己的付出或代价最小化。类似的还有省力法则，都反映了人类的天性和行为规律。具体到数据信息管理领域，个人自然希望数字信息的管理（当然包括删除）更轻松。有研究发现，硕士研究生的网络学术信息保存行为符合最小努力原则，即用户希望以最小的代价、最省力的方式获取数量最多、质量最好的信息资源①。

在个人的数据信息量大、来源广、类型多和异质化，即“个人大数据”的背景下，许多人认为删除数字信息是一件很麻烦的事，存储和保留数字信息的便利更强化了他们的看法。例如，受访者 P2（仓储物流主管，男，北京）认为，“删除还要考虑将来会不会用到、万一删错了怎么办，而保存似乎不用费力，默认保存就好了，不用再去想那些乱七八糟的问题。”此外，受访者 P13（博士生在读，女，北京）表示，“我是感觉苹果删 App 比较麻烦，你还得跑到通用空间存储里面去，把它们一个一个删掉，也挺慢的，所以就懒得管了……”

在本研究中，某受访者邮箱账户中的未读邮件已经多达 275 封，都来自群邮件。虽然该邮箱用户频繁收到邮箱服务商的提醒——“您的未读邮件数过多，您可以使用邮箱助手一步一步地进行清理”，但是该用户并未理睬，也并未采取有效的管理措施来减少未读邮件的数量，或许当用户无法忍受时才会进行清理和删除。

---

① 周雨丽、邓小昭：《硕士研究生网络学术信息保存行为研究——以 QQ、微信平台的学术信息为例》，《图书馆学研究》2020 年第 7 期。

（三）忘记删除

由于获取或保存的数字信息太多，再加上一直有新的信息源源不断地产生，因此，对于有限的人脑来说，想要记住个人信息空间中所有信息几乎是不可能。因此，忘记信息的内容，甚至忘记某些信息是否存在，对普通人来说并不稀奇。

例如，受访者 P14（硕士生在读，女，淄博）谈道，“其实，就是压根儿忘了这些信息的存在，也就想不起应该删除还是保留了。”此外，受访者 P3（化学博士生在读，男，武汉）表示，“像我，有时候会下载很多论文，下了但没时间看，就堆在那儿，感觉都忘了它的存在了，其实很可能都没用了，想删却忘了……”

（四）删除频率低

在大数据时代和数字信息环境下，人们的数据意识普遍增强，许多受访者表示自己很少删除甚至不删除数字信息。有些人强调很少删除甚至不删除特定的信息类型，例如受访者 P11（博士生在读，女，武汉）表示，“网盘上的有些算是囤积的内容吧，网盘里的东西我很少删除……”受访者 P12（博士生在读，女，武汉）也谈道，“云盘里的照片我从没有清理过，里面有很多垃圾照片。”

此外，还有些人则没有删除数字信息的习惯，对任何数字信息皆是如此。受访者 P15（计算机专业硕士生在读，男，武汉）表示，“我一般都是会留下来，不会删除数字信息。我从来不删除这个……”

（五）被动删除

被动删除指由于存储空间不足、更换电子设备、无法忍受数字杂乱和无聊时打发时间等原因而删除数字信息，删除行为不是主动的而是不得已而为之。随着积累的数字信息越来越多，个人的存储空间可能无法满足当前的存储需求。例如，受访者 P4（少儿英语培训教师，女，重庆）谈道，“以前的手机因为存储空间不够，会被迫删除一些照片，现在的手机存储足够用了……”

当数字信息堆积如山、繁杂混乱的时候，会倒逼着人们去清理和删除。例如，受访者 P18（博士生在读，女，武汉）表示，“每隔一段时间，我就会觉得电脑里的东西实在是太多了，就会删掉一些……其实是不定期的。直接原因可能就是我的电脑跑不动了。我的文档主要放在 F 盘，虽然大部分存储空间还没用，但是性能已经比较老旧，有时候会弹出一个窗口，提示电脑垃圾太多了。”

有时候，个人也会因为太过无聊，想打发时间而删除数字信息。例如，受访者 P18（博士生在读，女，武汉）谈道，“（我）删除主要看心情，啥时候无聊了就会删一点儿。没有刻意主动地去删除。”

三 数字信息的堆积杂乱

数字信息的堆积杂乱是数字囤积行为的重要特征，也是在扎根理论分析中涌现出的一个子范畴（B12）。数字信息的堆积杂乱，简称数字杂乱，指个体对数字信息采取自然堆积的做法（例如，照片不加分类或分类简单、按时间顺序堆叠），致使数据信息（不一定是所有的数据信息，可能只是一种或几种类型的数据信息，例如，只是照片，或者只是电子邮件和电子文档）像杂物堆一样混乱杂乱、不易查找。

当大量通常不相关的数字内容以无序的方式积聚堆积在一起时，数字杂乱就产生了。为了获取和保存更多的数字信息，或者使信息查找更便捷，人们通常不会去整理现有的数字空间、删除过时或冗余的数据信息，而是选择增加新的数字空间，这非但不会缓解数字杂乱问题，反而会进一步增加数字杂乱的可能性。因为数字信息的大量堆积、数字空间混乱无序的问题并未根本解决，新的数字信息将很快涌入新增的数字空间，进而陷入恶性循环之中。

根据编码分析的结果，范畴 B12“堆积杂乱”包含三个概念：A39 自然堆积、A40 信息繁杂、A41 不易查找。接下来，笔者将结合受访者的原始表述和相关的网络数据，分别对这三个概念进行解析和讨论。

（一）数字信息的自然堆积

如前文所述，人们在管理自己的数字空间及其数据信息时，会遵循最小努力原则和省力法则。在个人大数据兴起、数字存储便宜、数字整理麻烦的情况下，许多人会对数字信息采取自然堆积的做法，即新的数据源源不断地涌入数字信息空间，“摞”在旧的数据上，也缺乏足够的分类和组织，更多地依赖设备、系统或软件自带的分类功能。

例如，受访者 P18（博士生在读，女，武汉）谈道，“我不需要对照片进行额外的分类、管理，手机有自带的分类体系，一个是按时间排，另一个是按来源排，这部分来源于微信，那部分来源于截屏……”此外，受访者 P1（会计学博士生在读，男，武汉）表示，“会简单归类，但主要还是依赖系统的自动归类，如根据文档类型、时间、设备类型等。”

（二）信息繁杂

数字信息的过度获取和删除困难会导致个人的数字信息繁多，甚至超出自己的信息需求和信息处理能力，再加上数字信息的自然堆积，将进一步加剧了数字信息繁杂程度。例如，受访者 P5（酒店市场开发，男，大连）表示，“微信收藏是一个不断更新的过程，最多的时候，可能大约有两百条？没具体数过，反正挺多的，会有点乱……”

在调查中，受访者展示了其手机照片库，这是一个包含各种主题照片的繁杂的照片库，可能许多人的手机、电脑和云盘上的照片皆是如此，他们长年累月积攒了不少照片，涉及不同的主题和场景，虽然看起来五彩缤纷，但是也无法摆脱纷繁复杂、混乱无序的事实。

（三）数字信息的不易查找

数字信息的堆积杂乱导致的结果就是当我们需要某个信息项时，例如手机里某张珍贵的合影、电脑上一份重要的文档、微信收藏里一篇精彩的文章等，却发现个人数字空间中的信息过于繁杂，很难快速准确地定位和找到所需信息，甚至借助数字设备、系统或软件的搜索功能，通过零星的信息线索或部分信息片段来查找也不是一件容易的事。

例如，受访者 P13（博士生在读，女，北京）表示，“有时候我经常会感觉到我想要的资料找不到。现在根本就不缺资料，总是在一堆资料中找不到自己想要的资料，不删掉就还会一直被这一堆资料给困着。”此外，受访者 P18（博士生在读，女，武汉）谈道，“我查找一般用电脑系统自带的检索功能。但是检索的前提是，你的记忆、印象里有这个东西，而其实大部分东西我是很难有印象的，就比如说那些即时的兴趣。”

四 小结

综上所述，可以将“个人的数字囤积行为”概念化为一个形成式复合构念，包含三个子构念，分别是“过度获取”“删除困难”和“堆积杂乱”，这三个子构念又分别用3—5 个题项来测量（这三个子范畴对应的3—5 个概念）。由此，笔者构建出一个关于“个人的数字囤积行为”的概念模型，可以作为未来实证研究的初始模型，如图 5 -1 所示。

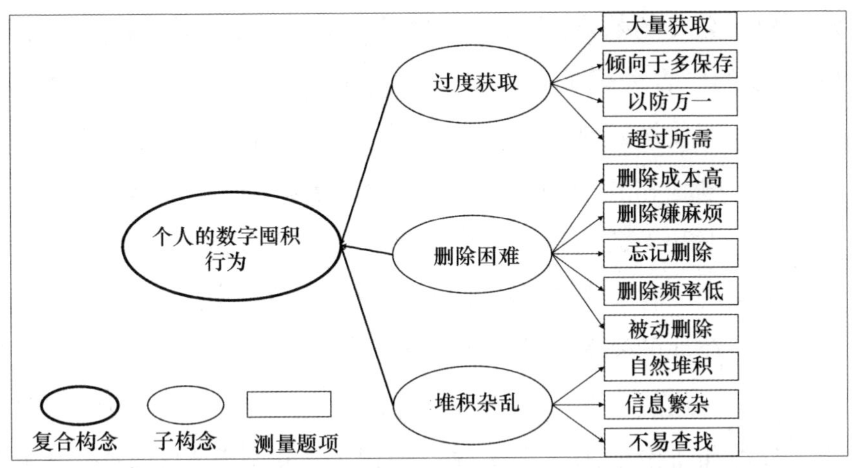

图5-1 “个人的数字囤积行为”概念模型

第二节 数字囤积行为与数字囤积者

数字囤积者是数字囤积行为的表现主体。在研究过程中，笔者发现，有不少人是数字囤积者，表现出明显的数字囤积行为，例如，因工作需要而囤积数字文档的证券公司投行部经理 P6、因科研需要而囤积数字化古籍的历史学博士生 P8，以及因纪念和情感需求而囤积生活照片和视频的 P16。

在上一节中，笔者基于扎根理论编码分析的结果，论述了个人的数字囤积行为的三个基本特征。本节，笔者将把研究焦点从个人的数字囤积行为本身转向行为的表现主体——数字囤积者。

通俗地讲，数字囤积者（digital hoarder）就是囤积数字信息的人。由于可以访问网络上无限的信息和无限的存储空间，数字囤积者不太能意识到自己的数字囤积问题。事实上，数字囤积者已相当普遍。《环球时报》英文网 2016 年曾发表 *When Hoarding Goes Digital* 一文，指出随着人们越来越依赖互联网获取信息，越来越多的人开始囤积不必要的数字资源。文章报道了一位典型的数字囤积者，他是28岁的广告公司职员，与许多同龄人一样，是重度的数字媒介使用者，即使按照现代标准，他的“个人图书馆”也是巨大的。他拥有两台电脑和五个硬盘，里面有50部电影、100部纪录片、1万多本电子书和无数照片。不仅如此，他在百度网盘、Google Drive等5家不同的云存储服务提供商有账户，在那里他存储了文件的备份，此外，在他的浏览器中还有超过1万个书签。最令人惊讶的是他说他很少看这些东西。但这并不能阻止他每天花费近两个小时来存储、分类和备份他的数字文件。他说：“我只是想把这些资源存起来，以防将来需要时在网上找不到。”

一 数字囤积者的评价标准

那么，哪些人是数字囤积者呢？或者说，数字囤积者的评价标准是什么呢？针对这一问题，已有学者进行了初步探索。整体上来看，数字囤积者的评价标准大致分为两大类：定性标准和定量标准。接下来，笔者将分别对这两大类标准展开论述，论述的顺序是先介绍先前研究，后论述本研究。

（一）定性标准

已有研究对数字囤积者的评价标准主要是定性标准，即通过文字表述和概念解释的方式来界定数字囤积者的特征、与其他个体的联系与区别等。这与传统囤积研究中对囤积者的评价研究是一致的。Vitale等根据参与者的自我描述，将个体大致分为数字囤积者、数字极简主义者、兼有混合型和不易分类型，且数字囤积者数量最多。同时，他们也发现一些参与者既有数字囤积倾向，也有数字极简倾向，或者即使其中一种倾向占据主流，也存在一些有趣的例外。数字囤积与数字极简之间的重叠可能是未区分数字信息类型和具体情境导致的。[①]

在物理囤积领域，美国全国慢性失范研究组织（National Study Group on Chronic Disorganization）开发了一个评估家庭环境下囤积程度的工具，依据四个指标：结构和分区、宠物和啮齿动物、家庭功能、卫生和清洁，区分出5个等级的囤积，第一级是最不严重的，第五级是最严重的。类似地，笔者按照数字囤积涉入程度从少到多排序，个体大致可以分为以下几类：数字极简主义者、中间型、数字囤积者、数字囤积症患者，如图5－2所示。

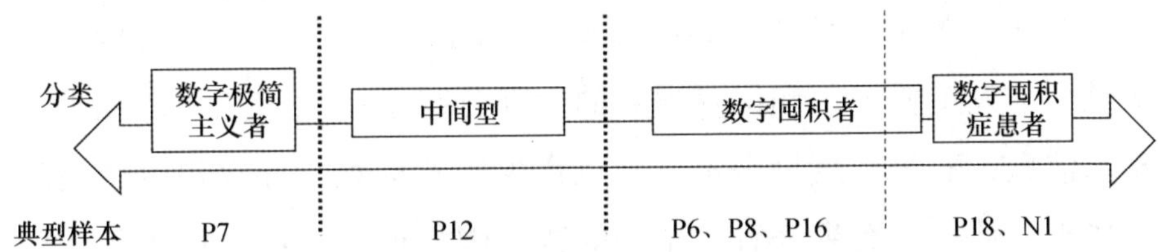

图5－2　按照数字囤积涉入程度对个体的分类

注：图中最右侧较细的虚线穿过“数字囤积者”，表示数字囤积者既包含“数字囤积症患者”，也包含表现出可控、一般数字囤积行为的普通数字囤积者，而且普通数字囤积者数量远超数字囤积症患者。

（1）数字极简主义者：指尽可能少地保存并定期删除清理数字信息的人，他们拥有的数字信息量少，占据的数字存储空间小，个人数字信息空间简洁有序，并且认为“少即是多”，反对数字技术的过度使用。典型样本是在日喀则做大学生村官的P7。

（2）中间型：指介于数字极简主义者和数字囤积者中间的那类人，他们对数字信息的态度比较温和，既不刻意追求极简化，也不迷恋数字信息的大量累积。典型样本是定期清理手机、习惯保存纸

① Vitale，F.，Janzen，I.，McGrenere，J.，“Hoarding and Minimalism：Tendencies in Digital Data Preservation”，*Proceedings of the 2018 CHI Conference on Human Factors in Computing Systems*，Montréal，2018.

质文档的 P12。

（3）数字囤积者：指具有数字囤积倾向和行为的人，但这种倾向和行为仍在普遍接受的范围内，并未干扰个人其他活动的正常进行，也并未对个人或他人的健康和幸福造成严重损害。典型样本是因工作需要而囤积数字文档的证券公司投行部经理 P6、因科研需要而囤积数字化古籍的历史学博士生 P8，以及因纪念和情感需求而囤积生活照片和视频的 P16。但是，当数字囤积者的行为、行为后果严重到一定程度时，就会成为数字囤积症患者。

（4）数字囤积症患者：指数字囤积行为已经严重到病态囤积的人，例如《英国医学期刊病例报告》中的荷兰男子。从行为特征上来说，个人想要记录和保存遇到的大部分甚至一切信息，却几乎不删除信息，数字信息只进不出，也很少回看信息，导致数字杂乱问题严重。从行为后果来看，个人的数字囤积行为已严重损害其健康水平、干扰其他正常活动的开展。在本研究的访谈样本中，受访者 P18 的数字囤积行为最严重，接近于数字囤积障碍。P18 的电脑桌面堆满了图标，文档分类标准不统一，查找起来并不轻松；P18 的手机里存储了许多照片，甚至连着好几张是非常相似的；P18 常因为一时兴起下载许多文献资料，却并未及时阅读和使用，直至兴趣渐消、甚至忘记这些文献资料的存在。如此种种都让 P18 苦恼不已。

此外，笔者通过对受访者的观察、访谈资料的分析，总结梳理后发现，如果个人出现以下迹象，那么他/她很可能是一个数字囤积者。

（1）积攒了许多旧的数字设备。许多已经不再使用的旧笔记本电脑、手机、MP3 播放器、数码相机、CD 和 U 盘可能堆积在抽屉或柜子里。这些数字存储设备可能依然存储着文件、照片、音乐或视频，它们将随着时间而老化。我们不应该任由它们成为一堆垃圾，而应该删除不再需要的信息并转存重要的数据信息。

（2）收件箱里满是未读邮件。这些邮件很有可能是群邮件、垃圾邮件和商品促销邮件，你对这些邮件根本不感兴趣，甚至都没有点击和查看，但也没有删除。这些邮件不是一两天形成的，而是长年累月积攒的，可能有成百上千封。这时候你要做的就是清理收件箱中的积压邮件、删除不重要的未读邮件、取消不感兴趣的邮件订阅、设置邮件自动归档规则。

（3）电脑桌面一团糟。有句老话说，办公桌的整洁反映了人的思想状态，这句话也适用于电脑桌面。如果你的桌面充满了快捷方式、图片、随机文档和其他文件，这就表明你在信息组织和管理方面存在很大的问题。具体的整理措施包括：删除不经常使用的快捷方式、删除或转移临时存放在桌面上的文件、有意识地避免添加更多的图标和文件夹。

（4）把副本保存在相同的存储设备上。保留重要文件的副本是一种明智的方法，而且在原始文件发生任何变化时，这可能是至关重要的。然而，在同一台电脑或同一个硬盘上保存副本几乎就是典型的数字囤积了。这样的备份可以说是毫无意义的，因为如果硬盘出现故障或者电脑丢失，损失两份并不比损失一份好。更恰当的备份策略是将副本保存在不同的存储设备上。此外，副本的同步修改可能造成更大的信息冗余。

（5）几乎保存了拍摄的每一张照片。数码摄影的兴起，尤其是智能手机的大范围普及，使得每个人都能够以最小的努力或花费就拍摄出精彩的照片并分享给他人。同时，不断扩容的存储空间和持续降低的存储成本，也“诱惑”着个人保存更多、删除更少的照片。整理照片可能很费时间，但它会帮助你在你想要的时候找到照片，并鼓励你把那些不需要的照片都扔进垃圾箱。

（6）收藏的东西比能读的还要多。收藏、书签功能是一种很好的标记用户想要重新访问的资源的方式。数字囤积的重要心理因素之一就是错失恐惧。如果人们没有时间去读一些东西，但是又担心自己会忘记，这就会导致添加过多的书签或收藏。他们很少会把收藏的东西全部读完，但这并不妨碍他们把越来越多的资源放在一边以备以后阅读。

（7）手机里塞满了从不使用的东西。当手机内存很小的时候，人们甚至必须定期删除短信。如今，手机内存大到能够存留几个月甚至几年前完好无损的对话内容，甚至几十个应用程序，上百首歌，上千张照片。它们就静静地“躺”在那里，却很少被回看和使用，而且每天依然会有新的内容加入它们。

（8）社交媒体上的“朋友”都是陌生人。你是否拥有一大堆社交媒体上的“朋友”，其中包括那些你并不真正了解或不怎么感兴趣的人？也许你是在一个活动上遇到他们的，或者你和他们有过短暂的关系，又或者你和他们很久没交集也不会再联系。现在他们就在你的好友列表里，甚至时不时出现在“朋友圈”中，但你因为太尴尬而不愿与他们解除好友关系。

（9）云存储空间变成了垃圾房。云存储的出现为我们提供了一种宝贵的资源，使我们能够在云端存储数据信息。现实中，很多人把大量暂不需要但又无法删除的数字文件都转移到云端，短期来看没什么问题。但是，久而久之，由于云存储空间缺少定期的整理和删除，导致过时的信息越积越多，信息之间又缺乏统一的分类，使云存储空间的可用性很差。

（二）定量标准

相较于定性标准，定量标准以具体的数值为基准，因此对数字囤积者的界定更直观清晰。但是，目前关于数字囤积者的定量标准的研究相对较少，考虑到研究情境和数字信息类型的微妙差异，定量标准更具挑战性。

Bozacı 和 Gökdeniz 开发了数字照片囤积量表（Digital Photograph Hoarding Scale，DPHS）来测量个人的数字照片囤积行为，该量表包含21个题项，采用五点李克特量表格式，回答从1（我非常不同意）到5（我非常同意）不等。他们将数字照片囤积量表总得分高于均值1个标准差以上的人界定为数字照片囤积者，低于均值1个标准差以上的人界定为非囤积者。[①]

在未来的研究中，笔者将基于扎根理论的研究成果、构建个人的数字囤积行为理论模型，尝试开发适合中国国情和本土文化的数字囤积量表，弥补在定量标准研究上的不足。

二　数字囤积者的认知与形象

数字囤积者的认知与形象包含两个层面：一是个人层面，即数字囤积者自身对其行为的认知、形象的构建；二是社会层面，即他人和社会公众对数字囤积者的认知和形象构建。数字囤积者是什么样子的呢？数字囤积者是如何看待自己的数字囤积者形象呢？社会又是如何构建数字囤积者形象的呢？接下来，笔者尝试结合网络数据，尤其是用户生成内容，来探讨这一问题。

有些人对自己的数字囤积行为有着比较清晰的认识，并且承认自己是一个数字囤积者。例如，Angela 曾在“成为极简主义者”网站发表了一篇博文《一个数字囤积者的自白》（*Confessions of a Digital Hoarder*）。在这篇博文中，Angela 公开承认自己是一个数字囤积者，并分享了自己作为一个数字囤积者的体验以及应该如何应对电子邮件、订阅、下载、书签/收藏、云存储等各种形式的数字杂乱，从而清理并掌控自己的数字化生活。Angela 的博文引发了诸多

---

① İbrahim Bozacı，İsmail Gökdeniz，“Development of a Digital Photo Hoarding Scale：A Research with Undergraduate Students”，*Management Science Letters*，Vol. 10，No. 3，2020.

读者的参与和讨论，分析读者的评论内容（读者昵称已匿名化处理，用字母代替），大致可以分为以下几类：

（1）数字囤积者的身份认同。身份认同是个体对自我身份的确认和对所归属群体的认知以及对所伴随的情感体验及行为模式进行整合的心理历程①。不少读者认同了自己的数字囤积者身份，并分享了自己的数字囤积行为以及情绪、感知等情感心理状态。例如，读者 ELL 坦承自己也是一个数字囤积者，拥有一个 1TB 的外接硬盘和四个 500GB 的硬盘，拥有 3000 多本电子书但真正读过的只有 3 本，即使自己意识到了也依旧无法阻止囤积的欲望。有趣的是，ELL 会像图书馆管理员那样，根据题材或主题来组织电影和电视剧集。此外，读者 GIN 表示自己今年 65 岁，有点迷恋电脑，也是一个数字囤积者，非常喜欢 Evernote（印象笔记）的剪藏功能，如果一封邮件中包含想保存的重要信息，就会把它剪贴到 Evernote 中。

（2）他人眼中的数字囤积者。除了自认为是数字囤积者外，他人眼中的数字囤积者同样值得关注。例如，读者 SUS 表示自己的丈夫是个数字囤积者，现在他的邮件总数高达 25000 封，而且这还是在几年前的一次大清理之后的数量。一开始他认为自己和数字囤积者没有什么关系，但现在他改变了主意，开始删除东西了。读者 REG 分享了她和男友在数字囤积上截然不同的实践，她只保存了约 30 封电子邮件，而她的男友通常有 5000 多封未读电子邮件，还有数千封他打开过但从未看过的邮件。尽管 REG 试图说服男友取消订阅并删除不需要的电子邮件，但男友仍旧一直在囤积，这让 REG 很抓狂。此外，他对书签也做了类似的事情，他的书签栏里挤满了他不看的网站，他甚至没有对书签进行标记和排序。

（3）数字囤积的困扰。Angela 的博文引发了许多人的共鸣，他

① 张淑华、李海莹、刘芳：《身份认同研究综述》，《心理研究》2012 年第 1 期。

们为数字囤积所困所扰，要么数字空间杂乱不堪，要么数字信息删除困难，要么获取欲望难以控制。例如，读者 TON 坦言自己的电子邮件和云存储账户一团糟，这给自己带来很大的精神压力，而 Angela 的博文给了自己应对这一问题的启发。读者 KAT 认为，数字杂乱的一大形式就是垃圾邮件，它来源于用户曾经向网站或商店提供了电子邮件账号。此时用户应该取消订阅这些列表，从而使收件箱更干净，邮件更容易查看。读者 APR 分享了自己在电子书阅读器 Kindle 上囤积大量未读电子书的经历。读者 ALA 表示，自己已经一年多没有登录云存储服务应用 Dropbox 了，时间太久以至于里面的内容很多都已忘记。读者 SAR 表示自己每次买一台新电脑，都会把旧电脑上的东西全复制一遍，以防漏掉重要的东西，导致很多东西是重复的。此外，读者 MSM 表示自己喜欢浏览照片，但当发现有 500 张图片要查看时，这会让他/她不知所措甚至抓狂，照片的编辑、清理和分类更是如此，结果就是照片在电脑上杂乱无章。

（4）接受并践行博文中的建议。许多人受到博文的鼓励和启迪，开始着手去践行 Angela 的建议，以实际行动应对数字囤积的挑战。例如，读者 JES 尝试了 Angela 的建议，减少了订阅数，发觉很有效。读者 MAT 表示读完这篇博文后，自己清理删除了 Gmail 邮箱中 2 万多封邮件，并表示每年都要做数字清理。摄影爱好者 ING 留言分享了自己如何将 120GB 的照片缩减到 26GB 的经历，只留下了最好的和重要的照片，其余的毫不留情地删除，并把每件事都按年份整理成文件夹，限制每次活动照片的数量（例如，圣诞节是 2—3 张）。此外，他认为不应该为了收藏而收藏，他会时常回看和使用保存的照片，例如，将它们作为屏幕保护程序，每年制成日历作为家人的礼物。读者 ROB 感谢 Angela 给了他们处理数字杂乱的动力。读者 KIM 坦承，尽管自己在周末删除了 1000 条，但收件箱里还有 16000 多封邮件，有些已经读过了，有些还没有读过，并表示自己将继续清除和取消订阅。此外，读者 CHE 表示，自己刚刚经历了一个大的删除，花了几个小时把那些不够好、不能保存的老照片删掉了，删掉了 1200 多张照片，释放了数字空间。

（5）补充自己对数字囤积的观点。关于数字囤积，大家有很多想法想要表达。在博文之外，不少读者分享了自己对数字囤积、数字杂乱和数字整理的观点。例如，读者 TRE 表示认同 Angela 的观点，并指出当人们进入一种物质杂乱较少的生活方式时，应该警惕用更多的数字杂乱来补偿生活的做法。读者 SEP 认为，杂乱源于收藏，收藏最终会吞噬可用的时间和空间。数字收藏更危险，因为它不是以实物形式存在的，消除数字杂乱的最佳方法就是删除。读者 DAI 表明照片是自己最难舍弃的，因为它们承载着珍贵的回忆，不论那些时光是快乐还是痛苦，但终究过去了，所以这些照片依旧会被珍藏。此外，读者 SAN 认为，应该把不常用的东西从生活中清除出去，为更好的东西腾出空间。

（6）与应用软件相关的数字囤积。Angela 在博文中主要分享了电子邮件、订阅、下载、书签/收藏、云存储等形式的数字囤积。不少读者补充分享了数字囤积的新形式——与手机应用软件相关的数字囤积。例如，读者 NIC 分享了自己清理手机应用软件的做法，超过三个月未使用就删除，避免成为应用软件囤积者。读者 DAV 谈道，当自己意识到 Pocket（稍后阅读）[①] 已经变成一个永远没有时间阅读的文章的垃圾场后，就不再使用这款软件了。此外，读者 CRY 表示自己曾是 Pinterest 的重度用户，有多达 1.1 万张图片，后来发现其实自己并不需要它们，于是删除了所有图片，觉得轻松了许多。

---

① Pocket（稍后阅读）：一款应用软件，可以帮助人们从网络保存有趣的文章、视频等供以后欣赏。

（7）数字极简主义者的自白。相较于数字囤积者而言，数字极简主义者的数量和比例并不大。有趣的是，在博文《一个数字囤积者的自白》下，也有读者分享了自己的数字极简主义实践和行为背后的情感心理状态。读者 PRI 坦言，让自己深感压力的不是收件箱或文件，而是社交媒体的数量。因此，他/她不再使用 Facebook、Twitter 和 Instagram，甚至不再使用智能手机，转而使用翻盖手机。他/她意识到自己的上网时间已经够多了，当断掉网络连接时才体验到真实的世界。读者 JUD 表示自己可以说是一个数字极简主义者，除了浏览“成为极简主义者”网站，很少花时间在互联网上，不使用 Facebook，甚至因为工作和沟通需要才在一个月前开始使用智能手机。

三 数字囤积行为的类型

从数据信息的组织和管理视角来看，人们通常使用不同的策略来管理电子邮件和其他数字文件，并在不同程度上采用归档、堆积或结构化的方法来管理数字数据。① 根据个人信息管理策略的不同，可以将人们划分成三种类型——归档者、堆积者和结构化归档者。② 其中，归档者相对有条理，通常将电子邮件、文件和书签保存到文件夹中；然而堆积者或无归档者更有可能浏览和检索电子邮件或搜索文件，而不是将它们保存到文件夹中；③ 结构化归档者创建的文件夹可以轻松方便地检索文档，同时提供了存储数据的概念化总览。这样的个人信息管理策略可以和个体的性格特征联系起来，特

① Whittaker, S., “Personal Information Management: From Information Consumption to Curation”, *Annual Review of Information Science and Technology*, Vol. 45, No. 1, 2011.

② Henderson, S., Srinivasan, A., “Filing, Piling & Structuring: Strategies for Personal Document Management”, *Proceedings of the 44th Hawaii International Conference on System Sciences*, Kauai, HI, USA, 2011.

③ Whittaker, S., Sidner, C. L., “Email Overload: Exploring Personal Information Management of Email”, *Proceedings of the 1996 SIGCHI Conference on Human Factors in Computing Systems*, Vancouver, Canada, 1996.

别是自觉性和神经质的特征。在 Massey 等学者的研究中，更尽责自觉的个人组织得更好，而更神经质的人为了应对工作压力选择将更多的文件和信息放在桌面上。①

McKellar 等发现工作场所的数字囤积现象很常见，但目前对人们囤积数字信息的原因知之甚少。他们使用焦点小组方法访谈了来自两个大型知识密集型组织（一个学术组织和一个商业组织）的二十名参与者，这些参与者在数字囤积问卷（DHQ）中得分很高；并使用主题分析法识别了数字囤积的四个基本维度——焦虑、遵从、脱离和收集，这些维度具有连贯的意义，并捕捉到了研究者在访谈资料中看到的数字囤积行为的不同动机。② 因此，个人的数字囤积行为可以被划分为以下四种类型，即焦虑驱动的数字囤积、遵从驱动的数字囤积、脱离驱动的数字囤积和收集驱动的数字囤积，如表 5－4 所示。

表 5－4　数字囤积行为的四种类型

类型	典型特征
焦虑驱动的数字囤积	焦虑动机驱动的数字囤积行为，既源于保留东西的意识和“以防万一”的观念，也源于工作场所特有的一种焦虑，即需要能够证明工作任务和信息沟通。参与者害怕删除或丢失未来可能需要的数据，这种焦虑感可能是导致人们理想的删除行为与实际删除行为之间存在差距的原因之一。在知识密集型的工作场所，尤其是在数据可能同时具有个人和组织价值的学术界，删除数据引发的焦虑感可能会更强烈。

① Massey, C. , TenBrook, S. , Tatum, C. , et al. , “PIM and Personality: What Do Our Personal File Systems Say About Us?”, *Proceedings of the 2014 SIGCHI Conference on Human Factors in Computing Systems*, Toronto, Canada, 2014.

② McKellar, K. , Sillence, E. , Neave, N. , et al. , “There Is More Than One Type of Hoarder: Collecting, Managing and Hoarding Digital Data in the Workplace”, *Interacting with Computers*, Vol. 32, No. 1, 2020.

续表

类型	典型特征
遵从驱动的数字囤积	遵从动机驱动的数字囤积行为，在工作场所环境下体现得更加明显。组织的程序和政策可能决定了数据管理计划，因此实际上推动了员工个人的数字囤积行为。遵从驱动的数字囤积行为，对于在团队环境中工作或在特定合作项目中工作的参与者来说更为常见。
脱离驱动的数字囤积	脱离动机驱动的数字囤积行为，通常意味着不参与数据管理的行为，对数据积累和数据数量的无意识，认为组织和整理数字数据的时机已过，以及因为太懒或者没有时间来删除信息。脱离动机驱动的数字囤积者对他们所存储的数字数据的所有权意识有所下降。
收集驱动的数字囤积	收集动机驱动的数字囤积行为，往往表明个人对其数字财产有强烈的所有权意识。收集动机驱动的数字囤积者认为，保存数字数据可以防止知识丢失，并创造和加强他们的身份角色。以数据信息收集/收藏为动机的人，通常采用与结构化存档者相似的策略，并使用电子邮件作为行动的提示。

（1）焦虑驱动的数字囤积

McKellar 等研究发现，焦虑驱使许多受访者保存了大量的数字数据。这类受访者对删除任何的数字数据都感到紧张，并认为他们在未来可能会再次需要他们的数字数据或文件。他们认为数字文件有一定的价值，如果有机会的话，他们更希望能够组织和整理他们的文件，而不是不得不删除它们。[①] 例如，有受访者（助教/博士）表示，“我有一种感觉，你知道的，有一些事情，也许我正在做一些事情，我想在未来我可能需要回头看看这个可能相关的文件，那么我更有可能会紧紧抓住它。”

有些参与者意识到他们保存的许多电子邮件不再有价值，但仍

① McKellar, K., Sillence, E., Neave, N., et al., “There Is More Than One Type of Hoarder: Collecting, Managing and Hoarding Digital Data in the Workplace”, *Interacting with Computers*, Vol. 32, No. 1, 2020.

然不愿意删除它们，以防将来需要它们或者它们是提供证据的来源。例如，有受访者（高级研究员）表示，“我保存了很多电子邮件，甚至包括确认产假之类的邮件，当我休产假的时候，所有与人力资源有关的邮件，我都非常热衷于保存记录并确保它们在某个文件夹中。我的意思是，我永远不需要那封说你从某月休产假到某月的电子邮件，这只是以防万一。我想这是一种你已经拥有它的安全感。”

即使参与者不清楚数据的价值，也要保留数据，这为参与者提供了一定程度的安全感和慰藉。参与者还急于保存在未来某个时间点可能变得重要的信息，认为最好的计划是保留一切，以防万一。这意味着删除的数字信息内容仅限于垃圾邮件等，即明显与他们个人无关，也与他们的工作没有直接关系的信息。例如，有受访者（助教/博士）表示，“是的，我唯一会删除的东西，是当我在看邮件列表时，它只是来自一家公司的新闻和更新或什么，那是我唯一会删除的东西。我从来没有觉得我想删除其他东西，只是以防有什么事情发生，我必须提醒自己。”

此外，焦虑引发了一些参与者对电子邮件和数字文件的所有权意识，即使他们很乐意分享一些文件，但他们也会将许多文件认为是自己的文件。焦虑还导致一些参与者将数字文件保存在工作电脑上，但也会将文件保存在云端或外部硬盘上。参与者的所有权意识意味着，如果他们要离职，他们会希望把自己的文件和电子邮件带走。例如，有受访者（高级讲师）表示，“你认为你可能需要它们，但我不需要，我可能只会带着我的博士资料，比如我的研究，或者幼儿园的档案，我们可以带着这些东西。”

（2）遵从驱动的数字囤积

对一些参与者来说，将数字文件和电子邮件存储在工作计算机是由遵从合规性驱动的。这些参与者描述说，他们对当前存储的电子邮件和文件有很好的了解，并且为了遵守公司的政策而保留这些数据。这些数字数据通常组织得很好，他们可能会保留经理或同事发给他们的数字数据。

如果数字囤积行为是以遵从合规为基础的，那么参与者认为他们存储的数字数据几乎没有个人价值，并认为这些数字数据是为了他们公司的利益而不是他们自己的利益。他们保留所有这些数据的原因之一是为了防止公司被审计。为了遵守规定，这些参与者对自己存储的数字数据数量感到满意，并认为这是他们努力工作、做正确的事情和遵守规则的证据。例如，有受访者（高级讲师）表示，“我工作二十年了，我知道电子邮件一旦删除就不存在了。现在我真的不会删除邮件了，它们对我工作的公司很有用。例如，在需要审计的时候，它们的用处在于，能够证明任何合法的决定或我在某个时间点做出的任何事情。”

一旦不再需要这些数据，这些参与者也很乐意删除信息。参与者认为，他们需要保留所有这些数字数据，因此不会对他们拥有的信息量感到焦虑或担忧。同样，只要他们得到了删除信息的“许可”，他们就不会因为丢弃信息而感到焦虑。删除行为可能会发生，例如，在完成一个特定的项目或一组任务之后，就像下面的例子一样。有受访者（高级讲师）表示，“我会把它们都放在收件箱的一个文件夹里，一旦完成了，我就会把它们处理掉。”

在其他情况下，一旦同事或经理明确表示不再需要这些数据，参与者就很乐意删除这些数据。在这两种情况下，很明显，对这些参与者来说，删除不再需要的数据是很容易的，就像下面的例子中所表明的那样。例如，有受访者（研究科学家）表示，“如果我不需要它们，那么是的，我很乐意按下删除按钮，我确实尝试这样做。”

如果数字囤积行为是基于遵从合规性，那么参与者对他们所存储数据的所有权意识就会降低，并且很乐意与其他人分享他们的信息。数据通常被保存在他们的工作电脑上，而不是外部硬盘或云存储，除非他们在公司有一个共享的云存储系统。这些参与者将他们的很多信息保存在共享存储系统上，因为他们很乐意与其他人分享数据。他们不认为这些数据是他们自己的个人数据，而是他们为公司保存的数据。例如，有受访者（高级研究助理）表示，“看，我又和你们不一样了，因为这是合作完成的工作，所以这是他们的文件，是我所在项目主要研究者的文件；这是我和同事一起工作的文件，这是我们的文件。”

当然，不同的组织提倡和鼓励其员工采取不同的工作方式，并在数据共享和数据存储方面为个人提供或多或少的自行决定权。对于本研究中的一些参与者来说，保存数据被认为是他们工作的一部分，以及他们管理工作的有效方式。这与 McKellar 等的研究发现基本一致。虽然囤积数据信息通常与个人因素有关，但是由遵从驱动的数字囤积行为仍然有可能导致信息共享行为，尤其是在涉及团队或协作工作的情况下。

（3）脱离驱动的数字囤积

许多参与者的数字囤积行为都表现出了脱离逃避的特征。他们在电子邮件收件箱和文件夹中存储了大量数字数据，然而这些数据并没有被很好地组织起来。脱离和逃避数据管理的行为意味着他们对其所获取的数字数据缺乏控制。文件通常是未经要求就发送给他们的，随着时间的推移，这些文件几乎在参与者没有意识到的情况下慢慢积累起来。例如，有受访者（教员助理）表示，“我只是看着我的，我才意识到它是多么的一团糟。我有所有这些文件夹，特别是项目之类的东西，然后我有一个叫作‘阅读’的文件夹，因为我不知道该把里面的文件放在哪个文件夹里，我查看了‘阅读’文件夹，有 3052 份文件，这真的太混乱了。”

在数据积累是由普遍的脱离意识驱动的情况下，许多参与者认为现在尝试组织数据已经为时过晚，他们应该更早地开始数据管理的良好习惯。此外，一些参与者承认，他们只是太懒或者没有时间来删除信息，这再次反映了其数字囤积行为的被动脱离特征。对于这类参与者来说，这些数据并不被视为特别有价值，但囤积行为也不被视为有问题。参与者并不担心他们拥有的数字数据的数量，只是简单地花了太长时间来删除数据。例如，有受访者（助教/博士）表示，“说实话，这是因为我很懒，但我只是觉得我不得不去删除它，而不是关闭那个通知并继续做我正在做的事情，我认为这没有什么意义。”

这些参与者对他们所存储的数字数据的所有权意识有所下降，他们认为大部分的数据是随着时间的推移而积累起来的，而且几乎是偶然的。删除这些数据不会有什么问题，因为他们很少感觉这些数据“是他们的”，尽管删除数据不太可能发生，因为涉及时间成本。例如，有受访者（助教/博士）表示，“我认为有很多东西是混合的，因为这些是专门给我的，所以这些是我的电子邮件。但是还有一些更通用的东西可能是潜在有用的信息，我可能在未来需要它们，但这不是我的电子邮件。”

调查研究发现，组织和整理数字数据的“时机已过”的概念在受访者中是一个普遍的想法。此外，懒得开始查看数据，或者对数据量漠不关心也是参与者广泛讨论的想法。

（4）收集驱动的数字囤积

对于一些参与者来说，囤积大量的数字数据是一个有目的的决定。在收集动机驱动数字囤积行为的地方，参与者已经做出了存储而不是删除数据的决定。例如，参与者的收件箱中存储了大量电子邮件，并将它们作为行动的提示。这些电子邮件通常被系统地组织到文件夹中，很少被删除。唯一考虑删除的电子邮件是明显的垃圾邮件（例如，钓鱼电子邮件）。同样地，这类参与者认为，许多文件无论有多老，都可能是有价值的，并且可能在未来再次需要。例如，有受访者（研究化学家）表示，“是的，令人惊讶的是，那些旧的文件仍然有用!”

收集驱动的数字囤积行为产生了有目的数据保存，以及组织良好的数字文件。这些参与者对文件进行了很好的标记，并清楚地知道他们存储了什么内容，以及如何访问这些文件。如果他们的工作场所有存储限制，那么他们就通过使用外部硬盘或云存储来解决这个问题。例如，有受访者（副教授）表示，“所有东西都在我的Dropbox[①]里，所以在Dropbox里，我有大量的文件夹，用来存放我目前需要访问的东西，但我也有两个文件夹，一个是我的博士后文件夹，另一个是我的博士文件夹，就是大学时期的那些文件。因此，这基本上是我的全部，我把我博士期间的所有东西和博士后的所有东西都放在Dropbox上，放在两个文件夹里，然后还有很多文件夹，基本上是我来这里之后所做的一切。”

当收集和收藏成为一个重要动机时，很少有人对正在存储的数字数据的数量有任何担忧。这些数据被认为对参与者现在有价值，或者在将来对他们有价值。在这里，收集驱动的数字囤积与焦虑驱动的数字囤积不同，在焦虑驱动的数字囤积中，数据被保存只是为了以防万一，而不考虑其感知价值。尽管时间流逝或环境发生变化，但是数字数据的收集依然可以为所有者和其他人提供宝贵的资源。例如，有受访者（资深科学家）表示，“我的收件箱里有我第一次休产假的电子邮件，现在我的女儿已经快八岁了，我的角色已经不同，但是仍然有人回来问我关于那些电子邮件的问题。”

---

① Dropbox，多宝箱，是一款网络文件同步工具，能够将存储在本地的文件自动同步到云端服务器保存。因为云端服务的特性，Dropbox的存储成本将被无限摊薄。

囤积一个有价值的数字数据集合意味着这些表现出数字囤积行为的参与者将存储的数字数据视为自己身份的一部分，并因拥有这些数字数据而感到自豪。这些参与者很高兴其他同事知道他们保存了大量的数据，并且很乐意回应从他们存储的文件中获取信息的请求。例如，有受访者（高级讲师）表示，“其他工作人员经常询问我，说你还有这个吗，你知道这个吗，因为大家都知道我不会删除东西。”

有目的地选择保留所有数据意味着，这些在数字囤积量表上得分高的参与者对他们的电子邮件和数字文件有很强的所有权感。如果他们离开工作岗位，肯定会想把他们的电子邮件和数字文件带走。参与者对他们的数字财产表现出强烈的所有权感，对一些人来说这种感觉是长期存在的。例如，有受访者（副教授）表示，“是的，我仍然对我以前的工作中发出的每一封邮件有一种所有权的感觉，他们都存储在云端。”

而对其他人来说，意识到他们对自己的数字数据有一种主人翁的感觉，对他们来说是新奇的，几乎是一个惊喜。例如，有受访者（助教/博士）表示，“我离职了，然后其他人说，‘哦，好吧，我要拿走你的幻灯片’，我说，‘不，它们是我的！’我想保留我的幻灯片，它们真的很漂亮。”

四　大学管理人员的数字囤积行为

个人的数字囤积行为典型特征与具体表现与其所处的社会文化环境、数字信息环境以及工作场所环境密切相关。例如，大学等知识密集组织、学术研究机构的学术成员、管理人员的数字囤积行为，显然与商业公司白领的数字囤积行为具有显著差异。开展面向不同特征群体的数字囤积行为研究，对于丰富数字囤积行为的研究情境、系统深入理解数字囤积行为的不同侧面具有重要意义。

有学者对一所大学具有高级行政职责的学术人员的数字囤积行为进行了初步调查[①]。调查样本为哈萨克斯坦苏莱曼·德米雷尔大学的50名有行政职责的学术成员，他们积极使用电子邮件账户进行正式沟通和行政管理。该研究的参与者主要是男性（80%），年龄大多在36—55岁（80%），学术职称中比例最高的是教授（42%），副教授、助理教授和讲师的比例依次是14%、24%和20%，行政职责方面大多数参与者是系主任或副系主任（34%）、部门主任（30%）、院长或副院长（24%）。研究者在Sweeten等的数字囤积行为研究基础上编制调查问卷、开展实证研究，并使用SPSS软件进行频次分布分析、人口统计特征与电子邮件账户使用之间的交叉表分析。[②]

（一）电子邮件使用情况的频率分布

表5-5描述了被调查者电子邮件使用情况的频率分布。首先，被调查者电子邮件收件箱中或多或少存在未读邮件，未读邮件数量在41封以上的不在少数（占比高达22%）。其次，尽管大多数（66%）被调查者阅读了大部分电子邮件，但他们在阅读后仍在收件箱中保留了超过41封电子邮件，以备将来所需或作为证据使用。此外，被调查者的电子邮件垃圾箱并未清空，仍保留有被删除的电子邮件，许多人（46%）垃圾箱中被删除电子邮件的数量超过了41封。最后，许多人的垃圾箱中也存在不同数量的未读电子邮件，未读邮件数量在41封以上的参与者不在少数（占比高达26%）。

① Acar, Ö. F., Acar, S., "A Preliminary Investigation of Digital Hoarding Behaviors of University Executives", *European Journal of Digital Economy Research*, Vol. 1, No. 1, 2020.

② Sweeten, G., Sillence, E., Neave, N., "Digital Hoarding Behaviours: Underlying Motivations and Potential Negative Consequences", *Computers in Human Behavior*, Vol. 85, 2018.

表 5－5　　　　电子邮件使用情况的频率分布

电子邮件收件箱中未读邮件的数量		
邮件数量（封）	频率	百分比
低于 10	30	60%
11—20	4	8%
21—30	5	10%
31—40	0	0%
41 及更多	11	22%
共计	50	100%
阅读后存储在电子邮件收件箱中的邮件数量		
邮件数量（封）	频率	百分比
低于 10	9	18%
11—20	5	10%
21—30	1	2%
31—40	2	4%
41 及更多	33	66%
共计	50	100%
垃圾箱中被删除电子邮件的数量		
邮件数量（封）	频率	百分比
低于 10	16	32%
11—20	5	10%
21—30	1	2%
31—40	5	10%
41 及更多	23	46%
共计	50	100%
垃圾箱中未读电子邮件的数量		
邮件数量（封）	频率	百分比
低于 10	24	48%
11—20	7	14%
21—30	6	12%
31—40	0	0%
41 及更多	13	26%
共计	50	100%

资料来源：Acar, Ö. F., Acar, S., "A Preliminary Investigation of Digital Hoarding Behaviors of University Executives", *European Journal of Digital Economy Research*, Vol. 1, No. 1, 2020。

表5－6显示了大学管理人员数字囤积行为的频率分布。大多数（74%）参与者通过阅读邮件的标题来决定是否立即阅读该邮件。同样地，相当多的（88%）参与者只是有时或很少需要使用所储存的电子邮件信息。虽然每天清理收件箱的人比率很高，但每年或每月清理一到两次的人比率也很高（42%）。参与者认为，他们保留在收件箱中的大部分信息在将来会有用。有些人认为自己保存的信息在未来不会有用，有些人则不保留这些信息，这两类人数量大致相当。大多数（66%）参与者表示他们在删除没有用处的信息时没有困难，但也有24%的参与者在删除无用的电子邮件方面遇到困难。参与者还表示，他们把信息保留在他们的电子邮件账户中是因为他们认为将来会需要这些信息（76%）。虽然参与者表示，他们很少会意外地删除所存储的信息，但他们也表示，在不小心删除了信息之后，除了有些参与者感到悲伤（28%）和懊悔（20%）之外，有些参与者（40%）没有任何感觉。

表5－6　　大学管理人员数字囤积行为的频率分布

收到新邮件时的常规行为		
	频率	百分比
立即阅读该邮件	7	14%
如果标题重要，阅读电子邮件	37	74%
暂时不采取任何行动	6	12%
共计	50	100%
需要使用所存电子邮件信息的频率		
	频率	百分比
很少	23	46%
有时	21	42%
经常	6	12%
共计	50	100%

续表

清理电子邮件收件箱的频率		
	频率	百分比
每天	18	36%
每周一次	9	18%
每月1或2次	10	20%
每年1或2次	11	22%
从不	2	4%
共计	50	100%
将来可能需要用到的电子邮件数量		
	频率	百分比
所有的	2	4%
它们中的大多数	19	38%
其中一半	9	18%
其中一些	20	40%
共计	50	100%
存储的电子邮件今后将不会被使用		
	频率	百分比
完全同意	7	14%
同意	15	30%
不确定	6	12%
不同意	13	26%
非常不同意	9	18%
共计	50	100%
在删除无用的电子邮件方面遇到困难		
	频率	百分比
完全同意	3	6%
同意	9	18%
不确定	5	10%
不同意	17	34%
非常不同意	16	32%
共计	50	100%

续表

保留电子邮件的原因		
	频率	百分比
需要	38	76%
作为一个证据	4	8%
没有理由	8	16%
共计	50	100%
意外删除电子邮件的频率		
	频率	百分比
非常经常	1	2%
经常	2	4%
有时	4	8%
很少	35	70%
从不	8	16%
共计	50	100%
意外删除电子邮件后的感受		
	频率	百分比
懊悔	10	20%
悲伤	14	28%
愧疚	4	8%
生气	2	4%
没有什么	20	40%
共计	50	100%

资料来源：Acar, Ö. F., Acar, S., "A Preliminary Investigation of Digital Hoarding Behaviors of University Executives", *European Journal of Digital Economy Research*, Vol. 1, No. 1, 2020.

（二）人口统计学和电子邮件使用情况的交叉分析

从性别的角度看，男性与女性的电子邮件使用行为具有明显的性别差异。大多数男性参与者的电子邮箱账户中未读邮件数量相当少。男性参与者经常阅读他们的邮件信息，但不会删除它们。他们继续把已删除的邮件放在垃圾箱里。他们未阅读就删除的邮件数量非常少。然而，女性参与者的电子邮件数量比没有阅读就被删除的电子邮件数量要多。和男性参与者一样，她们也通常不会删除读过的邮件信息。与男性参与者相比，女性参与者更倾向于将邮件隐藏在已删除信箱里。她们在不阅读的情况下删除的邮件数量比男性参与者要多。整体来看，女性参与者比男性参与者更倾向于堆积和囤积信息。

参与者的学术职称对其电子邮件使用行为具有影响。参与研究的讲师们经常阅读邮件信息。没有阅读而被删除的邮件数量相当多。教授们阅读和删除邮件的倾向高于其他职称的学术人员；同样地，他们更倾向于把删除的邮件存放在垃圾信箱中。此外，这些职称的学术人员通常不会在没有阅读的情况下就删除邮件信息，并且他们也不会保留那些没有阅读却被删除的信息。

从行政职责的角度看，由于有行政职责的教职员工的工作量很大，所以发送到电子邮件账户的邮件数量也很高。有行政职责的教职员工通常会阅读发送到他们电子邮件账户的邮件信息，而不管他们的行政职责如何。院长、部门主任和系主任往往不会删除他们所阅读的信息，并且也倾向于保留他们所删除的邮件。所有行政职务的学术人员都存在不阅读就删除邮件的倾向以及保留这些邮件的倾向。整体而言，院长、部门主任和系主任更有可能存储邮件信息。

电子邮件的使用行为在不同年龄阶段上也表现出不同特征。从年龄和电子邮件账户使用情况的交叉分析可以看出，未读邮件的数量随着年龄的增长而减少。相反，没有被阅读但保留在收件箱中的邮件数量随着年龄的下降而增加。随着年龄的增长，将已删除邮件保留在已删除信箱中的趋势也在增加。尽管不同年龄段的人在不阅读的情况下被删除的邮件信息没有区别，但所有年龄段的人在不阅读的情况下删除邮件信息的倾向性都很低。整体而言，年轻人保留邮件信息的倾向更高。

(三）人口统计学和数字囤积行为的交叉分析

首先，男性和女性参与者都根据电子邮件标题的重要性来决定何时阅读邮件信息。在收到新邮件时，20%的女性参与者会立即阅读邮件信息，而只有12.5%的男性参与者会立即阅读。男性和女性参与者很少或有时需要访问他们保存在收件箱中的邮件信息；有10%的男性参与者经常需要那些保存在收件箱中的邮件信息，而女性的这一比例是20%。40%的男性参与者每天都会清理他们的收件箱，而女性的这一比例为20%；女性更可能以每周（30%）或每月一到两次（30%）的频率清理她们的收件箱。认为收件箱中只有一些邮件信息将来可能需要用到的人的比例，男女都是40%；同时，也有40%的女性参与者认为她们收件箱中的大部分邮件信息将来可能需要用到，而男性的这一比例是37.5%。认为自己存储的邮件信息对未来没有用处的人中，男性和女性的比例分别是45%、40%。这两个群体中的大多数人都认为他们不会存储对他们没有用处的邮件信息。30%的女性参与者认为很难删除那些没有用的信息；然而对于男性参与者来说，这一比例只有22.5%；两种性别的大多数参与者都声称他们可以毫不犹豫地删除无用的电子邮件。80%的男性参与者和60%的女性参与者表示，他们会在需要时保留邮件。女性参与者在不小心删除电子邮件信息时主要是感觉没有什么（60%），而男性仍有相当大的比例感觉悲伤（35%）和遗憾（20%）。综上所述，女性参与者保留和囤积信息的倾向性更高；她们清理收件箱的频率较低；与男性相比，女性参与者很难删除没有用处的邮件，而且她们也不试图删除这些无用邮件。这些事实和数据说明女性参与者堆积电子邮件信息的行为比男性高。

其次，所有学术级别的参与者都倾向于根据邮件标题的重要性来阅读邮件。他们也很少或有时偶尔需要他们收件箱中的旧邮件。值得注意的是，清理收件箱的频率为每年一到两次的人中，比例最高的是助理教授，高达41.7%；从不清理收件箱的人中，比例最高的是讲师，达到了20%，其余职称的这一比例均为0；在每天清理收件箱的人中，比例最高的助理教授，高达50%，而副教授更可能每周清理一次收件箱（57.1%），教授更倾向于以每月一到两次的频率执行这项工作。认为收件箱中只有少数邮件信息将来可能需要用到的人的比例，教授为52.4%，助理教授为41.7%，讲师为30%。有趣的是，71.4%的副教授表示，邮箱中的很大一部分信息对他们来说是有价值的、将来可能需要用到；助理教授的这一比例为50%，讲师为40%。在不同职称等级的学术人员中，不小心或意外删除邮件信息行为要么没有，要么很少发生。有相当比例（至少为42.9%）的其他职称的学术人员对被误删的邮件信息毫无感觉，而不少助理教授则感到遗憾（33.3%）、悲伤（25%）和愤怒（16.7%）。综上所述，助理教授和讲师更倾向于保留和堆积电子邮件信息，即中低职称的学术人员比高级职称学术人员的数字囤积行为更加显著。

此外，虽然所有的行政管理工作都需要定期阅读收到的电子邮件信息，但这些不同行政级别的管理人员很少或有时偶尔需要他们收件箱中的旧邮件。大多数的参与者每天都会清理他们的收件箱。认为收件箱中只有少数邮件信息是有价值的、将来可能需要用到的比例，校长和副校长为50%，院长和副院长为41.7%，部门主任和副主任则为40%。绝大多数参与者认为，他们不会存储和堆积在未来没有用处的邮件信息。同样，相当多的参与者在删除邮件信息时没有困难。参与者中意外或不小心删除邮件信息的情况要么根本没有发生，要么很少发生。整体来看，系主任囤积信息的倾向性更高。

最后，所有年龄段的参与者大部分都是根据电子邮件的标题来决定如何阅读邮件的。值得注意的是，56—65岁年龄组的有

33.3%的人选择在收到新邮件时立即阅读邮件，这一比例在所有年龄段中最高。25—35岁的参与者经常需要他们保存在收件箱中的旧邮件，高达42.9%，这一比例在所有年龄段中最高；而在其他年龄组中，这种情况很少或偶尔发生。46—55岁和56—65岁年龄组的人更可能每周和每月清理他们的收件箱，而其他年龄组的参与者则大多每天清理他们的收件箱。值得注意的是，25—35岁年龄组中有28.6%的人从未清理收件箱。另一方面，25—35岁年龄组的71.4%的参与者认为他们收件箱中的大多数邮件是重要的、将来可能需要用得到。每个年龄段的绝大多数参与者都不觉得删除无用的邮件信息有什么困难。所有年龄组的人都从未或很少发生意外删除邮件信息的行为。同样值得注意的是，大多数最年轻的行政人员如果不小心删除了电子邮件信息，也不会有任何感觉。比较而言，在36—45岁和46—55岁的年龄组中，保留和囤积信息的倾向性较高。

第三节 数字囤积行为与数字囤积障碍

数字囤积障碍，是数字囤积行为表现的异化。当个人的数字囤积行为跨越了干扰生活其他方面的界限时，它就是病态的，即数字囤积障碍。

在研究过程中，笔者发现，有些人的数字囤积行为表现出一定的异化，即发展为数字囤积障碍，过度获取、删除困难和堆积杂乱的程度高于普通水平。例如，在本研究的访谈样本中，受访者P18的数字囤积行为最严重，可能接近于数字囤积障碍。需要指出的是，数字囤积障碍的判定需要有更严格的医学健康标准，本书只是从数字信息管理视角对受访者个人的数字囤积程度作出大致的评估和比较。

数字囤积障碍（Digital Hoarding Disorder，DHD），也叫数字囤

积症，指个人的数字囤积行为已经异化成为一种行为障碍，表现为不受限制的数字信息获取、删除数字信息引发情感痛苦和数字信息的极度杂乱，并且产生了非常严重的心理和健康后果，影响生活和工作的正常运转。数字囤积症的典型案例就是《英国医学期刊病例报告》上的那位囤积数码照片的荷兰男子，数码照片的堆积和混乱导致了痛苦和功能障碍[①]。

一　物理囤积障碍与数字囤积障碍

每个人喜欢囤积的物品种类不同，大致可以分为两大类：有形的物品、无形的信息（数字时代的信息大部分是数字形态的信息）。传统囤积研究的就是有形物品的囤积，数字时代和大数据时代催生了数字囤积研究的兴起。囤积症是一种正式的心理疾病，绝大多数人只是习惯性囤积某类或者某几类物品罢了，远未达到诊断标准。

传统意义上的囤积症影响着世界人口的4%—5%[②]。由于涉及数字囤积行为的人数很多，一旦极端的数字囤积行为在临床上被确定为一种疾病，那么数字囤积症将会产生更为广泛的影响。很多人有数字囤积倾向或行为，但很少有人走入数字囤积的极端——数字囤积症。

美国史密斯学院心理学教授兰德·弗罗斯特和波士顿大学社会工作学院教授盖尔·斯泰吉蒂在《物品：强迫性囤积和物品的意义》（原英文书名为 *Stuff*: *Compulsive Hoarding and the Meaning of Thing*，国内也译为《囤积是种病：别让杂物堵住你的幸福》）一书

---

① van Bennekom, M. J., Blom, R. M., Vulink, N., et al., "A Case of Digital Hoarding", *BMJ Case Reports*, doi: 10.1136/bcr-2015-210814, 2015.

② Sedera, D., Lokuge, S., "Is Digital Hoarding a Mental Disorder? Development of a Construct for Digital Hoarding for Future IS Research", *Proceedings of 39th International Conference on Information Systems*, San Francisco, 2018.

中剖析了囤积症这一普遍现象[①]。

作者在该书中介绍了他们在实际调查研究过程中接触的大量病例，从多个维度展示了囤积者和囤积症患者的认知、心理和行为。书中与囤积行为、囤积障碍相关的案例与调研源于作者此前数十年的积累。该书于2010年在美国面世，彼时彼地，社会公众和学术界对囤积问题的关注还主要停留在现实世界中的物理囤积上，该书也不例外。

值得注意的是，在弗罗斯特和斯泰吉蒂对囤积症的研究中，也发现了不少信息囤积者，主要表现为对报纸、杂志等信息载体的囤积。他们发现，尽管他们向信息囤积者强调，绝大多数印刷品上的信息可以在网上轻而易举地查找到，但是该建议并没有很好地改善患者囤积信息的习惯。拥有实物载体的信息给囤积者留下了更易使用的印象，因而对他们来说，信息的实物载体在一定程度上是不可或缺的。虽然，虚拟世界中的数字囤积问题并非该书探讨的焦点，该书也并未使用“数字囤积”这一术语，但是提及了囤积者的数字囤积行为。许多囤积者在受访中表示，他们的电脑硬盘和电子邮箱中塞满了文件和信息，由于文件和信息数量成千上万，他们根本无从下手进行分类，但又不忍删除这些弥足珍贵的信息。

虽然我们还远不能宣称数字囤积是一种正式疾病（这是心理学或精神病学专家的工作），但我们相信，我们已经开始了一场至关重要的讨论，唤起社会公众对数字数据管理和数字囤积问题的重视，也吸引更多研究力量投入这一新兴领域。

二 对数字囤积障碍判定的启示

需要说明的是，判定一个人是否患有数字囤积障碍（症）的界

---

① ［美］兰德·弗罗斯特、盖尔·斯泰吉蒂：《囤积是种病：别让杂物堵住你的幸福》，李小平、靳婷婷译，中信出版社2011年版，第239—245页。

限并不总是那么清晰明显，对本研究来说难度太大，而且这是精神病学医生或者心理学家的工作，并非本研究的目的。但是，本研究依然对数字囤积症的判定具有一定的启示意义。

首先，数字囤积症的判定需要考虑个体差异。如果某人有上千封邮件，但是这些邮件井然有序，很有价值，而且这个人可以很容易地找到所需要的东西，时常回看和使用这些邮件，那就不算囤积了，更接近数字收藏。区分数字囤积与数字收藏的关键特征如表5－7所示。此时，当这个人不得不访问一封特定的电子邮件时，个人压力不会上升。反之，如果个人觉得无法控制其数字内容，无法在有需要的时候找到所需之信息，并担心删除任何数据，那么这就会给个人带来压力，可能会被认为是数字囤积症。

表5－7　　　区分数字囤积与数字收藏的关键特征

关键特征	数字囤积	数字收藏
对象内容	没有特定的对象；缺乏连贯的主题，有些案例主要拍摄风景照片，有些主要囤积电子书，对象不固定。	特定的对象；主题化、高选择性、小众化、特色化。
获取过程	非结构化；案例中的囤积者每天拍一千多张照片，很多都是相似的。	结构化；受访者参与数据获取的研究和规划策略。
过度获取	很有可能；案例中的囤积者每天拍一千多张照片，这成为其每天的主要活动。	可能，不太常见；除了三位受访者拥有PB（1PB＝1024TB）量级的数据外，大多数受访者都表达了合理的获取水平。
组织序化程度	低；案例中的囤积者大量未组织序化的照片堆积导致数码设备混乱。整理这些照片每天要花3到5个小时。	高；91%的受访者保持着有序的收藏。有些人使用自动化方法来组织和序化收藏。归档策略很常见。

续表

关键特征	数字囤积	数字收藏
痛苦水平	高；囤积者感到痛苦，因为数字文件的组织和管理非常耗时，庞大的图片数量使其无法在计算机上处理它们。	低；除了经历大量数据积累的安排协调和财务方面的困难外，受访者整体上喜欢数据收集和组织。
数据参与度	低；案例中的囤积者从未使用或看过其保存的照片，但相信它们将来会有用。	高；97%的受访者几乎每天都会使用他们的数据。
丢弃数据的能力	完全没有；案例中的囤积者很难丢弃他的数码照片，即使这些照片价值有限，他依然相信这些照片将来会对他有用。	混合的；40%的受访者表示他们删除数据没有任何困难，而60%的人表示有一定程度的犹豫。
情感依恋	高；案例中的囤积者对其数字文件的依恋就像对物理对象的依恋一样。他很难丢弃照片，即使许多非常相似，因为他们唤起了回忆。	中等的；82%的受访者对自己的收藏表达了一定程度的情感依恋。17%的人对收集到的数据没有情感依恋。

资料来源：表格根据数字收藏的相关研究以及 van Bennekom 等（2015）的数字囤积案例研究整理而来。

其次，数字囤积症不是通过数字信息的数量和规模界定的，而需要我们放眼去关注获得和管理这些数字信息对个体产生的影响。事实上，对于囤积者，并没有严格的量化标准，如收件箱中一定数量的电子邮件或保存的照片数量。如果这些数字信息干扰了此人和他人的健康或幸福，例如导致沮丧焦虑情绪、造成侵害、削弱基本生活能力等，此时的数字囤积行为便越界成了病态，即数字囤积症/数字囤积障碍。

最后，数字囤积障碍没有绝对的标准，与个人的信息素养、信息处理能力等因素息息相关。对于一个长期与数据信息打交道的知识工作者（例如，科研人员、证券分析师、短视频创作者等）来说，拥有几百 GB 甚至更大的数字存储可能依然得心应手、井然有序，但对于一个缺乏足够信息整理能力和数据管理技巧的人来说，可能只是电脑桌面和手机应用程序就让其焦头烂额、无所适从。

第六章

个人的数字囤积行为前置因素分析

在上一章中，笔者从“是什么”的视角探究了个人的数字囤积行为，分析了个人的数字囤积行为基本特征、作为数字囤积行为表现主体的数字囤积者，以及异化的数字囤积行为——数字囤积障碍。

接下来，笔者将从“为什么”的视角探究个人的数字囤积行为，即对个人的数字囤积行为前置因素进行分析，对应的是命题二。再来回顾一下命题二的内容——个人的数字囤积行为前因（包括情感依恋、实用价值、感知控制、感知责任、信息分类缺陷等九个因素）导致了个人数字囤积行为的发生。

在第四章中，笔者在扎根理论研究方法论的指导下，抽取出主范畴“个人的数字囤积行为前因”，该主范畴对应的子范畴如图6－1所示。换言之，个人的数字囤积行为前置因素包括情感依恋、实用价值、信息分类缺陷、信息决策缺陷、行为回避、人类习性、感知控制、感知责任和数字存储感知，这些前置因素共同导致了个人的数字囤积行为的发生。

接下来，笔者将分别从数字信息的价值（情感依恋、实用价值）、个人的信息处理缺陷（信息分类缺陷、信息决策缺陷）、个人心理层面（行为回避、人类习性）和个人感知层面（感知控制、

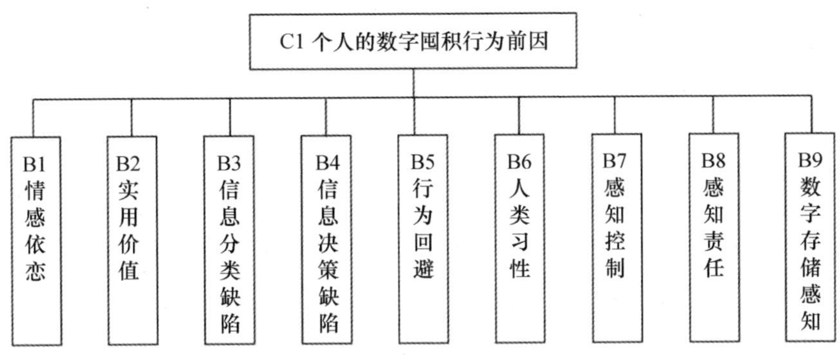

图 6－1　主范畴“个人的数字囤积行为前因”

感知责任、数字存储感知）对个人的数字囤积行为的前置因素展开分析和讨论。

第一节　数字信息的价值对数字囤积行为的影响

对个人而言，数字信息或数字数据的价值大致可以分为两类：情感价值和实用价值。接下来，笔者将分别探讨数字信息的情感依恋和实用价值是如何影响个人的数字囤积行为的。

一　情感依恋

数字信息的情感价值，通俗地来讲就是指数字信息对个人在情感层面的作用或意义，例如承载着对过去时光回忆的数码照片、唤起某种情绪的音乐、记录孩子成长的视频等。在急剧变化、日新月异的信息时代，数字信息的情感价值在一定程度上被视为情感寄托，会让人获得满足感、给人安全感、缓解内心焦虑等。如果个体过分看重数字信息的情感价值，形成某种程度的情感依恋，那么很容易产生数字囤积行为[①]。数字囤积研究中的“情感依恋”概念延续了传统的物理囤积研究，个体对物品的依恋可以类比到对数字信息的依恋，况且数字信息本身就是一种数字形态的物品[②]。

在本研究情境下，个人对数字信息的情感依恋指个体与数字信息之间存在的一种特殊的情感层面的依恋与纽带关系，包含三个概念：回忆纪念（A1）、拟人化倾向（A2）和情感表征（A3）。

（一）回忆纪念

回忆纪念指个人借数字信息表达对特定人、事、物和过去经历的怀念。许多受访者表示，数字信息的回忆和纪念意义是他们数字囤积行为的重要原因。在心理学中，记忆包括识记、保持、回忆与再认三个环节。其中回忆是恢复过去经验的过程，是记忆的第三环节，前两个环节识记材料、保持材料都是为了在必要时能回忆或再认材料。纪念则用来形容对人或物的一种留恋怀念的情绪，常常指令人回忆的东西、用以表示纪念的物品等。

例如，受访者 P7（大学生村官，男，日喀则）谈道，“我喜欢拍照，没有刻意地去拍照，想到什么照什么，主要是回忆嘛，怀旧，时不时地会翻翻看，挨个翻……也会用微信朋友圈的小视频拍一些传上去，来记录某一刻，就是当时我觉得很有意义。”此外，受访者 P9（销售人员，男，长沙）也表现出类似的行为模式，“我平时喜欢拍照，也会把照片保存下来，这个习惯有近十年了吧，觉得这些照片很有纪念意义。像小时候与家人的合照是冲洗的，也会用手机再拍下来，希望留存的时间更长一些。旧手机里照片会导出到电脑，集中保存到 U 盘里，这些都是回忆……”

① Sweeten, G., Sillence, E., Neave, N., “Digital Hoarding Behaviours: Underlying Motivations and Potential Negative Consequences”, *Computers in Human Behavior*, Vol. 85, 2018.

② Yap, K., Grisham, J. R., “Unpacking the Construct of Emotional Attachment to Objects and Its Association with Hoarding Symptoms”, *Journal of Behavioral Addictions*, Vol. 8, No. 2, 2019.

在问卷调查中，对于不想删除或保留数字信息的原因，“回忆”“纪念”“留念”“怀念”等词语被多次提及，有些被调查对象甚至直接表示“人生旅程的痕迹，能够大容量保存，随时都可以回顾”“宝宝成长中的照片和视频我不想删除”。此外，还可以发现，照片、视频是人们用来回忆和纪念的重要信息类型，承载着独特的情感依恋，也因此成为常见的个人数字囤积对象，这与本书的问卷调查结果一致。

（二）拟人化倾向

拟人化倾向（anthropomorphic tendency）指将数字信息与人做联结，赋予数字信息一定的人性。已有研究证实了拟人化倾向对物品囤积行为的影响。[①] 具有更强拟人化倾向的个体从物体中获得的安全感与从亲密的他人那里获得的安全感相同。如果焦虑不安的个体从物体中寻求安慰来代替人际依恋，拟人化的物体可能有助于进一步增加对这些个体的社会支持。[②] 在不少案例中，许多囤积障碍患者描述了“我的物品需要我”的感觉。[③] 拟人化和情感因素的复杂性会增加与物品维护的决策难度，并导致囤积。[④]

在数字时代，数字化和数字信息已经渗透进个人的学习、工作、娱乐休闲和生活等几乎每个角落。可以说，人们无时无刻、随时随地都在与数字信息打交道。麦克卢汉说，媒介即人的延伸。[⑤] 数字时代使数字媒介不止成为人的延伸，甚至成为人的一部分。正

① Neave, N., Jackson, R., Saxton, T., et al., “The Influence of Anthropomorphic Tendencies on Human Hoarding Behaviours”, *Personality & Individual Differences*, Vol. 72, 2015.

② Norberg, M. M., Crone, C., Kwok, C., et al., “Anxious Attachment and Excessive Acquisition: The Mediating Roles of Anthropomorphism and Distress Intolerance”, *Journal of Behavioral Addictions*, Vol. 7, No. 1, 2018.

③ ［美］兰德·弗罗斯特、盖尔·斯泰吉蒂：《囤积是种病：别让杂物堵住你的幸福》，李小平、靳婷婷译，中信出版社 2011 年版。

④ Burgess, A. M., Graves, L. M., Frost, R. O., “My Possessions Need Me: Anthropomorphism and Hoarding”, *Scandinavian Journal of Psychology*, Vol. 59, 2018.

⑤ Mcluhan, M., *Understanding Media: The Extensions of Man*, Cambridge, MA: MIT Press, 1994.

如受访者 P7（大学生村官，男，日喀则）所言，“我现在已经离不开信息了，现在你看，刷钱都是用微信，去哪里都是用手机，手机相当于钱包，有时候甚至相当于伴侣，这是我的感觉啊，我觉得现在已经完全依赖它了。大部分的人，尤其是那些小孩儿从小就开始玩手机和各种电子产品，我觉得依赖性已经很强了……”

我们已经越来越难以离开数字设备和数字存储，许多人甚至产生了将数字信息拟人化的倾向，认为某些数字信息（例如，数字照片、视频、社交网络等）就像朋友一样难以割舍。例如，受访者 P15（计算机专业硕士生在读，男，武汉）认为，“你以为你扔不下的是那些东西或者那些数据，实际上扔不下的只是那一份情感，睹物思人罢了。”

（三）情感表征

情感表征是笔者在编码过程中发现的一个概念，指个体认为数字信息代表、象征某种情感体验。例如，受访者 P2（仓储物流主管，男，北京）谈道，“比如这件事比较有难度，你去做它，在你的努力下，这件工作完成了，你获得了一定的掌声，你会想把它保存下来，它们代表了自己的成就感和满足感……”受访者 P8（历史学博士生在读，男，广州）表示，“从大学以来，与朋友的合影都还在。与重要的人的合影会留下来，象征着友情啊、快乐的日子啊……”

由此可见，无论是工作情境下产生的、代表着成就感、满足感的电子文档，还是个人生活中象征着友谊、亲情的合照，都可能促使个人将它们保存和囤积起来。

二 实用价值

数字信息的实用价值指数字信息在实践和功用层面带给个人的帮助和益处，例如数字信息存取便宜能弥补记忆不足、数字信息存储时间长可用于长期保存、数字信息相当于数字痕迹可用作证据或证明。在第四章的开放式编码中，范畴实用价值（B2）包含的三个概念为证明（A4）、弥补记忆不足（A5）、长期保存（A6）。接下来，笔者将分别展开论述。

（一）数字信息的证明作用

数字信息是人与物及其交互活动的记录。许多人明确地表示，数字信息的证明或证据作用是他们保存这些数据信息的重要原因，尤其是电子文件和电子邮件。[①] 通过这种方式，在需要的时候，数字数据可以作为已完成的工作、发送和接收的任务等的证据。例如，受访者 P6（证券投行经理，男，上海）表示，“工作邮箱容量很大，100G，这些工作邮件也不能删除，回头找都没法儿找，有很多时候需要回头翻看查找……而且能‘留痕’，发了邮件，通过截图就能证明，相比微信、QQ 更正式，证明力更强。”

值得注意的是，符合条件的数字信息/电子数据甚至可以作为法律证据[②]。2019 年 12 月《最高人民法院关于民事诉讼证据的若干规定》（以下简称《规定》）对外公布，并于 2020 年 5 月 1 日起施行。其中，第十五条规定了电子数据可以作为法律证据使用，第十四条列举了电子数据包含的信息、电子文件类型有网络平台发布的信息，网络应用服务的通信信息，用户注册信息、身份认证信息、电子交易记录、通信记录、登录日志等信息；文档、图片、音频、视频、数字证书、计算机程序等电子文件；以及其他以数字化形式存储、处理、传输的能够证明案件事实的信息。可以说，本研究中的数字信息、数字数据基本涵盖了《规定》中的电子数据。

---

① Sweeten, G., Sillence, E., Neave, N., “Digital Hoarding Behaviours: Underlying Motivations and Potential Negative Consequences”, *Computers in Human Behavior*, Vol. 85, 2018.

② 田海鑫：《看新〈民事证据规定〉如何对待电子数据证据》，《人民法院报》2020 年 1 月 17 日第 2 版。

（二）数字信息帮助弥补记忆不足

研究发现，人的记忆过程包括存和取两步：一是将信息转入长时记忆存储器，二是从中提取信息①。数字信息的特点就是易于存取，便携式数字设备和廉价的数字存储，再加上无所不在的网络连接，这些都促使数字信息能帮助人类弥补记忆不足。《华尔街日报》刊文指出，大量电子邮件、文件等数字内容的保存可以形成“数字记忆力/数字保持力”。

例如，受访者P1（会计学博士生在读，男，武汉）表示，“还有些照片是防止自己忘记，它们包含了某些重要事项或信息项”。受访者P17（淘宝卖家，男，郑州）认为，“人随着年纪增大记忆力逐渐衰退，数字信息能更好地替代人脑储存记忆”。

（三）数字信息满足长期保存需要

个人的兴趣爱好一般是稳定的，工作任务可能是长期性的，需要相应的记录信息能够长期保存。数字信息的特点还有易于复制、不易老化。对于摄影爱好者而言，数码照片显然比纸质照片更适合长期保存。知识工作者也是类似，长期保存数字材料、电子文件比长期保存纸质材料要节省空间、便于管理。

例如，受访者P10（人力资源专员，男，北京）谈道，“大部分信息不会去清理，因为很多信息都是持久的，会经常用的。除非是那种短期内有用的，用完之后才会删掉。变化不大、比较稳定的信息，都会保存下来，很多信息不会轻易变更，只是在原来的基础上做改变。”

综合扎根编码结果和上述分析过程，本研究发现：情感依恋和实用价值是个人的数字囤积行为的重要前置因素，这与已有研究结

---

① ［美］维克托·迈尔-舍恩伯格：《删除：大数据取舍之道》，袁杰译，浙江人民出版社2013年版，第27—28页。

论基本一致。例如，Vitale 等研究发现，个人的数字囤积实践既有情感成分（它是对忘记和放下过去事情的恐惧的反映），也有实用成分（它与工作或外部需求有关）。[①] 这里的情感成分、实用成分指的就是数字囤积的情感价值和实用价值。无独有偶，Sweeten 等也发现，受访者会因为数字数据内在的个人和情感价值而产生对数据（尤其是照片）的情感依恋，此外，保存数字数据为将来所用/以防万一、保存数字数据作为证据也是受访者不愿删除数据而导致数字囤积的重要原因。[②] 事实上，保存数字数据为将来所用/以防万一、保存数字数据作为证据就是数字囤积的实用价值。

第二节　个人的信息处理缺陷对数字囤积行为的影响

除了个人对数字信息的情感依恋（数字信息的情感价值）和数字信息的实用价值外，个人的信息处理缺陷也是个人的数字囤积行为前置因素，具体包括信息分类缺陷和信息决策缺陷。

一　信息分类缺陷

信息分类缺陷是指个体在数字信息的分类、整理上存在的不足。传统的囤积行为研究表明，信息分类缺陷是导致个人的囤积行为的重要原因之一。[③] 在第四章的开放式编码中，范畴信息分类缺

---

① Vitale, F., Janzen, I., McGrenere, J., "Hoarding and Minimalism: Tendencies in Digital Data Preservation", *Proceedings of the 2018 CHI Conference on Human Factors in Computing Systems*, Montréal, 2018.

② Sweeten, G., Sillence, E., Neave, N., "Digital Hoarding Behaviours: Underlying Motivations and Potential Negative Consequences", *Computers in Human Behavior*, Vol. 85, 2018.

③ Frost, R. O., Hartl, T. L., "A Cognitive-Behavioral Model of Compulsive Hoarding", *Behavior Research & Therapy*, Vol. 34, No. 4, 1996.

陷（B3）包含四个概念：不擅分类（A7）、组织政策缺失（A8）、分类整理麻烦（A9）和分类标准混杂（A10）。接下来，笔者将分别展开论述。

（一）不擅分类

在被问及数字信息整理习惯时，一些受访者直言自己不擅长分类，不仅是数字信息的分类，其他物品也是如此。例如，受访者P18（博士生在读，女，武汉）谈道，“我觉得我个人不是一个很擅长做信息管理的，就是觉得自己不擅长这些。不只是信息，其他物品也是的，我不太擅长整理、收纳。”

受访者P18是一个典型的数字囤积者，囤积的数字信息类型主要是手机照片和电脑文档，因为她不擅长数字信息分类，出现了明显的数字杂乱，电脑桌面上布满了快捷键、文件和文件夹，磁盘文件夹里的分类也比较混乱，想快速准确地找到所需文件并不是件容易的事。

（二）组织政策缺失

在工作场所中，员工个人可能会产生和积累大量数字信息，如果所在组织（企事业单位或政府部门、公共组织等）缺乏明确的信息管理政策，尤其是与数字信息分类相关的政策，很容易导致数字信息囤积现象。例如，受访者P2（仓储物流主管，男，北京）谈到，“我所在的部门是仓储物流部……工作中保存、积累了很多表格，数量很多，每天都要产生。就我所了解的，对于这些表格，目前公司还没有科学、详细的分类方式，也没有明确的电子数据管理政策。”

组织文化、组织制度等影响着组织成员的数字囤积行为，许多组织没有明确的数据管理政策。① 由于组织需要而保留的内容和囤

① Wiewiora，A.，Trigunarsyah，B.，Murphy，G.，et al.，“Organizational Culture and Willingness to Share Knowledge：A Competing Values Perspective in Australian Context”，*International Journal of Project Management*，Vol. 31，No. 8，2013.

积的内容之间可能很难区分。组织一级有关删除不需要的数据等数据管理方法的最佳实践，可以为当前或潜在的囤积者提供一些指导。长远来看，制定和实施适合本公司的数字信息分类与管理政策势在必行，将有效提升信息资源的开发利用和数据要素的自由流动。

（三）分类整理麻烦

许多受访者认为，照片、文档等数字信息的分类整理很麻烦，单纯依靠信息系统提供的分类组织功能不能满足用户需求。例如，受访者 P3（化学博士生在读，男，武汉）在谈到学术文献的分类时表示，“文献的分类也特别麻烦。有时候看完了一篇，就不知道怎么找到它。我下载过了，只是记得我大概看过，但是回去找还需要重新搜索。细心的话会备注、会把名字写得很长，但是有的时候也会找不到。主题的话，可能一篇文献有好多种主题，就选一个最重要的主题去分类，但这样也有问题，唉……”

由于数字信息的分类整理麻烦，个人可能对数字信息采取放任不管的态度，既不分类也不删除，或者通过重复保存来应对主题的多元和分散，最终使数字囤积问题日益严重。

（四）分类标准混杂

还有一部分受访者表示，自己的数字信息分类标准并不统一持续，而是混杂不一的，这也是信息分类缺陷的表现。

例如，受访者 P18（博士生在读，女，武汉）表示，“我觉得其实我管得不太好。我的分类标准是会变的，同一份文档可能在我的电脑里存了好几份。比如，这个文件夹是按期刊分的，还有一些是按作者分的。有时候可能同一性质的文档会放在不同文件夹里。这几年来，我的分类其实是不统一的，按作者、按期刊、按主题的分类都有。”数字信息分类标准的混杂很容易导致数字杂乱，加剧数字囤积问题。

二 信息决策缺陷

信息决策缺陷是指个体在评估和判断数字信息的可用性、潜在价值和重要程度等方面存在的决策能力不足。关于如何处置数字信息（虚拟物）的决策往往是费时且充满焦虑的，尤其当情感因素、拟人化倾向等牵涉其中时，信息决策会更加复杂。传统的囤积行为研究表明，个人的信息决策缺陷是导致囤积行为的重要原因之一。[①]

在第四章的开放式编码中，范畴信息决策缺陷（B4）包含三个概念：获取决策缺陷（A11）、删除决策缺陷（A12）和比较决策缺陷（A13）。接下来，笔者将分别展开论述。

（一）获取决策缺陷

获取决策缺陷，是指个人在是否获取数字信息、获取什么数字信息以及何时停止获取数字信息等决策方面存在缺陷。数字信息获取会影响后续的数字信息保存、积累和整理等环节。如前文所述，数字信息的过度获取是数字囤积行为的典型特征。如果个人在决定是否获取数字信息、获取什么数字信息以及何时停止获取数字信息时存在障碍，很容易导致数字信息的过度获取和数字囤积。

在诸多受访者中，P8（历史学博士生在读，男，广州）的做法最能体现获取决策缺陷对数字囤积行为的影响，他谈道，“在收集史料过程中，通常在界定有用还是没用时，其实是会纠结的，我很多时候也在纠结。当你研究深了，很多时候你关注的就是你最想解决的那个问题，就会自动忽略其材料，但有时根据这个材料你往外扩的时候，也会太扩展了，这可能是一个困扰，到底是弄进来呢

① Frost, R. O., Hartl, T. L., “A Cognitive-Behavioral Model of Compulsive Hoarding”, *Behavior Research & Therapy*, Vol. 34, No. 4, 1996.

还是不弄进来呢？最终可能还是弄进来，导致材料太多了。比如我做硕士论文的时候，论文才 3 万字，我都积累了 100 多万字的材料了。所以到底怎么界定有用还是没用真不太好说，干脆就都弄进来了。”

（二）删除决策缺陷

删除决策缺陷，是指个人在决定删除还是保留，即不删除数字信息时显得犹豫不决。个人的数字囤积行为的特征之一就是数字信息删除困难。当个人时常对删除还是不删除数字信息犹豫不决时，这说明删除数字信息已经对个人造成了困扰，随后的结果大多是数字信息被保留和囤积下来，或者过了一段时间才不得已删除。

例如，受访者 P18（博士生在读，女，武汉）表示，“前段时间我的兴趣点是看纪录片，于是安装了几个视频软件，下载了好多部纪录片，大概占用了十几个 GB……可当我看了三四部的时候，我发现我的兴趣慢慢消失了，可能兴趣又转移到电视剧上了。其实中间有犹豫，舍不得删，就觉得看纪录片这个事是好的，不应该删，就没舍得删，到最后的时候终于痛下决心——我不看视频了，所以就把这些应用软件和下载的视频全删除了。”

（三）比较决策缺陷

比较决策缺陷，是指个人在比较和评估数字信息之间的异同方面存在困难。例如，受访者 P18（博士生在读，女，武汉）喜欢拍照，手机相册里囤积了数千张照片，从美食到美景，从人像到物品，都是个人生活的点滴记录。在笔者要求 P18 展示其手机相册时，笔者观察发现，很多照片都是很相似的，拍摄的是同一对象，当被问及为何会这样做时，P18 是这样回复的，“对啊，比如有好多张相同的，你就要去比较吧，比较哪几张拍得好，但差别真的很细微……你觉得哪张好看啊？”

由此可见，如果个人存在数字信息比较决策缺陷，会影响其对数字信息可用性、潜在价值和重要程度等方面的比较和判断，进而导致数字信息的重复保存和过度积累。

第三节 个人心理层面对数字囤积行为的影响

此前的两节内容分别从数字信息的价值、个人的信息处理缺陷两个方面审视和思考了的个人数字囤积行为。本节则试图从个人心理层面探讨其对个人数字囤积行为的影响。

一 行为回避

行为回避是指个体试图阻止、逃离或减少与数字信息相关的负性刺激接触的心理，包括回避数字信息分类、回避数字信息删除、回避数字信息杂乱、回避数字信息焦虑情绪。行为回避借用了其他学者在阐述强迫性囤积的认知行为模型时提出的概念 behavioral avoidance[①]。在第四章的开放式编码中，范畴行为回避（B5）包含四个概念：回避分类（A14）、回避删除（A15）、回避杂乱（A16）和回避焦虑情绪（A17）。接下来，笔者将分别展开论述。

（一）回避分类

指个人对数字信息分类和组织抱持着不主动、拖延等回避心理。个人回避数字信息分类是其数字囤积行为的重要原因之一。例如，受访者 P1（会计学博士生在读，男，武汉）表示，“如果一开

① Frost, R. O., Hartl, T. L., "A Cognitive-Behavioral Model of Compulsive Hoarding", *Behavior Research & Therapy*, Vol. 34, No. 4, 1996.

始就归类当然很好啊，但大多数时候很忙，就没有归类。后期如果看到了，觉得很杂乱，会归类一下。”许多受访者表示，大多数情况下，他们不会在数字信息获取或创建之初就明确分类，而是在积累了一段时间之后才对数码照片、电子文档等进行分类，有的甚至一直都没有分类。

（二）回避删除

指个人对删除和清理数字信息（具体类型因人而异）抱持着不主动、拖延等回避心理。个人回避数字信息删除是其数字囤积行为的重要原因之一。例如，受访者 P18（博士生在读，女，武汉）谈道，“我想等我换电脑的时候会集中做这些，把这些东西都过一遍，做个筛选、整理，在我换电脑之前我应该不会这样做。因为筛选、整理东西本身就是一件很麻烦的事情，就会很累，因为你要不断地做决定、做比较。”回避删除会导致数字信息的总量越积越多，过时或不需要的信息继续占据数字空间从而加剧数字杂乱。

（三）回避杂乱

指个人低估或忽视数字信息纷繁杂乱的心理。个人回避数字信息杂乱是其数字囤积行为的重要原因之一。著名的囤积行为研究者弗罗斯特和斯泰吉蒂在其畅销书《囤积是种病：别让杂物堵住你的幸福》中详细描述了内尔的“杂物堆盲症”。[①] 在内尔的家里，箱子、衣服、报纸和杂志堆得到处都是，她却并不觉得这样的环境有何不妥。研究者用相机记录了她家的情况，当向她展示这些照片时，她竟然没有认出这是她的家。内尔的案例并不在少数，他们通常低估或忽视杂物堆的存在。

---

① ［美］兰德·弗罗斯特、盖尔·斯泰吉蒂：《囤积是种病：别让杂物堵住你的幸福》，李小平、靳婷婷译，中信出版社 2011 年版，第 141—143 页。

数字信息领域也存在类似的“数字杂物堆盲症”，例如，受访者 P18（博士生在读，女，武汉）谈道，“对，我习惯把文件和文件夹放在电脑桌面。你看，虽然桌面上放了这么多（指着密密麻麻、凌乱的电脑图标），但其实我最近用的只有这个（文件夹），所以也还好。”但是，在笔者或多数人看来，P18 那布满图标的电脑桌面无疑是杂乱的。当数字囤积者以第三者或相机的视角来看自己的行为时，或许就能看到数字囤积问题了。

（四）回避焦虑情绪

个人回避焦虑情绪是其数字囤积行为的重要原因之一。有学者认为，囤积本身可能是一种防御机制，有助于保护个人免受不利因素（如焦虑、不安等负面情绪等）的影响。[①] 知乎上的某篇专栏文章 N6（分享自己和朋友的数字囤积行为及引发的思考）写道，“过去，当他偶尔发现盗版书论坛时，他就会疯狂下载，下载时他能感受到脑袋热了起来，那感觉就像意外捡到钱了一样。之所以我能理解他，是因为每个老网民好像都有过类似的经历，都是这样走过来的，感叹过互联网造福人类。一方面，因为不花钱占了便宜而兴奋。另一方面，知识的海市蜃楼刺激到他了，给了他一种幻觉，仿佛下载了这些书自己就能一本本去看完，变得更睿智，他仿佛看到不远处的自己因为有了这些书会更加成功。”[②]

纵观近二三十年的人类社会，我们从一个信息贫乏的时代快速进入一个信息泛滥、数据洪流的时代。急剧变化、日新月异的信息环境，一方面激发了我们囤积信息资源的渴望，另一方面也让我们

---

① Hudson, W. C., “Persona and Defence Mechanisms”, *Journal of Analytical Psychology*, Vol. 23, No. 1, 1978.

② 周昶帆：《你下电子书、下英语资料、Mark 文章，囤了再多你也不爱学习》，知乎，2016 年 12 月 25 日，https://zhuanlan.zhihu.com/p/23358096，2023 年 2 月 23 日。

心生空虚和焦虑①。由于缺少对人与信息、技术之间关系的理性认识，有些人会选择通过囤积数字信息来填满内心空虚、缓解焦虑情绪，甚至陷入恶性循环之中。

二　人类习性

人类习性指人类长久以来普遍具有的、外界难以改变的心理感知特性及行为趋向。人类习性（B6）是笔者自行归纳总结出的概念类属，灵感来源于舍恩伯格关于遗忘与记忆关系的论述。他认为，在前数字时代，遗忘始终比记忆更简单，遗忘是常态，为了对抗遗忘，人类不断尝试用本能、语言、绘画、文本、媒体和介质来保存和记录信息。记录保存是人类社会自古以来的追求，数字时代让记忆、记录和保存更加容易。②

在第四章的开放式编码中，范畴人类习性（B6）包含三个概念：记录保存（A18）、喜爱免费（A19）和为未来做储备（A20）。换言之，在本研究情境中，一些人类习性（包括保存和记录数字信息、喜爱免费的数字信息、为未来储备数字信息）将影响个人的数字囤积行为。接下来，笔者将分别展开论述。

（一）记录保存

人类记录和保存数字信息的习性是其数字囤积行为的重要原因之一。得益于信息技术的进步，人类能够捕捉并记录的信息量，在最近的半个世纪中有了大幅度的增加。要知道，在此之前的模拟时代，信息记录与存储既昂贵又困难，因此大部分信息都随时间消散在历史长河中，千年以来皆是如此。因此，无论是个人层面，还是

① Bawden, D., Robinson, L., "The Dark Side of Information: Overload, Anxiety and Other Paradoxes and Pathologies", *Journal of Information Science*, Vol. 35, No. 2, 2009.

② ［美］维克托·迈尔－舍恩伯格：《删除：大数据取舍之道》，袁杰译，浙江人民出版社2013年版，第23—63页。

社会层面，抑或是整个人类命运共同体，最终保留下来的信息都是弥足珍贵的。以照片为例，在数码摄影技术发明以前，照相是一件相当奢侈的事，很多人可能只有在生日或拍全家福时才有照相的机会；而手机尤其是智能手机的普及，大大满足了人们对记录和保存影像的渴望。记录保存是人类的习性。

正如受访者 P2（仓储物流主管，男，北京）所言，“保存我们做过的事情，这可能是人的基本想法。除非是在做一些特殊的事情，产生一些隐秘的数据，希望保留的痕迹尽量少一点，才会刻意地去抹除。”从古至今，人类不断尝试各种方式来记录并保存信息，从生理本能记忆到作为交流工具的语言记忆，到绘画、文本等外部记忆，到摄影、磁带与胶片等介质记忆，再到现在基于强大数字存储能力的数字记忆。

（二）喜爱免费

人类喜爱免费的数字信息的习性是其数字囤积行为的重要原因之一。几千年来，个人获取和保存信息的成本都是高昂的，购买印刷型信息（如报纸和书刊杂志）、照相和保存这些物理上易损的信息都需要花钱。数字时代的到来使信息可以几乎零成本地被复制，互联网络的大范围普及使大多数信息可以被免费下载和分享，智能手机大大降低了数码照片、视频和音乐等多媒体信息的获取和存储成本，网络存储和云存储使个人存储数字信息的成本趋近于零。

知乎上的某篇专栏文章 N5（分享自己观察到的电子游戏囤积现象）写道，“看到某个游戏只卖几块钱，甚至免费，这么划算必须先收到库存里再说啊！……人都是这样，只要看到‘打折’‘历史最低价’这种字眼，就像捡到白菜一样，恨不得把全副身家都交出去，哪怕这些游戏自己根本不会玩，反正放在那里也不会变质不是吗？万一哪天闲得没事想起来了就可以玩一下，总不亏嘛。”① 免费的数字信息内容或产品极大地刺激了人们囤积数字信息的行为。

（三）为未来做储备

人类为未来储备数字信息是其数字囤积行为的重要原因之一。为未来储备物品是人类的习性，例如，灾荒之年储备粮食，乱世之年储备黄金，退休之前储备养老金。

知乎上的某篇专栏文章 N6（分享自己和朋友的数字囤积行为及引发的思考）写道，“有的人囤电子书，有的人囤英语、考研、公务员考试材料，有的人是下载电影，有的人是下载喜马拉雅 FM 上面的音频。我们碰到资源池时的心态就是不管是否能真用得上，先下下来再说。每个人都有囤积的倾向，只是轻重不同、占有的东西种类不同而已。人类亿万年的进化在人性中种下了一个为未来做储备的基因。”② 在数字时代和大数据时代，环境变化更加剧烈，未来具有更大的不确定性。从个体层面来讲，为了适应时代环境，谋求个人学习、工作和生活的可持续，我们为未来储备数字信息显得尤为重要，但是很多时候可能会产生数字囤积行为。

第四节　个人感知层面对数字囤积行为的影响

如前文所述，本书分别从数字信息的价值、个人的信息处理缺陷和个人心理层面探讨了个人的数字囤积行为前因，现在本节试图从个人感知层面探究个人的数字囤积行为前置因素以及它们如何影

---

① WG 情报姬：《在 Steam 囤积游戏的你，其实是患了心理疾病!》，知乎，2017 年 4 月 26 日，https：//zhuanlan. zhihu. com/p/26590049，2023 年 2 月 23 日。

② 周昶帆：《你下电子书、下英语资料、Mark 文章，囤了再多你也不爱学习》，知乎，2016 年 12 月 25 日，https：//zhuanlan. zhihu. com/p/23358096，2023 年 2 月 23 日。

响个人的数字囤积行为。

一 个人对数字信息的控制感知

个人对数字信息的控制感知是指个体对属于自己的数字信息的感知控制程度，包括渴望占有的程度、对失去数字信息后果的评估与感知、对删掉数字信息的害怕程度。传统的囤积行为研究表明，个人对物品控制的过分渴望是产生囤积行为的重要原因之一[①]。同理，个人对数字信息的控制感知也会影响其数字囤积行为。在第四章的开放式编码中，范畴感知控制（B7）包含的三个概念为：信息占有欲（A21）、失去之后果（A22）和害怕删除（A23）。接下来，笔者将一一展开论述。

（一）信息占有欲

个人的信息占有欲对其数字囤积行为的影响。占有是拥有或控制某物的状态。如果个人对数字信息有着明显甚至强烈的占有欲，会诱使其大量获取和保存数字信息，并很少删除，即产生了数字囤积行为。例如，受访者 P16（少儿教育培训，男，北京）认为，“有时候不是信息太少了，而是信息太多了，其实我们并不需要那么多信息，太多了就成了羁绊和累赘，但人就是占有欲强呀，唉……”

有学者以图片社交网站 Pinterest 为例，探究了数字占有或虚拟占有（数字消费者对数字信息内容的占有），发现受访的 Pinterest 用户存在一种虚拟囤积的趋势，他们在自己的 Pinterest 账户中保存了大量数字图片、也不想删除保存的图片，并认为这些已保存的数字图片属于他们自己。[②] Cushing 将数字占有定义为个体识别为自

---

① Stumpf, B. P., Hara, C., Rocha, F. L., “Hoarding Disorder: A Review”, *Geriatr Gerontol Aging*, Vol. 12, No. 1, 2018.

② Schiele, K., Hughes, M. U., “Possession Rituals of the Digital Consumer: A Study of Pinterest”, *European Advances in Consumer Research*, Vol. 10, 2013.

己的数字物品，并指出数字囤积研究还不够，虽然现有的囤积研究适用于数字占有，但未来仍需要开发新的测量方法来衡量数字囤积，这将有助于研究个人与数字物品的关系。[①]

（二）失去之后果

失去数字信息的严重后果对其数字囤积行为的影响。不少受访者表示，失去（包括删除、能获取而未获取）某些数字信息会产生严重后果，这也是他们囤积数字信息的重要原因之一。

例如，受访者 P8（历史学博士生在读，男，广州）谈道，“如果丢掉了、损坏了、找不回来了，那相当于要了老命了，这都是辛辛苦苦收集起来的，这些材料不仅仅是材料，因为有时候你会记一笔来提醒你，比如它说明了什么问题、有什么意义，（这些笔记）可能指明了研究方向，就是你的思路，说是你做研究的基础也丝毫不为过。做历史必须要史料，你不能瞎编，尤其是那些关键的史料要是丢了，想再收集起来，那好费工夫啊，可能就想不起到底是哪本书里的，历史这么多书这么多古籍你上哪儿找？要是搞丢这些对我们的影响是很大的。”受访者 P8 是一名历史学博士生，他的身份决定了他必须积累和囤积大量的文献和史料，如果没有足够的文献和史料，他的研究工作也就成了无源之水。

（三）害怕删除

害怕删除数字信息对其数字囤积行为的影响。害怕删除数字信息有点类似于错失焦虑/错失恐惧/遗漏焦虑。错失恐惧指个体因担心错失他人的新奇经历或正性事件而产生的一种弥散性焦虑。[②] 无论是数字囤积还是实体囤积，恐惧都是一个巨大的

---

① Cushing, A. L., “‘It's Stuff That Speaks to Me’: Exploring the Characteristics of Digital Possessions”, *Journal of the American Society for Information Science and Technology*, Vol. 64, No. 8, 2013.

② 柴唤友、牛更枫、褚晓伟等：《错失恐惧：我又错过了什么?》，《心理科学进展》2018 年第 3 期。

诱因。

例如，受访者 P13（博士生在读，女，北京）表示，“以前会不怎么舍得删东西，怕这个东西删掉了之后就没有了。”在信息技术和信息系统领域，错失焦虑的典型表现有频繁打开手机翻看消息和通知[①]、重度的社交媒体使用[②]等。害怕删除数字信息会使数字信息积累得越来越多，导致数字囤积现象。

二 个人对数字信息的责任感知

个人对数字信息的责任感知是指个体在与数字信息交互过程中感知到的与数字信息相关的责任。传统的囤积行为研究表明，个人对物品的责任感知是产生囤积行为的重要原因之一[③]。同理，个人对数字信息的责任感知也会影响其数字囤积行为。在第四章的开放式编码中，范畴感知责任（B8）包含三个概念：职业要求（A24）、自我发展（A25）和妥善保存（A26）。接下来，笔者将一一展开论述。

（一）职业要求

职业要求是指个人的工作中与数字信息相关的硬性要求，个人对数字信息负责是对职业或身份负责衍生出的责任感。例如，受访者 P6（证券投行经理，男，上海）表示，“保存是职业要求，不能删除，后续证监局有可能来检查。必须保存十年，纸质的、电子的都要保存，要对照得完全一致的。自己保存自己做的项目，离职的时候交接出去。”

---

① Coskun, S., Muslu, G. K., “Investigation of Problematic Mobile Phones Use and Fear of Missing Out (FoMO) Level in Adolescents”, *Community Mental Health Journal*, Vol. 55, 2019.

② Alt, D., “College Students' Academic Motivation, Media Engagement and Fear of Missing Out”, *Computers in Human Behavior*, Vol. 49, 2015.

③ Stumpf, B. P., Hara, C., Rocha, F. L., “Hoarding Disorder: A Review”, *Geriatr Gerontol Aging*, Vol. 12, No. 1, 2018.

在工作场所情境下，员工个人因职业要求、组织规定而囤积数字信息的现象比较常见，尤其是那些承担数据保护责任的员工。调查发现，在那些认为自己负有数据保护责任的员工中，数字囤积的比例要高得多，这表明员工的数字囤积行为可能受到工作实践的影响。[①]

（二）自我发展

自我发展是指数字信息对自我发展至关重要，个人对数字信息负责是对自我发展负责衍生出的责任感。例如，受访者 P8（历史学博士生在读，男，广州）认为，“搞历史就是要积累很多的材料才能做，不是一两年就能搞出来的，就是要慢慢积累，其他学科可能二十多岁就能成为好学者，但搞历史的没有四五十岁不太可能。”

对于某些人来说，数字信息的积累和囤积对自身发展意义重大。除了数字信息时代的科研人员外，数字摄影爱好者、自媒体和短视频创作者也是如此，他们需要拍摄、创作、保存和编辑大量的素材，除了原始内容，还包括二次加工内容，对这些数字信息负责就是对自身发展负责。

（三）妥善保存

妥善保存是指个人对数字信息本身负责，保持数字信息的妥善无恙。例如，受访者 P5（酒店市场开发，男，大连）谈道，“我之前电脑系统做升级，升级到一半，电脑没电，系统就崩溃了，电脑上所有东西都没有了，这给我的工作和生活带来了很多不便，像工作相关的这些都找不回来了，都需要重新去获取、整理。”

虽然相对于纸质信息等传统信息形态，数字信息在抵御物理风险和老化上具有优势，但是我们依然要积极采取措施（例如，异地

---

① Neave, N., Briggs, P., McKellar, K., et al., “Digital Hoarding Behaviours: Measurement and Evaluation”, *Computers in Human Behavior*, Vol. 96, 2019.

备份、数据迁移、存取设备更新升级等）以保证数字信息的妥善无恙。

三 个人的数字存储感知

个人的数字存储感知是指个体对数字存储成本、数字存储空间和数字存储优势等方面的感知。个人的数字囤积行为与数字存储设备（手机、电脑、U 盘和移动硬盘等）、数字存储技术（软盘、硬盘、光盘、网络和云存储等）和数字存储空间（从以 MB、GB 为单位到以 TB 为单位，再到无限存储空间）密切相关[①]。

在第四章的开放式编码中，范畴数字存储感知（B9）包含三个概念：数字存储成本（A27）、数字存储空间（A28）和数字存储优势（A29）。接下来，笔者将分别展开论述。

（一）数字存储成本

在个人用户领域，数字数据保存和备份成本的不断降低，不仅仅是经济成本，也包括时间成本（数字存储变得更便利、更节省时间），这大大刺激了个人的数字囤积行为。例如，受访者 P16（少儿教育培训，男，北京）表示，“我觉得是只要内存免费或者很便宜，能存就存吧……现在的信息环境下，其实数字内容囤积不是手段，而是储存成本降低导致的结果。”尤其是个人云存储的出现使个人数字囤积行为的成本接近于零，但是在实际使用过程中，云空间可能会变成“虚拟垃圾池”。

许多人把文件、照片等“丢”进“云”里就很少再回看了，时间久了或许连里面的内容都忘记了，过期的、没用的、不再需要的数据信息堆积在那里，变成了“虚拟垃圾”。例如，受访者 P12

---

① Oravec, J. A., “Digital (or Virtual) Hoarding: Emerging Implications of Digital Hoarding for Computing, Psychology, and Organization Science”, *International Journal of Computers in Clinical Practice*, Vol. 3, No. 1, 2018.

（博士生在读，女，武汉）谈道："不过这么说的话，我感觉我云盘里的照片就符合数字囤积的特征，我从没有清理过，里面有很多垃圾照片……"

（二）数字存储空间

数字存储空间的大小会影响个人的数字囤积行为，影响个人如何处理和保存数字信息。例如，受访者 P4（少儿英语培训，女，重庆）谈道，"因为放手机里比较占空间，我就把大部分照片上传到 QQ 相册里……大概每隔两三个月，就会挑选手机里的一些照片集中上传。"

当数字存储空间较大时，个人更容易出现过度获取和难以删除数字信息的表现，甚至导致数字空间的杂乱无序。例如，受访者 P13（博士生在读，女，北京）表示，"手机空间本身就很大，所以下载这些平时不怎么用的 App 所占的空间都无所谓啦。"调查发现，在手机内置存储空间不足时，人们将不得不删除/卸载一些程序或数据；当然，苹果手机的 iCloud 服务给了用户升级储存空间的选择，因而不需要被迫删除原本不想删除的数字信息内容。

（三）数字存储优势

许多受访者都谈到了数字存储与传统存储方式的比较，指出数字存储的优势是他们数字囤积行为的重要原因之一。例如，受访者 P12（博士生在读，女，武汉）表达了对数字存储的看法，"第一，我觉得用数字信息记录很方便，相比于纸质等其他方式，直接上传永久保留；第二，数字信息，比如用照片记录生活很生动形象，每次看到我会想到当时的心情和场景。对于工作上的数据资料，我觉得电子版更容易复制粘贴。"

也有人在丢弃杂物的过程中觉得直接扔掉又舍不得，所以把要扔掉的东西都拍照或扫描，例如卖书时，将每本书的封面拍下来，从幼儿园起所有的信也都扫描后再舍弃，于是积攒了许多"数字版本的杂物”①。因为数字存储不占用物理空间，所以人们很容易产生与数字存储相关的囤积问题。

如前文所述，除了用户访谈、观察和网络数据收集，笔者还针对个人的数字信息存储情况进行了较大规模的问卷调查，部分结果如表 6 - 1 所示。

表 6 - 1　个人的数字存储容量和类型的问卷调查结果（N = 449）

数字存储容量	频数（次）	百分比（%）
<100GB	96	21.4
100—500GB	132	29.4
500—1000GB	62	13.8
1—3TB	98	21.8
数字存储类型	**频数（次）**	**百分比（%）**
>3TB	61	13.6
手机存储	449	100.0
电脑存储	297	66.1
外接存储设备	248	55.2
网络存储（浏览器、微博、微信等）	197	43.9
免费的云存储	316	70.4
付费的云存储	98	21.8
数字存储类型的数量	**频数（次）**	**百分比（%）**
1—3	222	49.4
4—6	227	50.6

可以发现：第一，整体来看，被调查对象的数字存储空间较大，其中接近一半（约 49.2%）的人拥有至少 500GB 的数字存储空间；第二，不同类型的数字存储的采纳和使用比例由高到低依次是手机存储、电脑存储、外接存储设备、网络存储、免费的云存储

① ［日］佐佐木典士：《我决定简单地生活：从断舍离到极简主义》，程礼礼译，江苏凤凰科学技术出版社 2017 年版，第 40—41 页。

和付费云存储；第三，搭配使用多种数字存储类型的现象在被调查对象中比较常见，其中大约一半（50.6%）的人使用4—6种类型的数字存储。

此外，本研究还通过问卷调查来了解个人对数字化和数字存储的感知，作为访谈资料分析的补充。这部分共包含八个表述，要求被调查对象给出自己对这些表述的认同程度（1表示非常不认同，7表示非常认同），结果如表6-2所示。

表6-2 个人的数字化感知和数字存储感知的问卷调查结果（N=449）

维度	问题表述	平均值	标准差	极小值	极大值
数字化感知	我们的工作、生活和日常越来越数字化、信息化。	6.21	1.175	1	7
	我通常要接触、产生、获取、处理、使用或分享大量的数字信息内容。	6.00	1.252	1	7
	我认为数据/信息很重要，是一种重要资源。	6.37	1.046	2	7
	我们应该具备（大）数据思维、数据意识。	6.32	1.108	1	7
数字存储感知	数字存储的方式多，我常用到。	6.00	1.208	1	7
	数字存储的成本低，我能承受得起。	5.39	1.394	1	7
	数字存储方便，对我很重要。	6.13	1.140	1	7
	与之前相比，我需要更大的存储空间。	5.78	1.428	1	7

问卷调查结果表明，被调查对象对数字化和数字存储的感知程度均比较高，尤其是数据信息资源、数字思维和数据意识的认同度最高，同时也肯定了数字存储的便利，表达了需要更大数字存储空间的期望。

第五节 个人的数字囤积行为前置因素概念模型

综上所述，可以将“个人的数字囤积行为”视为一个因变量，受到四个层面、共九个自变量的影响，分别是“情感依恋”“实用价值”“信息分类缺陷”“信息决策缺陷”“行为回避”“人类习性”“感知控制”“感知责任”和“数字存储感知”，每个自变量又分别用3—4个题项来测量（这九个子范畴对应的3—4个概念）。由此，笔者构建出一个关于“个人的数字囤积行为前置因素”的概念模型，见图6－2，可以作为未来实证研究的初始模型。

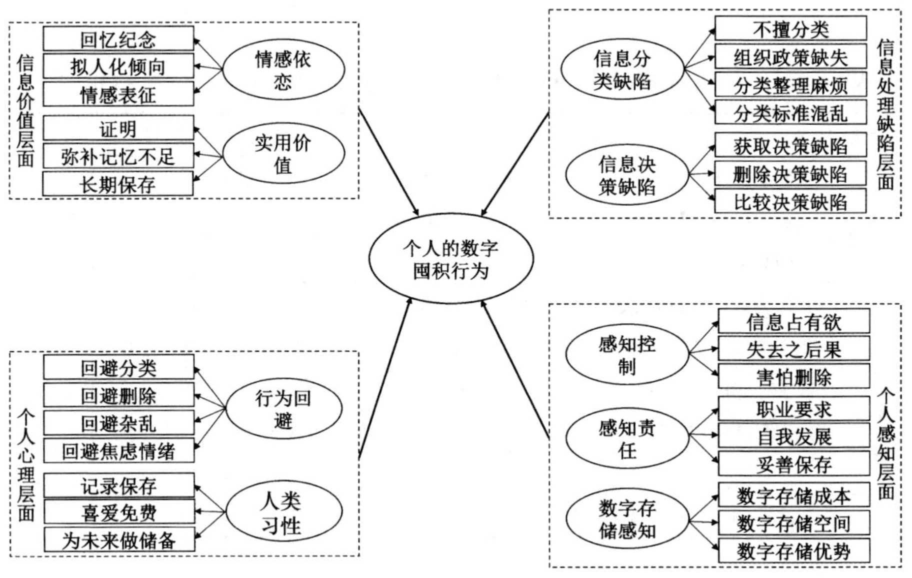

图6－2 “个人的数字囤积行为前置因素”的概念模型

第七章

个人的数字囤积行为影响及应对

在之前两章中，笔者分别从“是什么”和“为什么”的视角探讨了个人的数字囤积行为，即个人的数字囤积行为特征与表现、个人的数字囤积行为前置因素，大致对应了笔者在第四章末尾提出的命题一和命题二。接下来，笔者将从“怎么样”的视角探索个人的数字囤积行为的后续影响以及人们应该怎样应对数字囤积的挑战。

本章包含三个小问题，第一个问题是个人的数字囤积行为可能会产生怎样的后果，对应的是命题三。再来回顾一下命题三的内容——个人数字囤积行为的发生造成了个人的数字囤积行为后果，即威胁信息安全、降低要素生产力、危害心理健康。第二个问题是重点从网络安全的角度分析个人的数字囤积行为对网络安全、数据安全的影响，以及国内外业界、学界政府和立法机构的关注与相关实践。第三个问题是人们应该如何应对数字囤积行为的潜在后果。接下来，笔者将分别探讨这三个问题。

第一节　个人的数字囤积行为潜在后果

传统的物理囤积相对容易察觉，因为物理囤积的对象和影响一般是用感官能感知到的。然而，数字囤积是不易察觉的，因为它隐藏在个人的数字信息空间（电脑、手机、电子邮件账户、云盘/网盘等）中，可能连自己都很难意识到自己的数字囤积问题，更不要说其他人了。随着社会越来越依赖技术来运作和完成日常任务，数字囤积可能成为现代社会痛苦和损害的一个重要但尚未得到充分研究的来源。①

在第四章中，依照程序化扎根理论的编码分析过程，概念、范畴和核心范畴之间的关系逐渐浮现，个人的数字囤积行为理论模型和三个初始命题被提出。其中，主范畴 C3 为“个人的数字囤积行为后果”，对应的三个子范畴即为数字囤积行为的潜在后果，如表 7－1 所示。

表 7－1　　主范畴“个人的数字囤积行为后果”

主范畴	对应的子范畴	子范畴的具体含义
C3 个人的数字囤积行为后果	B13 信息安全	数字信息的隐私和安全保护问题，包括组织信息安全（尤指工作情境下的数字信息）、云端数据安全和个人隐私风险。
	B14 要素生产力	个人的数字囤积行为对要素生产力的影响包括对信息系统运转、个人工作效率、信息使用便利性，以及时间和任务管理等方面的损害或降低。
	B15 心理健康	个人的数字囤积行为对心理的各个方面及活动过程会产生一定的影响，表现为：让人心烦意乱、增加人的压力/焦虑感和心理负担等。

① Luxon, A. M., Hamilton, C. E., Bates, S., et al., “Pinning Our Possessions: Associations Between Digital Hoarding and Symptoms of Hoarding Disorder”, *Journal of Obsessive-Compulsive and Related Disorders*, Vol. 21, 2019.

一　威胁信息安全

个人的数字囤积行为的第一个潜在后果是威胁信息安全，包括：组织信息安全（针对工作情境下员工的数字囤积而言），云端数据安全以及个人隐私风险。

（一）组织信息安全

在个人生活情境下，其数字囤积行为可能增大个人隐私泄露风险。而在工作场所情境下，员工个人的数字囤积行为可能会威胁组织的信息安全。不少受访者都注意到了这一问题，例如，受访者 P2（仓储物流主管，男，北京）谈道，"我所在的部门是仓储物流部……工作中保存、积累了很多表格，数量很多，每天都要产生……公司没有明确的电子数据管理政策，可能存在一定的信息安全风险，IT 部门也注意到这个问题了，但还没有很好地解决。"调查发现，62%的办公人员和 82%的 IT 决策者自认为是数据囤积者。如果组织中形成了数字囤积的文化，可能会威胁组织的网络安全和数据保护。①

（二）云端数据安全

云存储在数字存储发展史上具有重大且深远的意义。已经有越来越多的个人使用云存储服务来保存、备份照片、文档、视频等数字内容，这些数字内容通常规模庞大、回看和使用频率不高。甚至有些人同时拥有好几个云存储账号，近乎无限的存储空间让他们没那么重视数字信息的分类和整理。从某种意义上讲，云存储似乎成了人们数字囤积的工具。近年来，云数据安全得到了更多的关注。②

① Veritas：《企业如何处理囤积数据》，《软件和集成电路》2016 年第 12 期。

② Widjaja，A. E.，Chen，J. V.，Sukoco，B. M.，et al.，"Understanding Users' Willingness to Put Their Personal Information on the Personal Cloud-Based Storage Applications：An Empirical Study"，*Computers in Human Behavior*，Vol. 91，2019.

受访者P13（博士生在读，女，北京）谈道，“我以前的时候是不用网盘的……比较担心网盘的安全问题，因为有好多盘搜搜之类的网站是可以搜到你的网盘中的内容，而且通过你关注别人还可以看到别人的分享。”把更多的数字信息存储到云端，固然便利了我们的工作和生活，但也存在一定的数据安全隐患。

（三）个人隐私风险

在我们囤积的数字信息中，包含了大量的私人信息，例如电子邮件、数字照片、社交网络好友及历史记录、电子文档等。如果这些数字化的私人信息被一些组织和个人滥用，那么我们的信息权利和隐私安全将处于危险之中。要知道，在数字网络和大数据时代，数字信息相比传统媒介信息更容易遭受侵害。尤其值得注意的是，像苹果、Google和Facebook这样的科技巨头，一方面为我们的数字囤积提供了便利，另一方面可能使被囤积的数字信息遭受安全风险。例如，受访者P16（少儿教育培训，男，北京）表示，“其实这个东西还挺困扰人的，我觉得主要是有好多私密内容……觉得不安全，担心被泄露了。反正我觉得这种危险还挺大的……”

二　降低要素生产力

个人的数字囤积行为的第二个潜在后果是降低要素生产力，主要包括对信息系统运转、做事效率、信息使用便利性，以及时间和任务管理等方面的损害或降低。

（一）损害信息系统运转

如果个人在手机、电脑、电子邮箱和云盘/网盘中囤积的数字信息太多，那么就会损害这些信息系统的性能，降低运行速度。例如，受访者P8（历史学博士生在读，男，广州）表示，“感觉东西多了电脑会比较卡……就买了一个专门的移动硬盘，保存了很多扫描的影印古籍，PDF 格式的，大概有 700 多 GB 吧。”当个人囤积的数字信息达到一定程度，势必会影响所在信息系统的正常运转，例如，桌面上保存了过多图标增加了电脑响应时间，手机可用存储空间不足延缓了系统处理速度。

（二）降低做事效率

在此之前，也有研究者注意到了个人数字囤积行为对个人生产力的损害[①]，这与本研究的发现基本一致。数据信息的大量累积和堆积杂乱会导致工作效率下降的问题，这尤其影响了搜索行为，使查找文件变得困难，并增加了完成任务的总时间。例如，受访者 P12（博士生在读，女，武汉）谈道，“如果把这些都整理好了，我做事情会效率更高一些。”一般而言，整洁、简约、有序的工作环境和数字存储空间会提升我们的做事效率，而错乱失序、堆积杂乱的工作环境和数字存储空间则会降低我们的做事效率。

（三）损害信息使用便利性

虽然数字囤积不占用物理空间，甚至占用的数字空间也很少（相较于强大的存储能力而言），但是数字囤积依然会对个人造成沉重的负担，使人不能快速定位和找到需要的文件。正如受访者 P13（博士生在读，女，北京）所言，“我感觉整理真的还是蛮重要的，而且整理了之后后续再用的话也很容易。”当我们从个人数字存储空间中查找所需信息时，如果被保存的信息都是我们真正需要的，并且被及时有效地组织、删除和清理，那么将大大提升信息使用和重用的便利性。但是，如果我们囤积了太多一般而言没什么用处、又缺乏相关性的数字内容，也并未有效地组织和

---

① Sweeten, G., Sillence, E., Neave, N., “Digital Hoarding Behaviours: Underlying Motivations and Potential Negative Consequences”, *Computers in Human Behavior*, Vol. 85, 2018.

管理这些内容（包括分类、删除、更新、清理等），那么将损害信息使用的便利性。

（四）影响时间和任务管理

我们的时间和注意力都是有限的不可再生资源。与之相反，数字信息、数字存储似乎是无限的、持续扩展的。数据信息背后是时间、是任务或事项。当我们着迷于数字信息的获取、保存和累积时，也在消耗着宝贵的时间、错过更有价值的任务。受访者 P2（仓储物流主管，男，北京）表达了类似的担忧，“当我们在进行数据的叠加、累积的时候，我们仍然把很多杂乱、或者说已经完成的信息沉淀在下面，那我们就没有更多的时间、精力去接收、接触更多的信息，可能会造成我们活动空间的固化。信息保存和时间、注意力分配之间的关系挺矛盾的。”当你有收集和保管信息的冲动时，问题就在于管理这些信息，这些信息在你的日常生活中占据了太多的时间，以至于你忽视了其他的责任。

三　危害心理健康

个人的数字囤积行为的第三个潜在后果是危害心理健康，主要表现为：让人心烦意乱、增加人的压力/焦虑感和心理负担等。

（一）数字囤积让人心烦意乱

纷繁复杂的数字信息会分散人的注意力，耗费人的心力和脑力。尤其是当人需要深度工作或高度投入时，满是图标的电脑桌面很大可能让你心烦意乱，让人无法专注于当前任务。例如，受访者 P7（大学生村官，男，日喀则）表示，“直观感觉的话，信息太多肯定心里比较烦吧，影响心情。”

（二）数字囤积增加人的压力和焦虑感

个人的数字囤积行为如果超过一定限度，会带给人压迫感，会使压力和焦虑水平上升。例如，在网络数据 N2（微信公众号文章）

中就有类似的表述，“现在让我苦恼的不是与物品之间的断舍离，而是与数字化生活相关的数字化信息存储的断舍离，这些东西太多了，让我一看就没有好心情，让我觉得有压力，让我焦虑。”[①] 这与之前的研究结论基本一致，Sedera 和 Lokuge 的实证研究验证了数字囤积对个人压力的显著负面影响。[②]

（三）数字囤积增加人的心理负担

不少受访者坦言，个人囤积的数字信息反过来成为自己的心理负担。例如，受访者 P18（博士生在读，女，武汉）谈道，“你看这些，我虽然下载了，但很多都没有看，那我就可以删了。因为我正好打开了，我发现很多我下载的书都没有再接着听了，那我觉得这几十本书对我来说就是一种心理负担……”需要说明的是，数字信息是一个总称，具体到不同个人，其囤积的可能是数码照片、影音视频，可能是聊天记录、表情包，也可能是电子文档等其他类型的数据信息。

四 小结

综上所述，可以把“个人的数字囤积行为”视为一个自变量，它将对“信息安全”“要素生产力”和“心理健康”产生影响，这三个因变量均用 3—4 个题项来测量（这九个子范畴对应的 3—4 个概念）。由此，笔者构建出一个关于“个人的数字囤积行为后果”的概念模型，如图 7 - 1 所示，可以作为未来实证研究的初始模型。

---

① 《你有数字化信息囤积症吗?》，微信公众平台，2019 年 4 月 7 日，https：//mp. weixin. qq. com/s/Hn5_Kus39I_J_ eo4aP07yg，2023 年 2 月 23 日。

② Sedera，D.，Lokuge，S.，“Is Digital Hoarding a Mental Disorder? Development of a Construct for Digital Hoarding for Future IS Research”，*Proceedings of 39th International Conference on Information Systems*，San Francisco，2018.

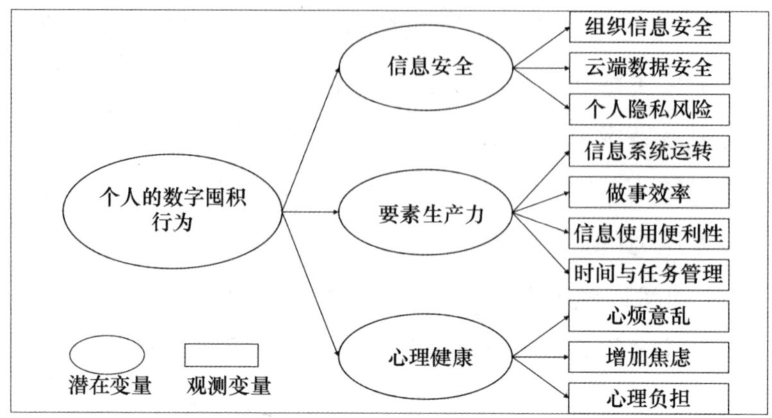

图7－1 “个人的数字囤积行为后果”的概念模型

第二节 数字囤积行为对网络安全的影响

在数字时代和大数据环境下，数字囤积被视为一种新型的信息挑战，甚至是一种信息疾病。研究发现，个人的数字囤积行为通常意味着数字信息的过度获取、删除困难和堆积杂乱。与物理囤积行为相比，个人的数字囤积行为虽然并未对物理生活空间产生显著的不利影响，但个人的学习、工作和生活仍可能受到此类行为的负面影响，所在组织亦可能因过度的数字混乱而导致的运营效率低下而遭受损失。此外，数字囤积行为对网络安全、数字安全等具有明显的影响。随着数字囤积的增加，与所存数据信息相关的风险也在增加。因为所存储的数据信息可能被恶意的内部人员（例如，被心怀不满的员工使用，这些员工拥有一个可能可以追溯到多年前的机密或可能令人尴尬的材料库）、参与数据盗窃或工业间谍活动的外部机构使用。

随着网络科技、信息社会和数字经济的迅猛持续发展，网络空间的安全问题日益引发关注。网络安全是总体国家安全观的重要内容，在国家安全中占据重要地位。习近平总书记曾指出，“网络安全和信息化是事关国家安全和国家发展、事关广大人民群众工作生活的重大战略问题，要从国际国内大势出发，总体布局，统筹各方，创新发展，努力把我国建设成为网络强国。”同时强调，“没有网络安全就没有国家安全，就没有经济社会稳定运行，广大人民群众利益也难以得到保障。”①

一般而言，网络安全是指网络系统的硬件、软件及其系统中的数据信息受到保护，不因偶然的或者恶意的原因而遭受到破坏、更改、泄露，系统连续可靠正常地运行，网络服务不中断。根据不同的环境和应用，网络安全大致可以划分为以下几种类型：系统安全、网络信息安全、信息传播安全和信息内容安全。综合来看，产生网络安全问题的原因主要包括以下几个方面：自然灾害、意外事故；计算机犯罪；人为行为，例如使用不当、安全意识差等；黑客的入侵或侵扰，例如非法访问、拒绝服务、计算机病毒、非法连接等；内部泄密；外部泄密；信息丢失；电子谍报，例如信息流量分析、信息窃取等；网络协议中的缺陷，例如 TCP/IP 协议的安全问题等。

数字囤积所引发的网络安全问题已经引起国内外的广泛关注。英国的安全威胁研究与证据中心（Centre for Research and Evidence on Security Threats，CREST）是英国以安全威胁为主题的行为与社会科学研究中心，也是一个理解、应对和减轻安全威胁的国家中心，该中心受到英国经济和社会研究理事会的资助。安全威胁研究与证据中心于 2020 年 8 月发布《数字囤积行为的网络安全风险》（*Cybersecurity Risks of Digital Hoarding Behaviours*）的研究报告基于

---

① 《习近平：没有网络安全就没有国家安全》，中共中央网络安全和信息化委员会办公室 中华人民共和国国家互联网信息办公室，2018 年 12 月 27 日，http：//www.cac.gov.cn/2018－12/27/c_1123907720.htm，2023 年 4 月 16 日。

心理学视角开展研究，系统论述了个人的数字囤积行为可能造成的网络安全风险。值得注意的是，受访者并没有察觉到任何负面的网络安全问题，他们认为所在公司或组织的安全措施足以确保数据安全。此外，他们认为安全问题是组织的问题，而不是个人的问题。当他们确实想象到某种数据丢失时，有些人不屑一顾，认为如果每个人都受到影响，那么对任何一个人的影响都将更加微不足道。唯一受到重视的安全问题与存储设备本身的物理安全有关，这通常涉及个人设备。例如，受访者讨论了笔记本电脑或移动硬盘被盗的影响，但具有讽刺意味的是，人们认为这个问题的解决方案是数据备份，这可能会带来数据的过度保存和杂乱。总体而言，受访者意识到了保存大量数字数据的好处，认识到“无限”存储加上良好的搜索工具的巨大便利。如果他们确实预见到了任何安全漏洞问题，那么这些问题也会被视为对公司而不是对他们自己产生影响。

除了学术界，政府和立法机构也开始关注数字囤积所引发的网络安全问题。近年来，随着新的隐私和数据保护立法对个人数据的存储进行监管，如 2018 年 5 月 25 日生效的欧洲《通用数据保护条例》（General Data Protection Regulation，GDPR），数字囤积相关的数据信息风险已经增加。GDPR 旨在协调整个欧洲的数据保护法律，并使法律跟上围绕日益增长的数字数据使用的技术进步。在 GDPR 立法之后，个人和组织都可能在不知不觉中非法存储数据。美国也有类似的法律，例如《加州消费者隐私法案》（California Consumer Privacy Act，CCPA），这些法律的出台意味着针对数据存储的监管是一个亟须解决的问题，不仅与欧洲，还与美国，甚至其他国家和地区都有关联。

2023 年 2 月，中国计算机学会（CCF）计算机安全专委会中来自国家网络安全主管部门、高校、科研院所、大型央企、民营企业的委员投票评选出 2023 年网络安全十大发展趋势。其中，趋势一为“数据安全治理成为数字经济的基石”。我国《关于构建数据基础制度更好发挥数据要素作用的意见》《数据安全法》等政策法规的出台凸显了数据安全治理的价值。新形势下，发展数字经济、加快培育发展数据要素市场，必须把保障数据安全放在突出位置，着力解决数据安全领域的突出问题，有效提升数据安全治理能力。在建立安全可控、弹性包容的数据要素治理制度后，需有效推动数据开发利用与数据安全的一体两翼平衡发展。鉴于此，夯实数据安全治理是促进以数据为关键要素的数字经济健康快速发展的基石。

数字经济时代，数据存储成为数字经济中至关重要的环节。保障数据资产的安全，不仅关乎企业数据的安全存放，更关乎数字经济产业安全、国家安全。随着中国数字经济的迅猛蓬勃发展，数据产量飞速增长，数据安全问题成为转型过程中影响国家安全的关键因素。“数字安全”“网络安全”等词多次出现在政府文件、行业报告和两会提案中。数据资源是数字经济的关键生产要素，数据安全是数字经济安全的核心。随着数据重要性的提升，全球范围内的黑客攻击和数据泄露事件也频繁发生，引发社会越来越多的关注。例如，意大利拉齐奥大区政府的数据中心于2021年遭到一次前所未有的黑客攻击，几乎所有的政府在线系统都已经停用，并直接导致拉齐奥大区的疫苗预约系统暂停使用。当数据成为新的攻击对象，数据安全问题自然而然被提升到一个新的高度。《网络安全法》《数据安全法》《关键信息基础设施安全保护条例》等一系列政策法规的出台和完善，都反映了数据安全和网络安全在国家安全体系中的重要地位。随着个体、组织和社会的数据存储量越来越大，数据囤积所引发的网络安全和数据存储安全问题愈演愈烈，如何应对数据存储和数字囤积挑战是数字时代和大数据环境下的重要课题。

综上所述，数字囤积对网络安全具有重要且显著的影响，数字囤积所引发的网络安全问题已经引起国内外学界、业界和政界的广泛关注。如何正确认识数字囤积引发的网络安全问题，理解数字囤积行为对网络安全的影响机理，是摆在政府、企业、社会组织和个人面前的首要问题。

第三节　数字囤积挑战的应对

在数字时代和大数据环境下，数字囤积的现象愈加普遍。如何应对数字囤积的挑战、减轻甚至避免数字囤积潜在后果是我们应该深入思考的问题。

总的来说，数字囤积的应对大致分为两种思路：求诸外/技（术），通过数据存储、组织和管理系统、软件和工具等技术手段来解决数字囤积问题，此为应对之法；求诸内/（自）己，通过数字信息的断舍离、分类整理等人为手段来解决数字囤积问题，此为应对之道。

一　应对之法：技术层面的解决方案

应对数字囤积挑战的思路之一是从技术层面着手，背后的逻辑是技术带来的问题还交给技术去解决。2019 年末，中国著名通信管理和信息经济学家吕廷杰做客《圆桌派》，在探讨未来 5G 发展与应用时认为，技术带来的问题还交给技术去解决。那么回到数字囤积的问题，技术层面的应对方法有哪些呢？

（一）扩大数字存储空间

数字囤积的典型特征之一是数字信息的过度获取和累积。既然无法改变个人的数字信息获取欲望和累积习惯，那么如果他们的数字存储空间扩大了，数字信息过度获取和累积的问题相对地就减轻了。

依照这样的逻辑，科技公司在扩大数字存储空间上发力，于是手机和电脑的存储内存越做越大，移动硬盘风靡一时，电子邮箱不断扩容，个人云存储服务蓬勃发展。在数字存储空间扩大的同时，个人用户数字存储的成本也大大降低，不仅存储设备单位价格降低了，而且免费的网络存储和云存储部分替代了移动硬盘等设备存储，甚至付费的云存储也逐渐被个人用户所接受。根据本研究的问卷调查结果，使用付费云存储的被调查对象比例为21.8%。

但是，扩大数字存储空间真的能有效应对数字囤积的挑战吗？答案是否定的。事实上，数字存储空间的扩大反而“诱使”个人用户获取和累积更多的数字信息，更少地删除和清理数字信息，数字杂乱更加严重。长期来看，扩大数字存储空间实际上加剧了数字囤积问题，正如受访者P16（少儿教育培训，男，北京）所言，“现在的信息环境下，其实数字内容囤积不是手段，而是储存成本降低导致的结果。”这是不是技术的悖论呢？通过扩大数字存储空间来应对数字囤积挑战是不是饮鸩止渴呢？这或许是值得深思的问题。

（二）优化信息查找性能

个人的数字囤积行为会导致个人存储空间杂乱无序，使数字信息不易定位和查找。为了解决这一问题，科技公司尝试优化信息查找性能。

智能手机自带的搜索功能可以用来快速搜索应用程序、文档等，常见的有苹果手机的聚焦搜索、华为手机和小米手机自带的搜索功能。在电脑端，常见的搜索工具有Windows系统的搜索功能、苹果电脑的聚焦搜索，以及类似Everything这样的文件搜索工具。此外，电子邮箱和云存储服务商也提供了简单的搜索功能。

在用户调查中，笔者确实发现了不少数字囤积者会依靠电脑、手机和邮箱的搜索功能来查找所需信息。但是，目前的搜索功能相对简单，并不能满足所有的信息查找需求（例如，文档的全文检索、手机照片的快速查找等），并不能实现真正意义上的全局搜索和精确查找。许多受访者表示由于拥有的数字信息内容太多太乱，有时即使借助系统自带的信息查找功能也很难快速找到所需信息，尤其是数字照片等多媒体信息。因此，优化信息查找性能仍存在一定局限，并不能从根本上解决数字囤积的问题。

（三）设置信息存储期限

数字囤积的特征是数字信息的删除困难，设置存储期限可以实现数字信息的到期自动删除，减轻个人删除数字信息的困难。从技术上来讲，存储期限是相对容易实现的，它只是另一种和数字信息相关联的元数据，就像文件名、文件类型、创建时间、修改时间、文件大小等。[①]

数字信息必定与某个时间点或某个时间段密切相关，并且信息的价值不是永恒的（体现了信息的生命周期思想），随着时间的推移，大多数数字信息失去了它们作为信息的价值，比如某次出行的公交路线的手机截图、打发旅途时光下载的综艺节目视频等。每个数字信息项的价值有效期各不相同，因此，（如果需要的话）应该为它们分别设定一个存储期限。存储期限的基本设想是，把存储在个人数字空间中的信息和存储期限相关联，让个人数字信息空间可以自动删除那些达到或超过存储期限的信息，这样就避免了之前提到的忘记删除或删除费时费力的问题。

当用户创建一个新的电子文件，或者是从网络上下载一个文件时，除了文件名和存储地址以外，他们将不得不选择一个存储期限，例如一天、一个月或一年。如果没有选择存储期限，用户将不能保存文件，就像他们不能在没有起文件名的情况下保存文件一样。这样，用户的个人数字存储空间就可以自动做剩下的事：管理存储期限并清除过期的文件。当然，用户也可以修改数字信息的存储期限，防止信息在还未失去价值之前就被删除，或者因为某些信

① Mayer-Schonberger, V., *Delete: The Virtue of Forgetting in the Digital Age*, New Jersey: Princeton University Press, 2009.

息变得更重要，而超越了它之前的预期寿命。此外，用户可以选择在数字信息接近过期时，收到删除警告，从而选择是否更改既定的存储期限。或许，还可以根据文件类型（用户更偏爱某一类型的文件）、存储位置（有些文件夹放置更重要的内容）来设定数字信息的存储期限。

很大程度上，存储期限的成功与否将取决于用户界面的直观程度、用户设定存储期限的难易程度。只有当它们不被视为烦人的事物或多余的负担，而是有价值的提醒物时，它们才会被用户接受。

（四）开发“能衰退”的存储系统

迈尔－舍恩伯格指出，存储期限固然很好，但更现实的问题是，如何避免极度二元化的选项（不是有用就是无用，不是保留就是删除），进而提供一种可以保留一段时间的选项而非永远保存。这种机制能够在未来的某个时期删除信息，会因为提供了记忆和遗忘之外的选项而更有效，并且更接近人类大脑的遗忘能力。[①] 这和 Niederee 等提出的“遗忘式数字记忆”模型有异曲同工之妙，可以用于系统地处理逐渐失去重要性的信息以及冗余信息，从而实现有重点的、长期的数据和信息管理。[②]

人脑的遗忘机制是一个渐变的过程，人在完全忘记其核心内容之前，会逐渐失去相关细节。那么，开发一个模拟人脑遗忘机制、“能衰退”的存储系统或许能帮助人类应对数字囤积挑战。例如，我们可以使数字存储设备察觉到我们调用、访问和使用数据的频率，并据此在设备中调整相应条目的数字寿命。从更长远来看，更值得期待的版本应该是“能衰退”的记忆，即数字信息随时间逐渐

① ［美］维克托·迈尔－舍恩伯格：《删除：大数据取舍之道》，袁杰译，浙江人民出版社 2013 年版，第 223—228 页。

② Niederee, C., Kanhabua, N., Gallo, F., et al., “Forgetful Digital Memory: Towards Brain-Inspired Long-Term Data and Information Management”, *ACM SIGMOD Record*, Vol. 44, No. 2, 2015.

变得模糊或被淡化、分解和锈蚀，而不是突然被删。“能衰退”的存储系统带有一些理想主义色彩，目前市场上还没有这样可供用户使用的存储系统，而且这可能会侵害用户的个人隐私。

整体来看，目前的技术解决方案并不能完全应对数字囤积挑战，它们要么只是短期方案，要么在技术上还不够成熟，总之都具有一定的局限性。而且，更令人惊愕的是，科技公司在提高工作效率和便利个人生活的同时，也让我们面临着数字囤积的挑战。

科技公司对个人的数字囤积行为起到了“推波助澜”的作用，这从它们的产品与服务宣传语中可见一斑，例如，抖音的“记录美好生活”、快手的“记录世界记录你”、今日头条的“信息创造价值”、微信的“微信，是一个生活方式”、微博的“随时随地发现新鲜事”、百度网盘的“让美好永远陪伴”、印象笔记的“高效工作 有序生活 记录一切”。这些宣传语都在鼓励用户记录和创造信息、永久保存信息，但是并未告诉用户潜在的数字囤积风险。当用户缺乏足够强大的信息观念、信息能力时，很容易陷入数字囤积的“泥淖”。也就是说，仅仅依靠技术来应对数字囤积挑战是不够的，还需要个人意识的觉醒和行为改变。

二 应对之道：个人的观念与行为调整

随着存储在个人、家庭和组织中的数据信息的种类和数量越来越多，所涉及的问题显然也会越来越多。为了充分利用数字化变革的可能性，我们必须首先对自己进行变革，这才能从根本上解决问题。对于个人来说，我们应该如何应对数字囤积的挑战呢？我们如何避免过度的数字囤积和数字囤积障碍呢？既然数字囤积与数字信息获取、删除困难和数字杂物堆密切相关，相应地，应对数字囤积挑战也可以从这三方面展开：控制获取行为、促使信息删除和清理、提升数字信息的分类和整理能力。以下措施基本围绕这三个方面展开。

（一）数字整理

大数据时代已经兴起，许多人感觉被数据灌满，硬盘和大脑变成了无用信息的垃圾场。就像仓库一样，没用的东西占的地方太多了，需要清一清，我们的手机、电脑和云存储空间也需要及时清理，同时也清扫大脑内的垃圾，也就是不要让乱七八糟的东西过多占据我们的大脑和数字存储空间。所以我们需要更好地理解哪些数据值得保存、哪些数据应该清理，这就需要数字整理。2019 年，BBC 的一篇文章 *Why it Pays to Declutter Your Digital Life*，分析了数字囤积的危害性，并建议人们应该按下删除键，为我们的数字生活大扫除。

数字整理指清扫和整理数字空间（手机、电脑、云盘、邮箱、社交媒体账号等）及其数据信息，清理和删除不再需要的内容使其更精简，分类和整理杂乱堆积的信息使其更有条理。数字整理是应对数字囤积问题、给数字生活减负的重要举措。就像清理自己的房间一样，我们也需要定期地对自己的数字空间进行数字整理，例如，将文件放到几个精简的文件夹中——“计划”“正在进行”和“完成”；定期清理邮箱、电脑、手机和云盘的过时信息和不再使用的数据。

健康在线网（Healthline）刊载的文章认为，畅销书《怦然心动的人生整理魔法》作者近藤麻理惠[①]的整理方法对于整理数字空间、应对数字囤积的负面影响很有帮助。健康在线网的具体建议包括：定期远离智能手机和网络，让数字空间和个人身心得到缓解和释放；维持电脑桌面的简洁；每周检查一次存放下载的文件夹，尽可能删除或存档；保持收件箱干净，设置过滤器将新邮件自动移动

① ［日］近藤麻理惠：《怦然心动的人生整理魔法》，徐明中译，译林出版社 2012 年版，第 18—78 页。

到特定文件夹中；自我审查，即定期浏览一直保存的所有照片、文件等，自问是否真的需要，如果不需要那就删除；在情绪和心态上做好准备，因为把一些东西从个人数字空间甚至生活中移除可能会令人不安。

（二）数字极简主义

Vitale 等基于数字数据保存视角，认为与数字囤积截然相反的倾向和实践是数字极简主义。其中，数字囤积指倾向于积累大量数据，即使这些数据没什么价值，也很少删除；数字极简主义指避免存储太多数据或尽可能少地保存数据，定期清理数据。[①]

2019 年 2 月，美国乔治城大学计算机科学系副教授卡尔·纽波特（Cal Newport）出版了他的最新著作《数字极简主义：在嘈杂的世界中选择专注的生活》（*Digital Minimalism*：*Choosing a Focused Life in a Noisy World*），此书甫一出版即成为《纽约时报》畅销书。他认为，极简主义是一种“知道多少才是足够”的艺术，数字极简主义是在嘈杂的世界中选择专注生活的关键。卡尔·纽波特倡导一种极简主义的数字生活方式，呼吁人们反思个人技术使用等问题，重新思考他们与数字工具（智能手机、社交媒体等）的关系，重新发现线下世界的乐趣，并通过定期的独处与内心世界重新建立联系。同时，他也提出了如何将数字极简主义融入个人生活的建议，例如，从一个为期 30 天的“数字整理”开始做起。他认为，数字极简主义不是反对当今技术创新的卢德主义运动[②]，而是合理使用一切科技。

我们中的很多人，在没有意识到的情况下，都已经成为数字极繁主义者，他们对数字技术或服务趋之若鹜，生活在虚拟世界的时

① Vitale, F., Janzen, I., McGrenere, J., "Hoarding and Minimalism: Tendencies in Digital Data Preservation", *Proceedings of the 2018 CHI Conference on Human Factors in Computing Systems*, Montréal, 2018.

② 卢德：19 世纪初参加捣毁机器运动的英国手工业工人，强烈反对机械化或自动化。后用卢德主义者指仇视一切新奇发明乃至科技进步的人。

间甚至超过了现实世界，真正是数字化生存。其实，在《数字极简主义》一书出版之前，关于数字极简主义的讨论已经在互联网、社交媒体上充分发酵了。例如，2017 年1 月，Angela 受邀在“成为极简主义者”网站发表了一篇博文《一个数字囤积者的自白》。在这篇博文中，Angela 分享了自己作为一个数字囤积者的体验，以及应该如何应对电子邮件等各种形式的数字杂乱，从而清理并掌控自己的数字化生活。Angela 的博文引发了诸多讨论。需要指出的是，Angela 一直是“少即是多”生活方式的践行者，早在 2008 年，她就说服家人卖掉了 90% 的所有物，并且曾在 TEDx 上做了一场题为《你拥有的越少，你拥有的就越多》（*The Less You Own*，*The More You Have*）的演讲。

数字极简主义不是为了把东西全部去掉、删除，而是为了像罗丹那样，去掉不要的石料、雕出像来。数字极简主义也不是倡导我们成为抵制科技进步的卢德主义者，而是提醒我们应该辩证地看待数字技术和互联网的利与弊，维持生活世界的和谐与平衡。相反地，人类应该充分使用数字技术和互联网使其发挥全部潜能，并且，通过给数字信息设置遗忘（删除）的功能，以确保数字技术和互联网被滥用的可能性越来越小，让数字技术和互联网始终充当创新、沟通和赋权的工具，而不是成为人类的主宰。

（三）数字化节制

数字整理、数字极简主义都体现了一种反思和重塑人—信息—技术关系的尝试，倡导恰当合理使用信息、技术的理念。与之相似的，Mayer-Schonberger 提出了“数字化节制”的概念，认为数字化节制是应对数字化记忆潜在危害的六大对策之一。[①] 迈尔 - 舍恩伯格指出，我

① Mayer-Schonberger，V.，*Delete*：*The Virtue of Forgetting in the Digital Age*，New Jersey：Princeton University Press，2009.

们应该辩证地看待数字化记忆的影响，数字化记忆固然在一定程度上满足了人类对完整记忆的需求，但也对信息安全和个人隐私保护产生了威胁。因此，有学者呼吁人们需要一种“数字化节制”，从而尽可能减少个人信息的暴露，保护个人的被遗忘权隐私权。①

虽然数字节制最开始是为了解决个人隐私保护和信息安全问题而被提出的，但是它同样对解决数字囤积问题具有启发意义。在大数据时代和泛在信息环境下，除了过度分享和披露信息的欲望，获取、保存和囤积信息的欲望同样需要节制，这是平衡数字化生活的必然要求。要想使数字化节制行之有效，人们必须开始节制自己的数字囤积行为，即应当在向个人数字空间中添加数据信息时有所限制和取舍，不要一味地增加存储空间的容量而没有及时删除、清理无用的数据信息，致使数字信息自然堆积、个人数字空间杂乱无章。

（四）信息节食

大数据时代，如何在信息的海洋中获取真知是一个值得深思的问题。美国技术活动家克雷·约翰逊（Clay Johnson）在《信息节食》（*The Information Diet*）这本书里指出，就如同垃圾食品被大规模制造一样，垃圾信息也在源源不断地生产，人类应该要像避免不健康饮食一样，重新审视和塑造自身同信息的关系。② 有趣的是，克雷·约翰逊从信息摄入和信息消费的角度，设计了一个信息成分表，标注出所摄入信息的成分和百分比。他认为，在泛滥的信息洪流中，太多的垃圾信息会使人迷失，就像垃圾食品使人肥胖一样，信息的过量消费（信息肥胖）已经成为人类一个严重的健康问题。因此，人们不应该无节制地信息消费，应该弄清你需要什么样的信息，又应该摒弃什么样的信息，以及如何在各种信息中进行筛选。

① 牛一心：《从“被遗忘权”看数字化节制》，《青年记者》2014 年第 33 期。

② ［美］克雷·约翰逊：《信息节食》，刘静译，人民邮电出版社 2014 年版，第 12—39 页。

（五）数字断舍离

其实，无论是数字整理、数字极简主义，还是数字节制、信息节食，都隐藏着一种断舍离的理念。2000 年，日本杂物管理咨询师山下英子提出了“断舍离”的概念，在近 20 年的时间里，影响了全球千百万人。所谓断舍离，就是断绝不需要的东西，舍弃多余的废物，脱离对物品的执念。山下英子认为，杂物就是没用的破烂儿，整理杂物就是整理自己的内心世界和生活，从而追求人生幸福。① 她指出，在这个物质过度泛滥的社会，杂物占据了空间（不仅是物理空间，也包括心理空间），人们需要重新审视自己与物品之间的关系，从整理头脑开始断舍离的思考法则，并身体力行断舍离的实践方法。

随着中国经济社会的持续发展，物质产品极大丰富，日本之前经历过的杂物整理问题和断舍离思想在中国开始兴起。其实不只是有形物，信息尤其是数字形态的数据信息等无形物也存在过度和囤积的问题。因此，在大数据时代和数字信息环境下，断舍离的思想对于应对数字囤积问题仍然具有启发意义，在这里不妨被称作“数字断舍离”。所谓数字断舍离，就是断绝不需要的数字信息，舍弃多余的数字信息，脱离对数字信息的执念。

（六）数字取舍

数字取舍指的是对数字信息内容的取舍。《删除：大数据取舍之道》一书主要回答了两个问题：大数据时代为什么要进行信息的取舍，以及大数据时代如何进行信息的取舍。作者迈尔－舍恩伯格认为，大数据时代的隐忧是“遗忘变成例外，而记忆成了常态”。遗忘本是人类的天性，为了对抗遗忘，人类不断进行各种尝试来记住我们的知识：本能、语言、绘画、文本、媒体和介质等。然而，数千年来，遗忘始终比记忆更简单，成本也更低。而数字时代颠覆

---

① ［日］山下英子：《断舍离》，吴倩译，广西科学技术出版社 2013 年版，第 11—15 页。

了这一切，当今世界已经被设置为记忆模式，数字化记忆获得迅猛发展。数字化、廉价的存储器、信息的易于提取和数字网络的全球性覆盖是数字化记忆发展的四大驱动力。①

大艺术家罗丹说："什么是雕塑？就是在石料上去掉那些不需要的东西。"中国社会科学院信息化研究中心秘书长、《互联网周刊》主编姜奇平巧妙地把大数据的取舍与罗丹的石料去除术做类比。姜奇平认为，"删除，就是当大数据这堆石料越来越多后，去掉那些不要的东西。去掉不要的，为的就是让雕像留下来。雕像就是意义所在。简单地说，大数据的取舍之道，就是把有意义的留下来，把无意义的去掉。"这里强调的删除，不是指全部删除，一点不留，而要从实际的意义和需要出发。意义和需要是决定哪些数据值得保留（记忆），哪些数据需要删除（遗忘）的根据。对人有意义的数据，就是雕像，是该保存、保留的回忆；对人没意义的数据，就是应该去掉的石料，就是该删除、舍弃的垃圾。对这个人有意义的，对那个人可能没意义。因此，不同的人，要根据自己认同的特殊意义来决定数据的取舍。罗丹心目中的雕像，反映的正是他所认同的意义。由此可见，在大数据时代，只要我们保留那些可供回忆的有意义事物的数据，而删除那些无意义的数据，我们都可能成为这个时代的"罗丹"。需要不是欲望。你只有理解了在大数据中，你需要的是什么，以及如何判断这种需要，才能明白到底为什么要去掉那些不需要的。对于删除行为的判断依据，无论是意义还是需要，都应该回到人类自身，即"认识你自己"。阿波罗神庙上的这句箴言历久弥新，对于我们如何在大数据和数字网络时代生活仍具有一定的启迪和指导。

① ［美］维克托·迈尔－舍恩伯格：《删除：大数据取舍之道》，袁杰译，浙江人民出版社2013年版，第23—116页。

三　小结

综上所述，笔者分别从技术层面、个人层面阐述了如何应对数字囤积挑战。整体来看，似乎没有一种应对措施是完美的，或多或少都存在一些弱点。为了有效地应对数字囤积问题，未来我们应该将各种应对措施结合起来，从而建立一种强大的解决方案的组合。

事实上，个人的数字囤积行为与数据信息管理以及数据信息的生命周期密切相关。如第五章第一节所述，数字信息的过度获取、删除困难和堆积杂乱是个人的数字囤积行为的三个基本特征。其中，数字信息的过度获取，与信息获取行为有关；数字信息的删除困难，与信息删除行为、信息保留行为（信息保留可以视为信息删除的对立面）有关；数字信息的堆积杂乱，与信息分类和组织行为有关。个人的数字囤积行为、个人信息管理和信息生命周期之间的对应关系如表 7 - 2 所示。从这个角度看，信息管理和信息科学领域对于帮助有数字囤积行为的个体加强数字整理、设置信息存储期限等问题，具有重要的启示意义。

表 7 - 2　　个人的数字囤积行为、个人信息管理和信息生命周期之间的对应关系

个人的数字囤积行为特征	个人信息管理活动	信息生命周期管理的阶段
过度获取	信息采集/获取、创建/产生/生成	信息创建（产生/发布）、信息采集
删除困难	信息删除、保留和维护	信息清理（销毁/回收）
堆积杂乱	信息组织和狭义的信息管理（包括文件命名、文件夹的层次和结构、存储位置等）	信息组织、信息存储

因此，无论是技术层面的应对之法，还是个人层面的应对之道，

都是针对特定的数字囤积行为特征、个人信息管理活动或信息生命周期管理的阶段“对症下药”，例如设置信息存储期限，相当于设定了数字信息的生命周期（寿命），让数字信息到期自动删除，让系统帮助人做出信息删除的决策和行动；数字整理则介入信息组织、信息存储和信息清理阶段，侧重于通过个人的信息分类和组织活动减少数字信息的堆积杂乱，同时通过定期的信息清理活动帮助人克服删除数字信息的困难；数字断舍离则主要针对数字信息的过度获取和删除困难，强调反思人与数字信息之间的关系，明确自己真正需要、对自己重要的数字信息内容，脱离对数字信息的执念，减少不必要的数字信息获取和保存，及时舍弃不需要的、多余的数字信息内容。这就是信息管理和信息科学领域在帮助人们应对数字囤积挑战方面的贡献所在。

对于许多人来说，从一个信息相对稀缺的时代（主要指移动互联网普及之前的时代）到一个信息资源在规模、可访问性和复杂性方面都势不可挡的时代，这样剧烈的转变常常是困难的。考虑到信息环境变化、数据技术创新和数字存储发展等因素，数字囤积将对世界上很大一部分人口产生影响，严重的数字囤积甚至会导致心理疾病、社会问题和经济损失。

当数字囤积行为问题严重到一定程度，发展到囤积成瘾，转换为疾病状态时，就需要专业的心理干预和临床治疗。一些临床心理学家认为，数字囤积症可以根据物品囤积的认知行为疗法（Cognitive-Behavioural Treatment，CBT）原理进行治疗，侧重于通过其他活动分散注意力、建立社交技能和改善睡眠卫生。[①] 此时，本研究构建的个人的数字囤积行为理论模型或许可以对于缓解和治疗数字囤积问题提供一些参考。

---

① van Bennekom, M. J., Blom, R. M., Vulink, N., et al., “A Case of Digital Hoarding”, *BMJ Case Reports*, doi: 10.1136/bcr-2015-210814, 2015.

第 八 章

研究总结与展望

囤积行为由来已久，比如囤积粮食、囤积书籍、囤积生活必需品等，但数字囤积行为却是一个新现象，是数字时代的产物。大数据环境下，个人的数字囤积行为表现得更加明显。

第一节　研究的主要结论

本研究以扎根理论研究方法论为指导，构建了个人的数字囤积行为理论模型，提出了三个初始的研究命题，为将来的理论模型和研究命题检验奠定了理论基础，也为应对大数据环境下的数字囤积挑战提供了借鉴，见表 8－1。

表 8－1　　研究视角、理论模型构成与初始研究命题

研究视角	理论模型构成	初始研究命题
是什么（What）	个人的数字囤积行为表现	命题一：个人的数字囤积行为经常以三种具体的行为表现形式存在，即数字信息的过度获取、删除困难和堆积杂乱。
为什么（Why）	个人的数字囤积行为前因	命题二：个人的数字囤积行为前因（包括情感依恋、实用价值、感知控制、感知责任、信息分类缺陷等九个因素）导致了个人数字囤积行为的发生。

续表

研究视角	理论模型构成	初始研究命题
怎么样（How）	个人的数字囤积行为后果	命题三：个人的数字囤积行为的发生造成了个人的数字囤积行为后果，即威胁信息安全、降低要素生产力、危害心理健康。

研究结论主要有以下几个方面：

首先，个人的数字囤积行为的基本特征是数字信息的过度获取、删除困难和堆积杂乱。大数据时代和泛在数字信息环境下，个人获取和累积了大量数字信息内容，因为害怕错过重要的数字信息或为了以防万一，他们倾向于尽可能多地保存遇到的信息。同时，他们普遍认为删除数字信息的各方面成本太高、过于麻烦而懒得删除、忘记删除或被动删除以释放存储空间。他们通常对于获取或创建的数字信息采取自然堆积的做法，缺乏有效的管理，致使数字信息杂乱无序、不易查找。具备以上基本特征、表现出数字囤积行为的人就是数字囤积者。根据个人在数字囤积行为方面涉入程度的差异，粗略地可以将人分为四类：数字极简主义者、中间型、数字囤积者和数字囤积症患者。数字极简主义者指尽可能少地保存、并定期清理数字信息的人，而数字囤积症患者是另一个极端，是极端的数字囤积者（在人群中的比例约为4%）。数字囤积症患者通常保存几乎所有可能遇到的数字信息、极少删除和清理数字信息，致使他们的数字空间及其数字信息内容杂乱无序，他们是患有数字囤积症的人。需要指出的是，这里的数字囤积症是异化的数字囤积行为，但并不是一种正式疾病，而是为了区别于一般的数字囤积行为、强调其严重程度。正式的疾病判定需要医生或心理学家的诊断和研究，不在本书的研究范畴。

其次，情感依恋、实用价值、感知控制、感知责任和信息分类缺陷等九个因素构成了个人的数字囤积行为前因，导致了个人的数字囤积行为的发生。依据扎根理论的编码分析结果，个人的数字囤积行为的前置因素有九个，进一步归纳后发现，个人的数字囤积行为发生的原因大致包含以下四个方面：一是数字信息的价值层面，数字信息不仅具有实用价值（如证明价值），而且具有情感价值（如回忆纪念价值），这两个因素可能会导致个人的数字囤积行为；二是个人的信息处理缺陷，包括信息分类缺陷和信息决策缺陷，这些范畴都来自传统的囤积行为研究，在数字囤积情境下依然适用，数字信息的分类和决策缺陷也会导致个人的数字囤积行为；三是个人心理层面，即行为回避（包括回避分类、回避删除、回避杂乱、回避焦虑情绪）和人类习性（包括个人在记录保存、喜爱免费、为未来做储备方面的习性）也会导致个人的数字囤积行为；四是个人感知层面，具体包括个人对数字信息的控制感知（例如，对失去数字信息后果的感知）和责任感知（例如，对数字信息妥善保存的责任），以及个人的数字存储感知（包括数字存储空间、成本和优势），这些因素也会导致个人的数字囤积行为。

再次，个人的数字囤积行为可能会引发一些后果，主要体现在信息安全、要素生产力和心理健康三个方面。个人的数字囤积行为可能会威胁信息安全，包括工作情境下员工个人的数字囤积行为威胁所在组织的信息安全，随着个人越来越多地使用云存储来大量囤积数据而引发的云端数据安全，以及个人在日常生活情境下的数字囤积行为产生的个人隐私风险。个人的数字囤积行为可能会降低要素生产力，包括影响信息系统（如手机、电脑、电子邮箱等）运转、降低做事效率、妨碍信息使用便利性、影响时间与任务管理。个人的数字囤积行为可能会危害心理健康，体现为过多的数字信息、数字杂乱和数字信息删除让人心烦意乱，增加人的焦虑、压力和心理负担。当然，个人的数字囤积行为的潜在后果不能一概而论，而是因人而异、因时而变、因情境而不同的。同样程度的数字囤积行为对不同信息素养、不同年代、不同情境的人来说，这些后果的具体表现是有差异的。但是，如果没有将个人的数字囤积行为控制和管理在适当的范围和程度，干扰到其他活动的正常运转，对自身造成困扰和痛苦，即异化为数字囤积障碍，那么，类似的数字囤积行为就会产生比较严重的后果。

最后，大数据时代，我们应该从技术和个人两个层面应对数字囤积的挑战，平衡人与信息、技术之间的关系。大数据时代和数字信息环境下，数字存储廉价便捷、各类活动日益数字化、数字信息爆炸式增长、数据意识显著增强。在这样的社会信息环境中，人们普遍面临着数字囤积的挑战。本研究认为，数字囤积挑战的应对之策有两种：一是求诸外，即依靠科技公司的技术手段，包括扩大数字存储空间、优化信息查找性能、设置信息存储期限、开发“能衰退”的存储系统；二是求诸内，即依靠自己意识和行为的改变，包括数字整理、数字极简主义、数字化节制、信息节食、数字断舍离和数字取舍。从更深层次讲，数字囤积问题就是人与信息、技术之间的关系问题。我们应该重新思考和再平衡人与信息、技术之间的关系，从而实现数字时代和大数据环境下个人的全面、健康、可持续和高质量发展。

第二节　研究启示与思考

完成本研究与写作的过程与本书的研究主题有些相似，就像是一个数字囤积与应对数字囤积挑战的过程。笔者广泛收集各种文献资料和研究数据，经过筛选、整理、分类和存储等一系列过程，使其易于查找、访问和使用，既满足研究需求，又不超出合理范围。因此，笔者对个人的数字囤积行为又有了更深刻的体悟。本研究或许在以下几个方面能带来一些启示与思考。

一　人与信息、技术之间的关系

对于个人而言，信息、技术应该是人认识世界、改造世界的成果和工具，人应该是居于主导地位的。但是，随着信息泛滥、技术爆炸，信息和技术日益占据主导地位，甚至开始反噬人类，与信息、技术相关的“症”“癖”“瘾”越来越多，严重威胁着人类社会的健康、可持续发展。数字囤积症就是一个典型的例子，类似的“信息（技术）疾病”还有信息焦虑症、信息饥渴症、信息综合征、信息癖、信息成瘾、技术成瘾、无手机恐惧症等。

其实，反对物品以某种方式拥有或控制物主的观念一直是中西文化的主题。例如，先秦典籍《管子》有云，君子使物，不为物使；《瓦尔登湖》作者、美国作家梭罗指出，大多数奢侈品和许多所谓的生活舒适品，不仅不是必不可少的，而且是人类进步的障碍；英国著名哲学家罗素也认为，对占有的执着，比任何其他东西都更能阻止人们自由而高尚地生活。

随着我们的工作、学习和生活日益数字化、网络化，虚拟空间与现实空间，或是网络世界与现实世界之间的界限和区隔日渐模糊，甚至两个世界发生了翻转，即我们人类更多时候生活在数字世界、虚拟空间中，偶尔去体验现实物理世界。或许这就是尼葛洛庞蒂所言的真正的“数字化生存”①，又有点像电影《头号玩家》所预言和描绘的那样。希望本书能让我们开始重新审视自己的处境、思考如何处理我们自己与信息、技术之间的关系。

二　数据信息的价值与意义

知识管理学界认为，大量囤积的信息本身是没有多大价值的，

① ［美］尼古拉·尼葛洛庞蒂：《数字化生存》，胡泳、范海燕译，电子工业出版社 2017 年版，第 158—225 页。

只有经过加工处理转变成知识才有价值。以照片库为例，其中可能有成百上千张照片。但是，如果个人没有选择对自己真正有意义的东西，那么个人拥有的只不过是各种角度和镜头的“大杂烩”，这些东西将毫无意义。而且，根据信息价值链，囤积的数据和信息并不会自动内化为人的知识、变成解决问题的智慧。武汉大学人文社会科学资深教授马费成指出从数据、信息到知识、智能（情报）的转化不会自动发生，这个演进过程“需要人的能动认识，需要信息技术的支撑和科学的管理方法来实现”。① 信息积累固然重要，但是囤积不是目的而是手段，囤积知识只是学习的第一步，占有资料并不意味着掌握知识。②

英国记者和专栏作家伊恩·莱斯利指出，当你没有错过任何东西时，你可能什么都没有经历。③ 这句意味深长的话非常耐人寻味，点出了数字囤积的悖论，即人们为了不想错过任何有意义、有价值的东西，选择保留和囤积相应的数据信息（例如，演唱会现场录制的视频、旅游时拍摄的照片等），却没有真正用心去感受那转瞬即逝的美好。

在调查研究中，笔者也发现，人们保留的数字信息越多，回看和使用它们的可能性就越小。很多时候这与保存和囤积数字信息的初衷是不符的，数据信息被束之高阁而其价值却无从发挥。拥有的越多，反而拥有的越少，多即是少，少即是多。

三　数据信息映射的生活和人生

我们所拥有和占据的信息，在一定程度上是我们自我的延伸，

---

① 马费成：《情报学发展的历史回顾及前沿课题》，《图书情报知识》2013 年第 2 期。

② 石羚：《“囤积知识”只是学习第一步》，《人民日报》2019 年 9 月 2 日第 5 版。

③ Leslie, I., “The Paradox of Digital Hoarding: When You Don't Miss Anything, You Might Experience Nothing”, *New Statesman*, Vol. 148, No. 5470, 2019.

也是我们生活和人生的映射。对待数据信息的态度，也反映了我们的生活和人生态度，数字信息的杂乱无序可能意味着个人生活的杂乱无序。

在管理我们的物品或者数据信息时，其实被管理的不单单是物品或者数据信息本身，还应该包括时间、事务，甚至我们的生活和人生。① 不少受访者也提到了生活方式、生活态度对数字囤积、人与信息（技术）关系的影响。例如，有的受访者谈道，“这个可能跟这边的生活环境有关系，不像大城市那样竞争，虽然现在这边的竞争也慢慢变激烈了。周围有很多像我这样的，大家的生活节奏慢一些。”

我们大多数人都意识到在智能手机和平板电脑上花了太多时间，但我们可能并没有切实地意识到屏幕时间的影响。它们包括：幸福感下降、睡眠质量差、更大的焦虑和更多的孤独。现在，苹果、华为和小米等都推出了支持屏幕/视屏时间管理功能的产品。当人们把更多的时间花在智能设备或数字网络上，接受不同信息内容的“狂轰滥炸”，可能会使我们陷入数字信息的“泥淖”，影响我们对真实生活的体验，忘记了创造和使用智能设备或数字网络的初衷本是服务于人、造福于人，而不是绑架和奴役人。

第三节　研究不足与展望

一　研究不足

本研究是一个探索性研究，还存在以下不足：

第一，没有针对特定人群、情境和信息类型的数字囤积行为做

---

① Chen, A., “Disorder: Vocabularies of Hoarding in Personal Digital Archiving Practices”, *Archivaria*, Vol. 78, No. 2, 2014.

进一步的探讨。因为本研究的初步设想是先对数字囤积行为进行整体性的探索，从中发现值得深入探讨的研究方向后，在下一个阶段再对新发现的方向展开研究。在未对数字囤积行为做具体限定时，尤其是未聚焦特定信息类型时，难免太过笼统，研究结果缺乏针对性。

第二，没有收集问卷数据进行实证研究，来验证构建的理论模型、提出的研究命题在更大范围内的适用性。本研究虽然以扎根理论研究方法论为指导，构建了个人的数字囤积行为理论模型，提出了三个初步的研究命题。但是，理论模型和研究命题的适用性如何，还需要采集实际数据来检验。

第三，没有对其他层面的数字囤积研究进行更多的探讨。数字囤积是一个内容丰富的研究领域，除了个体层面的数字囤积，还有组织机构层面、群体层面的数字囤积。而且，个体层面的数字囤积与组织机构层面的数字囤积、群体层面的数字囤积之间还存在一定关联和交织。例如，工作场所环境下，员工个人的数字囤积行为可能对团队或组织层面的信息流产生影响，导致团队或组织层面的数字囤积现象。本研究更专注于个人层面的数字囤积，受访者谈及的其他层面的数字囤积将纳入未来研究中。

二 研究展望

科学研究是一个持续的过程。本书的研究与写作不是终点。以上研究不足既是缺陷，也为未来研究指明了方向。

首先，开展针对特定人群、情境和信息类型的数字囤积研究。调查研究发现，某些职业（例如，摄影师、短视频创作者和科研人员等知识工作者）的数字囤积现象可能比其他职业更典型、更独特。工作场所与个人生活情境下的数字囤积行为也具有明显差异。此外，人们在不同类型的数字信息内容上也呈现出不同的囤积倾向和行为。这些都有待进一步研究。

其次，开展实证研究以检验理论模型与研究命题。接下来，笔者依据扎根理论研究结果，结合相关文献，开发适合中国本土情境的个人的数字囤积行为量表，设计调查问卷、进行更大范围的问卷调查，以期更好地了解中国人的数字囤积现状，使用结构方程模型等实证研究方法验证理论模型与研究命题。

最后，进行组织机构层面和群体层面的数字囤积研究。组织机构层面的数字囤积，研究对象可以是公司企业、政府机构、律师事务所、证券交易所等，可以研究的问题有公共或私人领域信息处理者（如政府、银行、医院、互联网公司等）的数字囤积与个人信息隐私权之争、组织机构的数字囤积与数字信息资源开发与价值挖掘、数字囤积导致的组织信息流问题等。群体层面的数字囤积，研究对象可以是组织机构的下属部门、科研团队、项目组等，研究问题包括科研团队数字囤积对科研产出的影响、项目小组数字囤积对项目合作的影响等。

附　　录

附录 A　访谈提纲

第一部分：阐述访谈目的和内容

您好！非常感谢您参加本次访谈，访谈的目的是想了解您的数字囤积行为，也就是您囤积各种数字信息、数字内容的行为。关于数字囤积及其相关概念，接下来会有更详细的解释。

为了方便后续的资料整理，本次访谈将全程记录（其中，面对面访谈和微信语音通话将全程录音，微信聊天形式的访谈将保存聊天记录），希望得到您的同意。如果您对访谈过程中的提问有任何不清楚的地方，可以随时提出；此外，在访谈过程中，您随时有权终止访谈。除个人基本信息外，其余回答均无对错优劣之分，烦请您根据自身感知和体验作答。本人承诺，本次访谈完全以匿名化的形式记录，并且所收集的所有信息只用于学术研究，不会被滥用。

再次对您的参与表示最诚挚的感谢！

第二部分：解释数字囤积及相关概念

数字囤积，通俗的理解是储存积聚数字信息或数字内容以备用，常伴随着以下情况：获取和保存了大量数字信息内容而使用的频率和比例相对较低、数字信息内容堆积甚至出现一定程度的杂乱、很少或难以删除数字信息内容、需要更大的数字存储空间。数字囤积的产生与人们所处的泛在信息环境、大数据环境，以及智能手机等数字设备、社交媒体等数字服务、云存储等数字技术的广泛使用密切相关。

需要指出的是，数字囤积中的“数字”不是指 1、2、3 这样的阿拉伯数字，而是指数字化的/数字形态的，能够被手机、电脑和网络处理和存储的数字信息内容。数字信息内容的类型有很多，包括照片/图片、手机应用软件、短信、电子邮件、电子文档（Word、Excel、PPT、PDF 等）、网页书签、电子书、数据库、音乐、视频、计算机代码等。

数字囤积与实物囤积类似，但实物囤积的对象一般是粮食、衣服、书报杂志、紧缺物资等，而数字囤积的对象则是数字图片、电子邮件、电子文档、影音视频和应用程序等数字信息内容。这些数字信息内容一般储存在手机、电脑、移动硬盘等数字设备，电子邮件、社交媒体等具有一定信息存储功能的网络服务空间，以及云盘、网盘等云存储空间。

所囤积的数字信息内容可以是免费的，也可以是付费的；可以是自己创造和产生的（例如，自己拍的照片、录的视频、创建的文档和电子邮件、聊天记录、分享到微博/朋友圈的内容等），也可以是从外部获得的（例如，从网络下载的应用程序/图片/音乐/视频/文档资料、微信收藏的文章、浏览器收藏的网页、他人发送过来的数字内容等）。

第三部分：受访者的个人基本情况

1. 受访者的性别、年龄、受教育程度、近两年生活居住的地方。

2. 受访者的学习/工作和生活情况。如果是在校学生，询问所处的学习阶段（本科/硕士/博士）、专业、主要活动（上课/社会实践/科研/实习）以及日常生活情况（爱好/娱乐休闲等）；如果是已经参加工作的，询问他/她的岗位、工作内容、所在单位和部门的情况以及日常生活情况（爱好/娱乐休闲等）；如果是无业、失业或待业人士，询问他/她的主要活动和日常生活情况。

第四部分：数字信息囤积情况和体验

1. 您拥有或储存了多少数字信息？主要是哪些类型的数字信息？是与什么相关的？工作/学习，还是个人生活？

2. 您的数字信息通常储存在哪里？能否请您演示一下您的数字存储空间（例如，手机、电脑、云盘、电子邮箱、微信等），以及您是如何使用这些数字存储空间储存信息的？

3. 对您来说，最重要的数字信息是什么？它们对您来说意味着什么？您如何看待这些数字信息？

4. （根据受访者的数字信息情况，依次、相应地针对不同的数字信息类型进行提问，可能是照片、邮件、文档或手机应用软件，视情况而定）通常您是如何获得这些数字信息的？

5. （根据受访者的数字信息情况，依次、相应地针对不同的数字信息类型进行提问）通常您是如何分类、组织和管理这些数字信息的？

6. （根据受访者的数字信息情况，依次、相应地针对不同的数字信息类型进行提问）对于储存积聚的这些数字信息，您一般如何使用？再用/回看的频率如何？

7. （根据受访者的数字信息情况，依次、相应地针对不同的数字信息类型进行提问），对于储存积聚的这些数字信息，您的删除习惯如何？判断标准是什么？删除时的内心感受是什么？为什么删除？又为什么不删除？

8. 您如何看待数字信息获取、数字信息删除和数字信息囤积之间的关系？

9.（根据受访者的数字信息情况，依次、相应地针对不同的数字存储空间进行提问）您觉得自己的数字存储空间杂乱吗？对查找数字信息的影响如何？

10. 您觉得自己有数字囤积倾向或行为吗？周围人呢？（如果受访者自认为有数字囤积倾向或行为，则询问是否有囤积其他物品的习惯或行为？实物囤积和数字囤积之间有关联吗？）

11. 您如何理解数字囤积？数字囤积有什么利弊吗？从情感色彩看，它是一个中性词、褒义词还是贬义词？

12. 您如何看待自己与各类数字信息、信息技术（例如，智能手机等数字设备、社交媒体等数字服务、云存储等数字技术）之间的关系？您如何看待现在我们所处的信息环境？

第五部分：补充、建议及致谢

1. 关于本次访谈，您还有其他想要补充、分享的吗？您还有什么疑问或建议吗？

2. 本次访谈到此结束，感谢您的参与，祝您生活愉快！

附录 B　调查问卷

尊敬的女士/先生：

您好！我们是武汉大学的研究团队，正在进行一项社会调查——个人的数字信息内容存储情况，真诚邀请您的参与。该问卷完全匿名，且只用于学术研究。回答没有对错优劣之分，请您如实作答。填写该问卷大概耗时 3 分钟。

我们每个人或多或少都存储了一些数字信息内容，例如电子书、电子邮件、电子文档、数码照片、视频文件、数字音乐、应用程序、聊天记录、网页收藏、微信收藏等一切数字化形态的信息内容。特点如下：

存储空间多样化：云盘/网盘/微盘、电子邮箱、微信和浏览器收藏等网络服务；手机、电脑、U 盘、移动硬盘、光盘、电子书阅读器、MP3 和 MP4 播放器等数字设备。

来源多样：自己创造和产生的（例如，自己拍的照片、录的视频、生成的文档和电子邮件、聊天记录、分享到微博/朋友圈的内容等）；从外部获得的（例如，下载的图片/音乐/视频/文档、浏览器和微信收藏、别人分享给您的内容等）。

第一部分：个人基本信息

1. 您的性别［单选题］

□女 □男

2. 您的年龄________________［填空题］

3. 您的学历［单选题］

□初中及以下 □高中/中专/技校

□高职高专 □大学本科

□研究生及以上

4. 您目前的职业［单选题］

□在校学生 □政府部门工作人员

□企业经营管理人员 □普通白领

□专业人员（医生、律师、教师等） □工人等体力劳动者

□商业服务业人员（客服、快递员等） □个体经营者

□自由职业者 □农林牧副渔劳动者

□退休 □暂无职业

□其他

第二部分：个人的数字信息内容存储情况

1. 通常我们会通过以下方式来存储数字信息，那么对您来说，您通常使用哪几种方式呢？［多选题］

□手机自带存储

□电脑自带存储，如笔记本、台式机和平板

□外接存储设备，如移动硬盘、U 盘、SD 卡、TF 卡等

□免费的云存储，如百度网盘和微云，限容量的小米云、华为云、iCloud 等

□付费的云存储，如百度网盘和微云会员，小米云、华为云、iCloud 等

□网络存储，如浏览器、微信、微博等

2. 考虑以上您的所有数字存储形式，您总共有多大的数字存储空间？［单选题］

□ < 100GB

□100—500GB

□500—1000GB

□1—3TB（1TB 约等于 1000GB）

□ > 大于 3TB

3. 针对以下表述，请选择您的认同程度［矩阵量表题］（1 = 非常不认同—7 = 非常认同）

非常不认同						非常认同
1	2	3	4	5	6	7

1）我们的工作、生活和日常越来越数字化、信息化。

2）我通常要接触、产生、获取、处理、使用或分享大量的数

字信息内容。

3）我认为数据/信息很重要，是一种重要资源。

4）我们应该具备（大）数据思维、数据意识。

4. 针对以下表述，请选择您的认同程度［矩阵量表题］（1 = 非常不认同—7 = 非常认同）

非常不认同						非常认同
1	2	3	4	5	6	7

1）数字存储的方式多，我常用到。

2）数字存储的成本低，我能承受得起。

3）数字存储方便，对我很重要。

4）与之前相比，我需要更大的存储空间。

5. 请您按照重要性/不想删除的程度，对以下数字内容进行排序。(越重要，越不想删除，排名越靠前）［排序题］

□照片/图片

□电子邮件和电子文档（Word、Excel、PPT 等格式的文件）

□音乐和影视剧

□自己产生的录音或视频

□手机 App 及其使用数据

6. 对于您最不想删除的那一类数字信息内容，请您用一句话描述您不想删除的原因，或保留它的目的：［开放式问答题］

附录 C　工作中的数字行为问卷

本问卷关注的是人们在工作生活中通常能接触到的一系列数字

文件，包括人们通常拥有多少数字文件，以及他们如何对待这些数字文件。本问卷中的数字文件包括电子邮件、电子邮件附件、电子表格、PDF、数据库、图片照片等各种类型的数字内容。当您作答时，请不要考虑垃圾邮件或垃圾文件。

第一部分：数字文件的积累和存储行为

以下是您当前可能存储在工作用途的计算机/网络硬盘/外部硬盘上的常见数字文件列表。对于每一种数字文件，请说明您现在拥有的数量是多少。如果您可以访问您的电子设备，请提供准确的数字；如果您无法访问，请尝试估计您拥有的文件数量。

数字文件类型	准确数量或估计数量
当前在收件箱中的已读邮件	（单位：封）
当前在收件箱中的未读邮件	（单位：封）
当前在“已删除”文件夹中的电子邮件	（单位：封）
归档文件夹中的电子邮件	（单位：封）
PDF、Word 等文本文件	（单位：个）
Excel 电子表格等数据文件	（单位：个）
PPT 等演示文稿	（单位：个）
图片照片	（单位：张）

第二部分：数字文件的删除行为

通常情况下，您会多久删除以下类型的数字文件？回答时请不要考虑垃圾邮件或垃圾文件。

对于下列每种文件类型的删除习惯，请在最能说明您情况的方框中打钩。

文件类型	我通常每天删除这些文件	我通常每周删除这些文件	我通常每月删除这些文件	我通常每年删除这些文件	我几乎从不删除这些文件
当前在收件箱中的已读邮件					
当前在收件箱中的未读邮件					
当前在“已删除”文件夹中的电子邮件					
归档文件夹中的电子邮件					
PDF、Word 等文本文件					
Excel 电子表格等数据文件					
PPT 等演示文稿					
图片照片					

第三部分：保留电子邮件的理由

现在，请具体想想您保存的电子邮件（在收件箱或存档文件夹中）。如果您很少删除它们，您能找出不删除它们的关键原因吗？对于以下每一个陈述，请选择您的认同或符合程度。其中 1 = 完全不正确，7 = 非常正确。

不删除电子邮件的原因	认同或符合程度						
公司规定不删除信息，所以我别无选择	1	2	3	4	5	6	7
我没有删除它们，因为它们在将来可能会有用	1	2	3	4	5	6	7
我不会删除它们，因为它们可能包含对我的工作至关重要的信息	1	2	3	4	5	6	7
我不会删除它们，因为我担心我可能会不小心删除一些重要的东西	1	2	3	4	5	6	7
我不会删除它们，因为我对它们有一种依恋感	1	2	3	4	5	6	7
我不会删除它们，因为我对它们有一种职业责任感	1	2	3	4	5	6	7
我不会删除它们，因为它们“属于”我的公司，不是我可以随心所欲处理的	1	2	3	4	5	6	7

续表

不删除电子邮件的原因	认同或符合程度						
我不删除它们，因为存储它们不是我的问题，如果它们占用太多空间，那么我的公司可以删除它们	1	2	3	4	5	6	7
我只是没有时间把它们全部删除	1	2	3	4	5	6	7
我懒得删除它们	1	2	3	4	5	6	7
我不会删除它们，以防我需要“证据”来证明已经做了一些事情	1	2	3	4	5	6	7
我不会删除它们，因为我保留了每个人的示例，以便以后更容易回复	1	2	3	4	5	6	7

第四部分：数字文件泄露的后果

对于您存储在工作用途的计算机/网络硬盘/外部硬盘上的每一种类型的数字文件，现在请考虑该文件的敏感程度以及如果被公开或被盗可能带来的后果。想想这些文件是否会被泄露（例如，通过电子邮件发送给错误的分发组，或者被黑客窃取并在互联网上传播）。首先要考虑对自己的影响，然后再考虑对所在公司或机构的影响。

选择“1”表示“完全没有后果”，而“7”表示“非常严重的后果”。

1. 对我个人的影响

数字文件类型	泄露后果的严重程度						
电子邮件	1	2	3	4	5	6	7
Word、TXT 等文本文件	1	2	3	4	5	6	7
Excel 电子表格等数据文件	1	2	3	4	5	6	7
PPT 等演示文稿	1	2	3	4	5	6	7
图片照片	1	2	3	4	5	6	7

2. 对公司的影响

数字文件类型	泄露后果的严重程度						
电子邮件	1	2	3	4	5	6	7
Word、TXT 等文本文件	1	2	3	4	5	6	7
Excel 电子表格等数据文件	1	2	3	4	5	6	7
PPT 等演示文稿	1	2	3	4	5	6	7
图片照片	1	2	3	4	5	6	7

附录 D 囤积量表修订版

本量表是囤积程度的测量工具，来源于 Frost，Steketee 和 Grisham 于2004 年发表在《行为研究与治疗》（*Behaviour Research and Therapy*）杂志上的“Measurement of Compulsive Hoarding：Saving Inventory-Revised”一文。

1. 你扔掉东西的困难程度有多大？

0 = 一点也不

1 = 轻微程度

2 = 适度

3 = 在相当大的程度上

4 = 非常

2. 你觉得扔掉东西这件事有多痛苦？

0 = 没有痛苦

1 = 轻度痛苦

2 = 中度痛苦

3 = 严重痛苦

4 = 极度痛苦

3. 你的东西多到什么程度，以至于你的房间很杂乱？

0 = 一点也不

1 = 轻微程度

2 = 适度

3 = 在相当大的程度上

4 = 非常

4. 你有多少次因为压力太大或太耗时间而避免丢弃物品？

0 = 从不回避，容易丢弃物品

1 = 很少避免，稍微困难地丢弃物品

2 = 有时避免

3 = 经常避免，偶尔会丢弃物品

4 = 几乎总是避免，很少能丢弃物品

5. 如果你不能获得你想要的东西，你会感到多么痛苦或不舒服？

0 = 完全没有

1 = 轻度，仅轻微焦虑

2 = 中度，痛苦会增加，但仍能控制

3 = 严重、显著且非常令人不安的痛苦增加

4 = 任何此类努力所导致的极度、无力的不适

6. 你家的生活区有多少地方堆满了物品？（想想厨房、客厅、餐厅、走廊、卧室、浴室或其他房间的杂乱程度。）

0 = 没有一个生活区是杂乱的

1 = 有些生活区是杂乱的

2 = 许多生活区是杂乱的

3 = 大部分生活区杂乱不堪

4 = 所有或几乎所有的生活区都很杂乱

7. 你家里的杂物对你的社交、工作或日常生活有多大影响？

(想想那些因为杂乱而没有做的事情。)

0 = 完全没有

1 = 轻微干扰，但整体功能未受损

2 = 中度、明确的干扰，但仍可控制

3 = 严重，造成严重干扰

4 = 极端，丧失能力

8. 你有多少次觉得自己不得不获得所看到的东西（例如，购物的时候或提供免费东西的时候)?

0 = 从不感到被迫

1 = 很少感到被迫

2 = 有时感到被迫

3 = 经常感到被迫

4 = 几乎总是感到被迫

9. 你有多强烈的冲动去购买或获得你没有立即使用的免费物品?

0 = 一点也不

1 = 轻度冲动

2 = 适度冲动

3 = 强烈的冲动

4 = 非常强烈的冲动

10. 你对获得物品的欲望有多大的控制力?

0 = 完全控制

1 = 控制力强，通常能够控制获得

2 = 有些控制，只能控制难以获得的冲动

3 = 控制力很小，只能延迟很难获得的冲动

4 = 无法控制，无法阻止获得物品的欲望

11. 你多久会决定保留一些你不需要的且没有足够空间存放的东西?

0 = 永远不保留这样的东西

1 = 很少

2 = 偶尔

3 = 经常

4 = 几乎总是保留这样的东西

12. 杂乱会在多大程度上妨碍你使用家中的某些部分?

0 = 家中的所有部分都可用

1 = 家中的几个部分不可用

2 = 家中的一些部分不可用

3 = 家中的很多地方都不可用

4 = 家中几乎所有的地方都不可用

13. 家里的杂乱在多大程度上给你带来了困扰或烦恼?

0 = 没有痛苦或不适的感觉

1 = 轻微的痛苦或不适的感觉

2 = 中度痛苦或不适的感觉

3 = 严重的痛苦或不适的感觉

4 = 极度痛苦或不适的感觉

14. 你家里的杂乱阻碍你邀请别人来访的频率有多高?

0 = 完全没有

1 = 很少

2 = 有时

3 = 经常

4 = 经常或几乎总是

15. 你有少次实际购买或免费获得了那些你没有立即使用或需要的东西?

0 = 从不

1 = 很少

2 = 有时

3 = 经常

4 = 几乎总是

16. 你有多想要保存你可能永远不会用到的东西?

0 = 一点都不

1 = 轻度冲动

2 = 适度冲动

3 = 强烈的冲动

4 = 非常强烈的冲动

17. 你能在多大程度上控制自己想要保存积攒物品的冲动?

0 = 完全控制

1 = 控制能力强，通常能够控制保存积攒的冲动

2 = 有些控制，控制冲动有些困难

3 = 很少的控制，好不容易才能停止冲动

4 = 无法控制，无法停止保存积攒物品的冲动

18. 你家里有多少地方因为杂乱而难以穿行?

0 = 所有地方都不难通过

1 = 有些地方很难通过

2 = 很多地方很难通过

3 = 大部分地方都很难通过

4 = 全部或几乎全部都很难通过

19. 你对自己的物品获取习惯感到沮丧或苦恼吗?

0 = 一点也不

1 = 轻度

2 = 中度

3 = 严重不安

4 = 极度

20. 家里的杂物在多大程度上妨碍了你把房子的某些部分用于预期用途（例如，做饭、使用家具、洗碗、打扫卫生等）?

0 = 从不

1 = 很少

2 = 有时

3 = 经常

4 = 非常频繁或几乎总是如此

21. 你在多大程度上无法控制家里的杂乱?

0 = 完全没有

1 = 轻微程度

2 = 中等程度

3 = 相当程度上

4 = 非常大程度上

22. 你的物品积攒或强迫性购买在多大程度上给你带来了财务困难?

0 = 完全没有

1 = 有点财务困难

2 = 一些财务困难

3 = 相当多的财务困难

4 = 极度的财务困难

23. 你有多少次无法丢弃你想要扔掉的东西?

0 = 丢弃物品从来都不是问题

1 = 很少

2 = 偶尔

3 = 经常

4 = 几乎总是无法丢弃自己的东西

参考文献

中文专著

马费成:《数字信息资源规划、管理与利用研究》,经济科学出版社 2012 年版。

马费成、宋恩梅:《信息管理学基础》,武汉大学出版社 2011 年版。

中文译著

[美] 艾尔·巴比:《社会研究方法》,邱泽奇译,华夏出版社 2018 年版。

[日] 近藤麻理惠:《怦然心动的人生整理魔法》,徐明中译,译林出版社 2012 年版。

[美] 克雷·约翰逊:《信息节食》,刘静译,人民邮电出版社 2014 年版。

[美] 兰德·弗罗斯特、盖尔·斯泰吉蒂:《囤积是种病:别让杂物堵住你的幸福》,李小平、靳婷婷译,中信出版社 2011 年版。

[美] 尼古拉·尼葛洛庞蒂:《数字化生存》,胡泳、范海燕译,电子工业出版社 2017 年版。

[日] 山下英子:《断舍离》,吴倩译,广西科学技术出版社 2013 年版。

[美] 维克托·迈尔 – 舍恩伯格:《删除:大数据取舍之道》,袁杰

译，浙江人民出版社 2013 年版。
[美] 维克托·迈尔－舍恩伯格、肯尼斯·库克耶：《大数据时代：生活、工作与思维的大变革》，杨燕、周涛译，浙江人民出版社 2013 年版。
[日] 佐佐木典士：《我决定简单地生活：从断舍离到极简主义》，程礼礼译，江苏凤凰科学技术出版社 2017 年版。

中文期刊

柴唤友、牛更枫、褚晓伟等：《错失恐惧：我又错过了什么?》，《心理科学进展》2018 年第 3 期。
陈向明：《扎根理论的思路和方法》，《教育研究与实验》1999 年第 4 期。
陈向明：《质性研究的新发展及其对社会科学研究的意义》，《教育研究与实验》2008 年第 2 期。
陈向明：《扎根理论在中国教育研究中的运用探索》，《北京大学教育评论》2015 年第 1 期。
董舞艺、梁兴堃：《中国人文学者参与数字人文动机的二元结构及行为路径》，《中国图书馆学报》2019 年第 4 期。
杜彦峰、相丽玲、李文龙：《大数据背景下信息生命周期理论的再思考》，《情报理论与实践》2015 年第 5 期。
范培华、高丽、侯明君：《扎根理论在中国本土管理研究中的运用现状与展望》，《管理学报》2017 年第 9 期。
费小冬：《扎根理论研究方法论：要素、研究程序和评判标准》，《公共行政评论》2008 年第 3 期。
冯惠玲：《数字记忆：文化记忆的数字宫殿》，《中国图书馆学报》2020 年第 3 期。
嘎日达：《论科学研究中质与量的两种取向和方法》，《北京大学学报》（哲学社会科学版）2004 年第 1 期。

郭海辉、韦小满、赵守盈等：《中文版数据囤积行为问卷测评大学生群体的信度与效度》，《中国临床心理学杂志》2020 年第 3 期。

何嘉荪：《文件生命周期理论及对我们的启示》，《档案学通讯》1991 年第 6 期。

胡蓉、赵宇翔、朱庆华：《移动互联环境下用户跨屏行为整合分析框架——基于扎根理论的探索》，《中国图书馆学报》2017 年第 6 期。

黄国彬、张莎莎、闫鑫：《个人数据的概念范畴与基本类型研究》，《图书情报工作》2017 年第 5 期。

康梦兰：《网络浏览中偶遇信息保存行为影响因素研究》，《内蒙古科技与经济》2019 年第 12 期。

柯平、张文亮、李西宁等：《基于扎根理论的馆员对公共图书馆组织文化感知研究》，《中国图书馆学报》2014 年第 3 期。

李铭：《看国际动态 找国内差距 促技术发展》，《缩微技术》2022 年第 2 期。

李昌俊、时兴、贾东立：《囤积障碍与强迫症和收藏行为的区别》，《中华精神科杂志》2016 年第 6 期。

李玉坤、任标、赵喜燕等：《个人数据管理技术研究》，《计算机科学与探索》2014 年第 8 期。

刘勇、陈健芷、宋琳婷等：《囤积障碍的症状、诊断与治疗》，《心理科学进展》2013 年第 12 期。

马费成：《情报学发展的历史回顾及前沿课题》，《图书情报知识》2013 年第 2 期。

马费成：《数字时代不能没有“中国记忆”》，《信息资源管理学报》2014 年第 2 期。

马费成、望俊成、张于涛：《国内生命周期理论研究知识图谱绘制》,《情报科学》2010 年第 3 期。

牛一心:《从“被遗忘权”看数字化节制》,《青年记者》2014 年第 33 期。

邵鹏:《记忆 4.0:数字记忆与人类记忆的归宿》,《新闻大学》2016 年第 5 期。

史清华、彭小辉、张锐:《中国农村能源消费的田野调查——以晋黔浙三省 2253 个农户调查为例》,《管理世界》2014 年第 5 期。

孙晓娥:《扎根理论在深度访谈研究中的实例探析》,《西安交通大学学报》(社会科学版)2011 年第 6 期。

孙玉伟、成颖、张建军:《扎根理论方法论在国内图情领域的应用及其反思》,《图书馆学研究》2019 年第 19 期。

唐谭、王建平、唐苏勤等:《囤积量表修订版在中国大学生中的修订》,《中国临床心理学杂志》2012 年第 1 期。

Veritas:《企业如何处理囤积数据》,《软件和集成电路》2016 年第 12 期。

王蒙、甘明星、张林等:《囤积障碍的研究进展》,《中国健康心理学杂志》2020 年第 4 期。

王瑞花:《基于扎根理论员工知识囤积问题研究》,《情报理论与实践》2018 年第 11 期。

吴毅、吴刚、马颂歌:《扎根理论的起源、流派与应用方法述评——基于工作场所学习的案例分析》,《远程教育杂志》2016 年第 3 期。

闫宏秀:《数字时代的记忆构成》,《自然辩证法研究》2018 年第 4 期。

占南:《基于扎根理论的个人信息管理行为研究》,《图书馆学研究》2016 年第 15 期。

占南:《个人信息管理行为研究现状及发展动态述评》,《情报杂志》

2017 年第 10 期。

张宝生、张庆普:《基于扎根理论的社会化问答社区用户知识贡献行为意向影响因素研究》,《情报学报》2018 年第 10 期。

张斌、李翔:《从数字保存到数字策展的变革走向探析》,《情报理论与实践》2014 年第 10 期。

张斌、马费成:《大数据环境下数字信息资源服务创新》,《情报理论与实践》2014 年第 6 期。

张关雄:《中外文件运动周期理论之比较》,《档案学通讯》2000 年第 3 期。

张淑华、李海莹、刘芳:《身份认同研究综述》,《心理研究》2012 年第 1 期。

张小飞、徐大专:《6G 移动通信系统:需求,挑战和关键技术》,《新疆师范大学学报》(哲学社会科学版)2020 年第 2 期。

赵栋祥、陈烨、张斌:《数据集市及其在交易中的价值》,《图书情报工作》2017 年第 13 期。

赵栋祥、马费成、张奇萍:《老年人健康信息搜寻行为的现象学研究》,《情报学报》2019 年第 12 期。

赵栋祥、张瑞:《国际图情领域大数据研究热点挖掘与分析》,《图书馆学研究》2018 年第 14 期。

郑亚楠、刘地秀:《中国大学生囤积现象及影响因素调查》,《中国公共卫生》2020 年第 10 期。

周文泓、代林序、杨梓钒等:《基于数字记忆保存的网络信息存档实践进展研究及启示》,《情报理论与实践》2020 年第 7 期。

周雨丽、邓小昭:《硕士研究生网络学术信息保存行为研究——以 QQ、微信平台的学术信息为例》,《图书馆学研究》2020 年第 7 期。

宗培岭:《档案保管期限表研究》,《档案学通讯》2002 年第 5 期。

学位论文

高晨晨:《糖尿病患者健康信息行为探析:一项扎根理论研究》,博士学位论文,第二军医大学,2017 年。

郭萍:《互联网行业破坏性创新研究》,博士学位论文,中国科学技术大学,2016 年。

郝胜宇:《基于顾客视角的城市品牌评价研究》,博士学位论文,南开大学,2011 年。

贾旭东:《基于扎根理论的中国城市基层政府公共服务外包研究》,博士学位论文,兰州大学,2010 年。

石晋阳:《儿童编程学习体验研究》,博士学位论文,南京师范大学,2018 年。

吴刚:《工作场所中基于项目行动学习的理论模型研究》,博士学位论文,华东师范大学,2013 年。

杨海娟:《网络问答社区用户适应性信息搜寻行为影响规律研究》,博士学位论文,武汉大学,2018 年。

中文报纸

冯惠玲:《数字时代的记忆风景》,《中国档案报》2015 年 11 月 19 日第 3 版。

马费成:《保存中国的数字记忆》,《人民日报》2016 年 3 月 4 日第 7 版。

曲俊燕:《数字时代,照片等同于记忆吗?》,《中国摄影报》2019 年 9 月 3 日第 1 版。

石羚:《"囤积知识"只是学习第一步》,《人民日报》2019 年 9 月 2 日第 5 版。

田海鑫:《看新〈民事证据规定〉如何对待电子数据证据》,《人民法院报》2020 年 1 月 17 日第 2 版。

杨文：《运用数字人文构建国家记忆》，《中国社会科学报》2018 年 8 月 2 日第 6 版。

外文专著

Charmaz, K., *Constructing Grounded Theory: A Practical Guide Through Qualitative Analysis*, California: Pine Forge Press, 2006.

Glazer, B., Strauss, A., *The Discovery of Grounded Theory: Strategies for Qualitative Research*, Chicago: Aldine Publishing Company, 1967.

Horton, F. W., *Information Resources Management*, London: Prentice Hall, 1985.

Ishikawa, A., Naka, I., *Knowledge Management and Risk Strategies*, Hackensack, NJ: World Scientific, 2007.

Luria, A. R., *The Mind of a Mnemonist: A Little Book About a Vast Memory*, Cambridge, MA: Harvard University Press, 1968.

Mayer-Schonberger, V., *Delete: The Virtue of Forgetting in the Digital Age*, New Jersey: Princeton University Press, 2009.

Mcluhan, M., *Understanding Media: The Extensions of Man*, Cambridge, MA: MIT Press, 1994.

Newport, C., *Digital Minimalism: Choosing a Focused Life in a Noisy World*, New York: Penguin Press, 2019.

Oravec, J. A., "Virtual Hoarding", *Encyclopedia of Information Science and Technology (4th ed)*, Hershey, PA: IGI Global, 2018.

Steketee, G., Frost, R. O., *Compulsive Hoarding and Acquiring: Therapist Guide (Treatments that Work)*, New York: Oxford University Press, 2006.

Strauss, A., Corbin, J., *Basics of Qualitative Research: Grounded Theory Procedures and Techniques*, Newbury Park, California: Sage Publications, 1990.

The American Psychiatric Association, *Diagnostic and Statistical Manual of Mental Disorder* (*5th eds*), Arlington, VA: American Psychiatric Association, 2013.

外文期刊

Abiteboul, S., Andre, B., Kaplan, D., et al., "Managing Your Digital Life with a Personal Information Management System", *Communications of the ACM*, Vol. 58, No. 5, 2015.

Acar, Ö. F., Acar, S., "A Preliminary Investigation of Digital Hoarding Behaviors of University Executives", *European Journal of Digital Economy Research*, Vol. 1, No. 1, 2020.

Alt, D., "College Students' Academic Motivation, Media Engagement and Fear of Missing Out", *Computers in Human Behavior*, Vol. 49, 2015.

Altun, D., "Preschoolers' Emergent Motivations to Learn Reading: A Grounded Theory Study", *Early Childhood Education Journal*, Vol. 47, 2019.

Angevaare, I., "A Future for Our Digital Memory: Born-Digital Cultural Heritage in the Netherlands", *Art Libraries Journal*, Vol. 35, No. 3, 2010.

Barriball, K. L., While, A., "Collecting Data Using a Semi-Structured Interview: A Discussion Paper", *Journal of Advanced Nursing*, Vol. 19, No. 2, 2010.

Bawden, D., Robinson, L., "The Dark Side of Information: Overload, Anxiety and Other Paradoxes and Pathologies", *Journal of Information Science*, Vol. 35, No. 2, 2009.

Bilginoğlu, E., "Knowledge Hoarding: A Literature Review", *Management Science Letters*, Vol. 9, No. 1, 2019.

Božič, B., Siebert, S., Martin, G., "A Grounded Theory Study of Factors and Conditions Associated. with Customer Trust Recovery in a Retailer", *Journal of Business Research*, Vol. 109, 2020.

Burgess, A. M., Graves, L. M., Frost, R. O., "My Possessions Need Me: Anthropomorphism and Hoarding", *Scandinavian Journal of Psychology*, Vol. 59, 2018.

Chen, A., "Disorder: Vocabularies of Hoarding in Personal Digital Archiving Practices", *Archivaria*, Vol. 78, No. 2, 2014.

Chudnow, C. T., "Information Lifecycle Management and the Government", *Computer Technology Review*, Vol. 24, No. 8, 2004.

Coles, M. E., Frost, R. O., Heimberg, R. G., et al., "Hoarding Behaviors in a Large College Sample", *Behaviour Research and Therapy*, Vol. 41, No. 2, 2003.

Connelly, C. E., Zweig, D., Webster, J., et al., "Knowledge Hiding in Organizations", *Journal of Organizational Behavior*, Vol. 33, No. 1, 2011.

Copeland, A. J., Barreau, D., "Helping People to Manage and Share Their Digital Information: A Role for Public Libraries", *Library Trends*, Vol. 59, No. 4, 2011.

Coskun, S., Muslu, G. K., "Investigation of Problematic Mobile Phones Use and Fear of Missing Out (FoMO) Level in Adolescents", *Community Mental Health Journal*, Vol. 55, 2019.

Cushing, A. L., "It's Stuff That Speaks to Me": Exploring the Characteristics of Digital Possessions", *Journal of the American Society for Information Science and Technology*, Vol. 64, No. 8, 2013.

Felt, M., "Social Media and the Social Sciences: How Researchers Employ Big Data Analytics", *Big Data & Society*, Vol. 3, No. 1, 2016.

Ferrari, J. R., "Introduction to Special Issue: Procrastination, Hoarding, and Clutter", *Current Psychology*, Vol. 37, 2018.

Floridi, L., "Big Data and Their Epistemological Challenge", *Philosophy & Technology*, Vol. 25, 2012.

Frost, R. O., Gross, R. C., "The Hoarding of Possessions", *Behaviour Research & Therapy*, Vol. 31, No. 4, 1993.

Frost, R. O., Hartl, T. L., "A Cognitive-Behavioral Model of Compulsive Hoarding", *Behavior Research & Therapy*, Vol. 34, No. 4, 1996.

Frost, R. O., Steketee, G., Grisham, J., "Measurement of Compulsive Hoarding: Saving Inventory-Revised", *Behaviour Research and Therapy*, Vol. 42, No. 10, 2004.

Frost, R. O., Steketee, G., Tolin, D. F., "Diagnosis and Assessment of Hoarding Disorder", *Annual Review of Clinical Psychology*, Vol. 8, No. 1, 2012.

Gemmell, J., Bell, G., Lueder, R., "MyLifeBits: A Personal Database for Everything", *Communications of the ACM*, Vol. 49, No. 1, 2006.

Gonzalezteruel, A., Abadgarcia, M. F., "Grounded Theory for Generating Theory in the Study of Behavior", *Library & Information Science Research*, Vol. 34, No. 1, 2012.

Good, K. D., "From Scrapbook to Facebook: A History of Personal Media Assemblage and Archives", *New Media & Society*, Vol. 15,

No. 4, 2013.

Gormley, C. J., Gormley, S. J., "Data Hoarding and Information Clutter: The Impact on Cost, Life Span of Data, Effectiveness, Sharing, Productivity and Knowledge Management Culture", *Issues in Information Systems*, Vol. 13, No. 2, 2012.

Gurrin, C., Smeaton, A. F., Doherty, A. R., "LifeLogging: Personal Big Data", *Foundations & Trends in Information Retrieval*, Vol. 8, No. 1, 2014.

Henderson, S., Srinivasan, A., "Filing, Piling & Structuring: Strategies for Personal Document Management". *Proceedings of the 44th Hawaii International Conference on System Sciences*, Kauai, HI, USA, 2011.

Hernandez, C. A., "Theoretical Coding in Grounded Theory Methodology", *Grounded Theory Review: An International Journal*, Vol. 8, No. 3, 2009.

Higgins, S., "The DCC Curation Lifecycle Model", *International Journal of Digital Curation*, Vol. 3, No. 1, 2008.

Holten, A. L., Hancock, G. R., Persson, R., et al., "Knowledge Hoarding: Antecedent or Consequent of Negative Acts? The Mediating Role of Trust and Justice", *Journal of Knowledge Management*, Vol. 20, No. 2, 2016.

Holton, J. A., "The Coding Process and Its Challenges", *Grounded Theory Review: An International Journal*, Vol. 9, No. 1, 2010.

Hudson, W. C., "Persona and Defence Mechanisms", *Journal of Analytical Psychology*, Vol. 23, No. 1, 1978.

İbrahim Bozacı, İsmail Gökdeniz, "Development of a Digital Photo Hoarding Scale: A Research with Undergraduate Students", *Manage-*

ment Science Letters, Vol. 10, No. 3, 2020.

İŞLİYEN, M., "The New Disease of the Digital Age: Digital Hoarding", *Akdeniz Üniversitesi İletişim Fakültesi Dergisi*, Vol. 31, No. 6, 2019.

Jones, W., "Personal Information Management", *Annual Review of Information Science & Technology*, Vol. 41, No. 1, 2007.

Kljun, M., Mariani, J., Dix, A., "Toward Understanding Short-Term Personal Information Preservation: A Study of Backup Strategies of End Users", *Journal of the Association for Information Science and Technology*, Vol. 67, No. 12, 2016.

Kress, V. E., Stargell, N. A., Zoldan, C. A., et al., "Hoarding Disorder: Diagnosis, Assessment, and Treatment", *Journal of Counseling & Development*, Vol. 94, No. 1, 2016.

Leslie, I., "The Paradox of Digital Hoarding: When You Don't Miss Anything, You Might Experience Nothing", *New Statesman*, Vol. 148, No. 5470, 2019.

Levitan, K. B., "Information Resources As 'Goods' in the Life Cycle of Information Production", *Journal of the American Society for Information Science*, Vol. 33, No. 1, 1982.

Ligita, T., Wicking, K., Francis, K., et al., "How People Living with Diabetes in Indonesia Learn About Their Disease: A Grounded Theory Study", *PLoS ONE*, Vol. 14, No. 2, 2019.

Lovibond, P. F., Lovibond, S. H., "The Structure of Negative Emotional States: Comparison of the Depression Anxiety Stress Scales (DASS) with the Beck Depression and Anxiety Inventories", *Behaviour Research and Therapy*, Vol. 33, No. 3, 1995.

Lupton, D., "Feeling Your Data: Touch and Making Sense of Personal

Digital Data", *New Media & Society*, Vol. 19, No. 10, 2017.

Luxon, A. M., Hamilton, C. E., Bates, S., et al., "Pinning Our Possessions: Associations Between Digital Hoarding and Symptoms of Hoarding Disorder", *Journal of Obsessive-Compulsive and Related Disorders*, Vol. 21, 2019.

Lynch, C., "Big Data: How Do Your Data Grow?", *Nature*, Vol. 455, No. 7209, 2008.

Marshall, C. C., Jones, W., "Keeping Encountered Information", *Communications of the ACM*, Vol. 49, No. 1, 2006.

Massey, C., TenBrook, S., Tatum, C., et al., "PIM and Personality: What Do Our Personal File Systems Say About Us?", *Proceedings of the 2014 SIGCHI Conference on Human Factors in Computing Systems*, Toronto, Canada, 2014.

Mataix-Cols, D., Pertusa, A., "Annual Research Review: Hoarding Disorder: Potential Benefits and Pitfalls of a New Mental Disorder", *Journal of Child Psychology and Psychiatry*, Vol. 53, No. 5, 2012.

McKellar, K., Sillence, E., Neave, N., et al., "There Is More Than One Type of Hoarder: Collecting, Managing and Hoarding Digital Data in the Workplace", *Interacting with Computers*, Vol. 32, No. 1, 2020.

Neave, N., Briggs, P., McKellar, K., et al., "Digital Hoarding Behaviours: Measurement and Evaluation", *Computers in Human Behavior*, Vol. 96, 2019.

Neave, N., Jackson, R., Saxton, T., et al., "The Influence of Anthropomorphic Tendencies on Human Hoarding Behaviours", *Personality & Individual Differences*, Vol. 72, 2015.

Neave, N., McKellar, K., Sillence, E., et al., "Digital Hoarding Behaviours: Implications for Cybersecurity", *Cyber Influence and Cognitive Threats*, Chapter 5, 2019.

Norberg, M. M., Crone, C., Kwok, C., et al., "Anxious Attachment and Excessive Acquisition: The Mediating Rolesof Anthropomorphism and Distress Intolerance", *Journal of Behavioral Addictions*, Vol. 7, No. 1, 2018.

Niederee, C., Kanhabua, N., Gallo, F., et al., "Forgetful Digital Memory: Towards Brain-Inspired Long-Term Data and Information Management", *ACM SIGMOD Record*, Vol. 44, No. 2, 2015.

Oh, J. S., Shong, I., "A Case Study on Business Model Innovations Using Blockchain: Focusing on Financial Institutions", *Asia Pacific Journal of Innovation & Entrepreneurship*, Vol. 11, No. 3, 2017.

Oravec, J. A., "Depraved, Distracted, Disabled, or Just "Pack Rats"? Workplace Hoarding Persona in Physical and Virtual Realms", *Persona Studies*, Vol. 1, No. 2, 2015.

Oravec, J. A., "Digital (or Virtual) Hoarding: Emerging Implications of Digital Hoarding for Computing, Psychology, and Organization Science", *International Journal of Computers in Clinical Practice*, Vol. 3, No. 1, 2018.

Pandit, N. R., "The Creation of Theory: A Recent Application of the Grounded Theory Method", *The Qualitative Report*, Vol. 2, No. 4, 1996.

Papathanassis, A., Knolle, F., "Exploring the Adoption and Processing of Online Holiday Reviews: A Grounded Theory Approach", *Tourism Management*, Vol. 32, No. 2, 2009.

Richards, B. A., Frankland, P. W., "The Persistence and Transience of Memory", *Neuron*, Vol. 94, No. 6, 2017.

Schiele, K., Hughes, M. U., "Possession Rituals of the Digital Consumer: A Study of Pinterest", *European Advances in Consumer Research*, Vol. 10, 2013.

Sinn, D., Syn, S. Y., "Personal Documentation on a Social Network site: Facebook, a Collection of Moments from Your Life?", *Archival Science*, Vol. 14, No. 2, 2014.

Spiers, J. A., Williams, B., Gibson, B., et al., "Graduate Nurses' Learning Trajectories and Experiences of Problem Based Learning: A Focused Ethnography Study", *International Journal of Nursing Studies*, Vol. 51, No. 11, 2014.

Steketee, G., Frost, R., "Compulsive Hoarding: Current Status of the Research", *Clinical Psychology Review*, Vol. 23, No. 7, 2003.

Steketee, G., Frost, R. O., Kyrios, M., "Cognitive Aspects of Compulsive Hoarding", *Cognitive Therapy and Research*, Vol. 27, No. 4, 2003.

Stumpf, B. P., Hara, C., Rocha, F. L., "Hoarding Disorder: A Review", *Geriatr Gerontol Aging*, Vol. 12, No. 1, 2018.

Sweeten, G., Sillence, E., Neave, N., "Digital Hoarding Behaviours: Underlying Motivations and Potential Negative Consequences", *Computers in Human Behavior*, Vol. 85, 2018.

Tolin, D. F., Frost, R. O., Steketee, G., "A Brief Interview for Assessing Compulsive Hoarding: The Hoarding Rating Scale-Interview", *Psychiatry Research*, Vol. 178, No. 1, 2010.

Van Bennekom, M. J., Blom, R. M., Vulink, N., et al., "A Case of Digital Hoarding", *BMJ Case Reports*, doi: 10.1136/bcr-2015-210814, 2015.

Van Bussel, G., Smit, N., de Pas, J. V., "Digital Archiving,

Green IT and Environment. Deleting Data to Manage Critical Effects of the Data Deluge", *Electronic Journal of Information Systems Evaluation*, Vol. 18, No. 2, 2015.

Warren, L. W., Ostrom, J. C., "Pack Rats: World-Class Savers", *Psychology Today*, Vol. 22, No. 2, 1988.

Whittaker, S., "Personal Information Management: From Information Consumption to Curation", *Annual Review of Information Science and Technology*, Vol. 45, No. 1, 2011.

Whittaker, S., Sidner, C. L., "Email Overload: Exploring Personal Information Management of Email", *Proceedings of the 1996 SIGCHI Conference on Human Factors in Computing Systems*, Vancouver, Canada, 1996.

Wiewiora, A., Trigunarsyah, B., Murphy, G., et al., "Organizational Culture and Willingness to Share Knowledge: A Competing Values Perspective in Australian Context", *International Journal of Project Management*, Vol. 31, No. 8, 2013.

Widjaja, A. E., Chen, J. V., Sukoco, B. M., et al., "Understanding Users' Willingness to Put Their Personal Information on the Personal Cloud-Based Storage Applications: An Empirical Study", *Computers in Human Behavior*, Vol. 91, 2019.

Yap, K., Grisham, J. R., "Unpacking the Construct of Emotional Attachment to Objects and Its Association with Hoarding Symptoms", *Journal of Behavioral Addictions*, Vol. 8, No. 2, 2019.

Zhao, D., Zhang, Q., Ma, F., "What Is Discussed About Eldercare? A Netnography Study on a Chinese Online Community for Older Adults", *The Electronic Library*, Vol. 38, No. 2, 2020.

后　记

数字囤积是一个新概念、新现象，简单来说就是囤积数字形态的数据或信息。数字囤积是数字时代的产物，在大数据环境下更加普遍。与任何新概念、新现象一样，数字囤积被学术界、社会公众等各方了解、认识和接受是需要时间的。令人欣喜的是，目前关于数字囤积的国内外学术研究持续增多，社会认知度逐步提高，仅国内就有心理学、图书情报与信息管理领域的十多篇核心学术论文发表。回想 2018 年我刚接触数字囤积时，数字囤积研究才刚刚起步，研究者主要来自国外的心理学、精神病学、计算机科学、管理信息系统等领域，国内学者尚未发表相关学术文献，互联网上的报道与讨论也绝大部分来自国外。彼时，我下定决心，要将数字囤积研究批判性地引入中国，做扎根于中国本土的数字囤积行为研究。

我把数字囤积作为博士阶段以及工作以来研究项目的原因，除了这是一个大有可为的新兴领域外，更重要的是我看到了现有研究的不足以及其中蕴含的巨大机会。首先，选择数字囤积研究与我的求学之路、专业背景一脉相承。我本硕博皆就读于武汉大学信息管理学院，先后在档案学、信息资源管理和情报学专业研习，硕士和博士阶段师从信息管理学资深教授马费成先生。其次，选择数字囤积研究与我接受的学术训练、参与的科研项目密切相关。在导师指导下，我一直从事数字信息资源管理、大数据、智慧医疗健康等领域的学习和研究工作，参与了教育部人文社科重点研究基地重大项目“数字信息资源的质量控制与管理研究”、国家自然科学基金国际（地区）合作研究与交流重点项目“大数据环境下的知识组织与服务创新研究”等国家级项目。再次，选择数字囤积研究与我研究生阶段阅读的两本书有一定关系。这两本书是“大数据之父”、牛津大学教授舍恩伯格的《大数据时代：生活、工作与思维的大变革》《删除：大数据取舍之道》。这两本书思想深邃，让我对大数据时代、数据资源管理有了更多深入思考。最后，我对自身与周围人的数字囤积现象、数字信息管理实践的观察，也是我选择数字囤积研究的重要原因。

抱持着对数字囤积的极大好奇与热情，我闯进了一片新天地，选择个人的数字囤积行为作为研究的起点。研究的过程是漫长的、曲折的，甚至有些枯燥，但研究的结果却让我欣喜。我广泛地收集各类一手的、二手的研究资料，包括半结构化访谈、观察、调研笔记、书籍、研究报告、网络新闻、网络用户生成内容等，严格遵循科学规范进行资料处理和分析。历经三载，我从武汉大学毕业来到郑州大学，从一名研究生成长为一名青年科研人员，我也终于把自己对个人的数字囤积行为的探索研究整理成册，将其中的发现与思考分享给更多的人。幸运的是，相关研究也获得了国家自然科学基金青年项目的资助，“大数据环境下个人的数字囤积行为：机理分析与实证研究”（项目编号：72104222，主持人：赵栋祥）获得批准立项，本书即是该青年项目的研究成果之一。数字囤积研究方兴未艾，本书不是终点，未来我将继续采取实证研究和大规模社会调查等多种研究方法、在组织和群体等不同层面深入开展数字囤积研究。

从我开始数字囤积研究到本书的出版，一路走来，有太多的感谢要说。首先，我要感谢我的导师马费成教授。先生是我学术道路上的启蒙者、引路人，是我一生的榜样。先生不仅学问做得好，而且富有人格魅力。先生的言传身教和谆谆教诲，我将受用终身，在此向您致以由衷的感谢和敬意！其次，我要感谢国家自然科学基金委和相关评审专家，感谢郑州大学和管理学院的各位领导、前辈和同事，从我入职到现在，给予了我非常多的帮助和支持，为本书的出版也提供了诸多便利。此外，我还要感谢中国社会科学出版社的认可。言辞有尽，敬谢无穷！在此，一并向各资助机构以及各位老师、同人和受访者表示衷心的感谢！最后，我要感谢一直陪伴我的家人，特别是我的妻子，正是你们的默默付出和坚定支持，才让我没有后顾之忧，全身心投入工作。

由于时间和学力所限，2018 年至今的四年研究时光如白驹过隙，我在这四年中怀着上下求索和不懈追求的心情在努力前行，但书中难免还有缺失、疏漏之处，幸而学术研究本就是一个持续探索和完善的过程，诚恳期待读者和各领域专家、师友、同人的批评、建议、指正和帮助。

赵栋祥

2022 年 6 月